Già molto tempo prima che uscisse il suo primo libro – *In Patagonia*, del 1977 – Bruce Chatwin (1940-1989) aveva cominciato a lavorare a un «libro nomade», di cui rimane traccia nei cinquanta taccuini ai quali egli ha affidato impressioni e pensieri, attingendovi poi per tutte le sue opere. Destinato a scandagliare una «personale inquietudine» cui si univa una «morbosa preoccupazione per le radici», il «libro nomade» non vide mai la luce, ma molte delle scoperte e delle argomentazioni confluirono in *Le Vie dei Canti* (1987; Adelphi, 1988).

Di Chatwin sono apparsi presso Adelphi *In Patagonia* (1982), *Il viceré di Ouidah* (1983), *Sulla collina nera* (1986), *Utz* (1989), *Che ci faccio qui?* (1990), *Ritorno in Patagonia* (con Paul Theroux, 1991) e *L'occhio assoluto* (1993).

# BRUCE CHATWIN

# *Le Vie dei Canti*

ADELPHI EDIZIONI

TITOLO ORIGINALE:
*The Songlines*

Traduzione di Silvia Gariglio

© 1987 BRUCE CHATWIN

© 1988 ADELPHI EDIZIONI S.P.A. MILANO

I edizione *gli Adelphi*: aprile 1995
II edizione *gli Adelphi*: settembre 1995

ISBN 88-459-1141-1

# LE VIE DEI CANTI

*a Elizabeth*

# 1

A Alice Springs – un reticolato di strade roventi dove uomini dai calzettoni bianchi non facevano che salire e scendere dalle Land Cruiser – conobbi un russo che stava facendo la mappa dei luoghi sacri degli aborigeni.

Si chiamava Arkady Volchok. Era cittadino australiano e aveva trentatré anni.

Suo padre, Ivan Volchok, era un cosacco; veniva da un villaggio vicino a Rostov sul Don. Nel 1942 era stato arrestato e caricato su un treno pieno di altri *Ostarbeiter* perché andasse a lavorare in una fabbrica tedesca. Una notte, in un luogo imprecisato dell'Ucraina, saltò dal carro bestiame in un campo di girasoli. I soldati in uniforme grigia gli diedero la caccia setacciando i lunghi filari di fiori, ma lui riuscì a fuggire. In un altro luogo imprecisato, perso tra eserciti assassini, incontrò una ragazza di Kiev e la sposò. Insieme, quasi senza accorgersene, finirono in un noncurante sobborgo di Adelaide, dove lui mise su una distilleria di vodka e generò tre robusti figli maschi.

Arkady era il più giovane.

Non c'era nulla, nella sua indole, che lo rendesse adatto a vivere nella bolgia di una periferia anglo-sassone, né a fare un lavoro convenzionale. La faccia un po' piatta, il sorriso gentile, attraversava i luminosi spazi australiani con la disinvoltura dei suoi antenati erranti.

Aveva capelli folti e lisci, color paglia, e le labbra spaccate dal sole, ma non le serrava nell'espressione grintosa di tanti australiani dell'*outback*, e non si mangiava le parole. Arrotava le erre in un modo molto russo. Ti accorgevi quanto erano grandi le sue ossa soltanto se gli andavi vicino.

Era sposato, mi disse, e aveva una figlia di sei anni, ma non viveva più con la moglie: al caos della vita domestica preferiva la solitudine. Possedeva ben poco, a parte un clavicembalo e uno scaffale di libri.

Nel *bush* era un camminatore instancabile. Prendeva una borraccia e quattro cose da mangiare e se ne partiva per giri di cento miglia sui Ranges. Tornato a casa, al riparo dal caldo e dalla luce, tirava le tende e suonava al clavicembalo Buxtehude e Bach. Le loro progressioni ordinate, diceva, si intonavano ai profili del paesaggio dell'Australia centrale.

Il padre e la madre di Arkady non avevano mai letto un libro in inglese. Lui si era laureato in storia e filosofia all'università di Adelaide, col massimo dei voti e la lode, e li aveva fatti felici. Poi era andato a fare l'insegnante in un campo aborigeno nel territorio walbiri, a nord di Alice Springs, e per loro era stato un dispiacere.

Gli aborigeni gli piacevano, gli piacevano il loro coraggio e la loro tenacia, e l'astuzia con cui trattavano con l'uomo bianco. Aveva imparato, o mezzo imparato, un paio delle loro lingue ed era ripartito affascinato dal vigore della loro intelligenza, dai prodigi della loro memoria, e dalla loro capacità e volontà di sopravvivere. Avevano bisogno di una mano, ogni tanto, quando il governo e le compagnie minerarie gli stavano troppo addosso, ma non erano affatto, teneva a ripetere, una razza che moriva.

Fu in quel periodo che Arkady sentì parlare del dedalo di sentieri invisibili che coprono tutta l'Australia, e che gli europei chiamano «Piste del Sogno» o «Vie dei Canti», e gli aborigeni «Orme degli Antenati» o «Via della Legge».

I miti aborigeni sulla creazione narrano di leggendarie creature totemiche che nel Tempo del Sogno avevano percorso in lungo e in largo il continente cantando il nome di ogni cosa in cui si imbattevano – uccelli, animali, piante, rocce, pozzi –, e col loro canto avevano fatto esistere il mondo.

Arkady fu talmente colpito dalla bellezza di questo concetto che cominciò ad annotare tutto ciò che vedeva o sentiva, non per pubblicarlo, ma per appagare la sua curiosità. All'inizio, gli Anziani walbiri diffidavano di lui, e rispondevano alle sue domande in termini evasivi. Poi, col tempo, quando si fu conquistato la loro fiducia, lo invitarono ad assistere alle loro cerimonie più segrete e lo esortarono a imparare i loro canti.

Un anno, da Canberra arrivò un antropologo per studiare le leggi che regolavano il possesso della terra tra i Walbiri: l'accademico, invidioso dell'amicizia di Arkady con gli uomini dei canti, gli carpì varie informazioni e non esitò a tradire un segreto che aveva promesso di mantenere. Disgustato dal putiferio che ne seguì, «il russo» diede le dimissioni e se ne andò all'estero.

Vide i templi buddhisti di Giava, sedette coi sadhu sui ghat di Benares, fumò hascisch a Kabul e lavorò in un kibbutz. Sull'acropoli di Atene spruzzata di neve c'era un'altra turista soltanto: una ragazza greca di Sydney.

Risalirono l'Italia, e dormirono insieme. A Parigi decisero di sposarsi.

Arkady, che era cresciuto in un paese dove non c'era 'niente', per tutta la vita aveva desiderato di vedere i monumenti della civiltà occidentale. Era innamorato ed era primavera: l'Europa avrebbe dovuto essere meravigliosa. Ebbe la delusione di restare indifferente.

Spesso, in Australia, aveva dovuto difendere gli aborigeni da chi li vedeva solo come selvaggi inetti e ubriaconi; a volte, tuttavia, nel sordido squallore di un accampamento walbiri gli era venuto il sospetto che costoro avessero ragione, e che la sua propensione ad aiutare gli indigeni non fosse altro che un'ostinata ricerca di gratificazioni, o semplicemente una perdita di tempo.

In quel momento, in un'Europa di irriflessivo materialismo, i 'suoi' Anziani gli sembrarono più saggi e più meditativi che mai. Andò in un'agenzia della Qantas e comprò due biglietti di ritorno. Sei settimane più tardi si sposò a Sydney e portò la moglie a vivere a Alice Springs.

Lei diceva che vivere nell'Australia centrale era il suo sogno. Quando arrivò disse che era meraviglioso. Dopo una sola estate passata in una casa col tetto di lamiera che si riscaldava come un forno, cominciarono ad allontanarsi l'uno dall'altra.

Il Land Rights Act dava ai « proprietari » aborigeni il diritto di proprietà sulle loro terre, purché non fossero occupate; e Arkady si inventò il lavoro di tradurre la « legge tribale » nel linguaggio della Legge della Corona.

Nessuno meglio di lui sapeva che i giorni idilliaci della caccia e della raccolta del cibo erano finiti – se idilliaci erano stati. Quello che si poteva fare per gli aborigeni era preservare la loro libertà più essenziale: la libertà di restare poveri, o, come diceva Arkady con più tatto, lo spazio in cui poter essere poveri, se poveri volevano essere.

Ora che viveva solo gli piaceva passare quasi tutto il tempo nel *bush*. Le rare volte che veniva in città, usava come ufficio una stamperia in disuso con le macchine ancora intasate dai rotoli di carta da giornale, e squallide pareti bianche sulle quali si erano propagate, come tessere di una partita a domino, le sue sequenze di foto aeree.

Una sequenza mostrava una striscia dell'Australia lunga quattrocentocinquanta chilometri che andava grosso modo verso nord. Era l'ipotetico tracciato di una nuova ferrovia che avrebbe collegato Alice a Darwin.

Quello, mi disse Arkady, era l'ultimo lungo tratto di rotaie che rimaneva da posare in Australia; il capo-progettista, un ingegnere ferroviario della vecchia scuola, aveva dichiarato che doveva essere anche il migliore.

L'ingegnere era vicino alla pensione, e teneva alla sua reputazione postuma. Teneva soprattutto a evitare il putiferio che scoppiava sempre quando una società mineraria arrivava con le sue macchine nelle terre degli aborigeni. Perciò aveva chiesto ai loro rappresentanti di fornirgli una carta topografica, promettendo di non distruggere nemmeno uno dei loro luoghi sacri.

Arkady aveva il compito di identificare i «proprietari tradizionali» della terra, di portarli in giro per i loro antichi terreni di caccia – anche se ora questi appartenevano a una società di allevatori – e di farsi rivelare quale roccia o pozza d'acqua o eucalipto fosse opera di un eroe del Tempo del Sogno.

Aveva già fatto la mappa dei duecentoventicinque chilometri che separavano Alice dall'allevamento di Middle Bore. Gliene mancavano altri duecentoventicinque.

«Gliel'ho detto all'ingegnere che era una pazzia» disse. «Ma lui non mi ha dato retta».

«Perché una pazzia?» domandai.

«Be', accidenti, se diamo retta a *loro*» disse con un gran sorriso «l'Australia è *tutta* un luogo sacro».

«Spiegati».

Stava per spiegarmelo, quando entrò una giovane aborigena con un fascio di carte. Era una segretaria, una ragazza scura e flessuosa con un vestito marrone fatto a maglia. Sorrise e disse: « Ciao, Ark! », ma alla vista di uno sconosciuto il suo sorriso si spense.

Arkady abbassò la voce. Prima mi aveva avvertito che gli aborigeni detestavano sentire i bianchi parlare delle loro cose.

« È un inglese » disse alla segretaria. « Un inglese che si chiama Bruce ».

La ragazza fece una risatina timida, scaricò le carte sulla scrivania e si precipitò fuori.

« Andiamo a prendere un caffè » disse Arkady.

Così andammo in un bar di Todd Street.

## 2

Da bambino non potevo sentire la parola «Australia» senza che mi venissero in mente i vapori delle inalazioni all'eucalipto e un paese di un rosso interminabile tutto popolato da pecore.

A mio padre piaceva molto raccontare, e a noi ascoltare, la storiella dell'allevatore di pecore australiano e miliardario che, passeggiando per Londra, entra da un concessionario della Rolls-Royce, disdegna tutti i modelli più piccoli e alla fine sceglie una limousine enorme con un pannello di cristallo tra l'autista e i passeggeri; poi tira fuori un fascio di banconote e mentre le conta aggiunge con tracotanza: «Così non avrò più le pecore che mi sbuffano sul collo».

Sapevo anche, dalla prozia Ruth, che l'Australia era il paese di Quelli a Testa in Giù. Se dall'Inghilterra si scavava fin dall'altra parte della terra, si sbucava sotto i loro piedi.

«Come fanno a non cadere giù?».

«È la forza di gravità» diceva lei sottovoce.

Nella sua biblioteca aveva un libro sul continente australiano e io guardavo stupefatto il koala e il kookaburra, l'ornitorinco e il sarcofilo, il Vecchio

Uomo Canguro e il Dingo Cane Giallo, e il ponte della baia di Sydney.

Ma la mia preferita era la fotografia di una famiglia aborigena in marcia. Erano scarni e ossuti, e andavano in giro nudi. Avevano la pelle molto nera, non il nero lucido dei negri, ma un nero opaco, come se il sole avesse risucchiato qualsiasi possibilità di riflesso. L'uomo aveva una lunga barba biforcuta e portava un paio di lance e un arnese per scagliarle. La donna portava una sacca di fibra intrecciata e aveva un neonato al seno. A fianco le trotterellava un bambino, e io mi identificavo con lui.

Ricordo la fantastica sradicatezza dei miei primi cinque anni. Mio padre era in Marina e mia madre e io facevamo la spola sulle ferrovie inglesi degli anni di guerra, per andar ospiti da parenti o da amici.

I tempi mi comunicavano tutta la loro frenetica agitazione: il fischio del vapore in una stazione avvolta nella nebbia; il duplice colpo delle porte dei vagoni che si chiudono; il ronzio degli aeroplani, i riflettori, le sirene; il suono di un'armonica su un marciapiede di soldati addormentati.

Casa nostra, se una casa avevamo, era una grossa valigia nera che chiamavamo la Rev-Robe, in cui c'era un angolo per i miei vestiti e la mia maschera antigas da Topolino. Sapevo che, alle prime bombe, mi sarei raggomitolato lì dentro e sarei stato al sicuro.

Talvolta passavo mesi con le mie due prozie, che abitavano in una delle villette a schiera dietro la chiesa di Stratford-on-Avon. Erano tutte e due nubili.

Zia Katie era pittrice e aveva viaggiato. A Parigi era stata a una festa molto *louche* nello studio del signor Kees van Dongen. A Capri aveva visto la bombetta di un certo signor Ulianov passare e ripassare per Marina Piccola.

Zia Ruth in vita sua aveva fatto soltanto un viaggio, nelle Fiandre, per deporre una corona sulla tomba di un innamorato. Era di natura semplice e fiduciosa. Aveva le guance rosee e sapeva arrossire con la grazia e il candore di una fanciulla. Era molto sorda e dovevo urlare dentro il suo apparecchio acustico che sembrava una radio portatile. Accanto al letto teneva una fotografia del suo nipote preferito, mio padre, che ci guardava serafico da sotto la lucida visiera del berretto da ufficiale di Marina.

Gli uomini della famiglia di mio padre erano o cittadini benestanti e sedentari – avvocati, architetti, antiquari – o vagabondi innamorati dell'orizzonte, che avevano sparso le loro ossa in ogni angolo del globo: il cugino Charlie in Patagonia; zio Victor in un campo di cercatori d'oro dello Yukon; zio Robert in un porto d'Oriente; e poi zio Desmond, dai lunghi capelli biondi, che era scomparso a Parigi senza lasciar traccia; e zio Walter che era morto al Cairo in un ospizio per santoni cantando le sura del Glorioso Corano.

Talvolta mi capitava di sentire le zie parlare di questi destini sciagurati; e zia Ruth mi stringeva fra le braccia, come per impedirmi di seguire le orme degli altri. Eppure, dal modo in cui indugiava su parole come « Xanadu » o « Samarcanda » o « mare color del vino », credo che anche lei sentisse nell'anima l'inquietudine del vagabondo.

La casa era piena di mobili massicci, ereditati da epoche di soffitti alti e servitù. In salotto c'erano tende William Morris, un pianoforte, una vetrina di porcellane e il quadro a olio coi pescatori di vongole di A.E. Russell, un amico della zia Katie.

Tra i miei possedimenti, quello a cui tenevo di più era una conchiglia di nome Mona che mio padre aveva portato dalle Indie Occidentali. Premevo la faccia contro la sua lucente valva rosa e ascoltavo il rumore della risacca.

Un giorno zia Katie mi aveva fatto vedere una riproduzione della *Nascita di Venere* di Botticelli, e io pregai e ripregai che da Mona scaturisse all'improvviso una bella ragazza bionda.

Zia Ruth mi sgridò una volta sola, una sera di maggio del 1944, quando feci pipì nell'acqua della

17

vasca. Sono certo stato uno degli ultimi bambini al mondo a essere minacciato dallo spettro di Bonaparte: «Se ci provi un'altra volta» urlò «verrà a prenderti Boney!».

Sapevo com'era Boney dalla sua statuetta di porcellana nella vetrina: stivali neri, brache bianche, bottoni dorati e un bicorno nero. Ma nel disegno che mi fece zia Ruth – ispirato a quello che Lawrence Alma-Tadema, amico di suo padre, aveva fatto a lei quand'era bambina – si vedeva solo il bicorno di pelliccia su due gambe lunghe e stecchite.

Quella notte, e per molte ancora, sognai di incontrare Boney sul marciapiede davanti alla canonica. Si apriva a metà, come un bivalve, e dentro c'erano due file di zanne nere e una massa di ispidi peli di un nero bluastro; io ci cadevo dentro e mi svegliavo urlando.

Il venerdì, zia Ruth e io andavamo in parrocchia per preparare la chiesa alla funzione domenicale. Mentre lei lucidava gli ottoni, spazzava gli scanni del coro, sistemava il paliotto e disponeva fiori freschi sull'altare, io mi arrampicavo sul pulpito o tenevo conversazioni immaginarie con Shakespeare.

Shakespeare mi scrutava dal suo monumento funebre nel lato nord del presbiterio. Era calvo e aveva i baffi piegati all'insù. La mano sinistra era posata su un rotolo di pergamena, la mano destra reggeva una penna d'oca.

Mi autoelessi custode e guida della sua tomba, e facevo pagare tre penny ai soldati americani per fargliela visitare. I primi versi che imparai a memoria furono quelli incisi sulla sua pietra tombale:

> Good frend, for Jesus sake, forbeare
> To digge the dust encloased here.
> Bleste be ye man yt spares thes stones
> And curst be he yt moves my bones.[1]

---

1. «Buon amico, per amor di Gesù, trattieniti / dal frugare la polvere qui racchiusa; / benedetto colui che risparmia queste pietre / e maledetto colui che le mie ossa smuove».

Molto tempo dopo, in Ungheria, dove ero andato per studiare l'archeologia dei nomadi, ebbi la fortuna di essere presente all'apertura della tomba di una 'principessa' unna. Era stesa sul suo giaciglio di terra nera, le fragili ossa coperte da una cascata di piastre d'oro, e sul suo petto era steso lo scheletro di un'aquila reale con le ali spiegate.

Uno degli uomini che stavano scavando chiamò le contadine che raccoglievano il fieno nel campo vicino. Quelle lasciarono cadere i loro rastrelli e si strinsero tutte intorno alla tomba aperta facendosi goffi segni della croce, come a dire: « Lasciatela stare. Lasciatela col suo amante. Lasciatela sola con Zeus ».

« *Curst be he...* ». Mi sembrò di udire l'invocazione di Shakespeare, e per la prima volta mi venne il dubbio che l'archeologia fosse di per sé una scienza maledetta.

A Stratford, nei pomeriggi di bel tempo, zia Ruth e io – con Amber, il suo cocker spaniel, che tirava al guinzaglio – facevamo quella che a suo dire era la passeggiata preferita di Shakespeare. Partivamo da College Street, oltrepassavamo il silos del grano, il mulino spumeggiante d'acqua, traversavamo l'Avon sul ponte pedonale e seguivamo il sentiero fino a Weir Brake.

Weir Brake era un boschetto di noccioli sopra un pendio che scendeva a precipizio nel fiume. In primavera vi sbocciavano giunchiglie e campanule; d'estate era una selva di ortiche, rovi e mazze d'oro, e sul fondo l'acqua era torbida e vorticosa.

Mia zia mi assicurò che quello era il luogo dei « convegni » di Shakespeare con una giovane donna. Era quella la proda dove fioriva il timo selvatico. Ma non mi spiegò mai che cosa fosse un convegno, e per quanto mi affannassi a cercarli non c'erano né timo né primule, anche se trovai qualche viola mammola con la corolla reclinata.

Molto più tardi, quando ormai avevo letto i drammi di Shakespeare e sapevo che cos'era un convegno, mi resi conto che Weir Brake era troppo fangoso e pieno di spine per offrire un comodo giaciglio a Titania e Bottom, ma in compenso era il posto ideale per il tuffo di Ofelia.

A zia Ruth piaceva molto leggere Shakespeare ad alta voce, e nei giorni in cui l'erba era asciutta mi sedevo sulla riva con le gambe penzoloni e l'ascoltavo declamare: « Se la musica è cibo dell'amore... », « La natura della clemenza è di non essere forzata... », oppure « A cinque tese tuo padre giace ».

« A cinque tese... » mi turbava profondamente, perché mio padre era ancora in mare. Avevo un altro sogno ricorrente: la sua nave era affondata; io diventavo un pesce con le branchie e la coda, lo raggiungevo in fondo al mare e vedevo le perle che un tempo erano i suoi occhi azzurri.

Uno o due anni dopo, la zia cominciò ad alternare a Shakespeare un'antologia di poesie, una scelta fatta apposta per i viaggiatori, intitolata *The Open Road*. Era rilegata in tela verde e in copertina aveva un volo di rondini dorate.

Mi piaceva molto stare a guardare le rondini. Al loro arrivo, in primavera, sapevo che presto i miei polmoni si sarebbero liberati del catarro; in autunno, quando se ne stavano a parlottare sui fili del telegrafo, potevo quasi contare i giorni che mancavano alle inalazioni di eucalipto.

Sui risguardi di *The Open Road* era disegnato in bianco e nero, nello stile di Aubrey Beardsley, un sentiero inondato di luce che si inoltrava in un bosco di pini. Leggevamo tutte le poesie del libro, a una a una.

Ci levammo e andammo a Innisfree. Vedemmo le caverne smisurate. Vagammo solitari come nuvole. Assaporammo tutto l'orgoglio dell'estate, piangemmo per Licida, versammo lacrime in mezzo al grano straniero, e ascoltammo la musica energica e suadente di Walt Whitman:

> *O Public Road...*
> *You express me better than I can express myself*
> *You shall be more to me than my poem.*[1]

Un giorno zia Ruth mi disse che un tempo il nostro cognome era «Chettewynde», che in anglosassone significa «sentiero serpeggiante», e cominciò a germinare nella mia testa l'idea che tra la poesia, il mio nome e la strada ci fosse un nesso misterioso.

Delle storie che mi raccontavano per farmi addormentare, la mia preferita era quella del piccolo coyote in *Lives of the Hunted* di Ernest Thompson Seton.

Coyotito era il più gracile di una cucciolata cui il cowboy Wolver Jake aveva ucciso la madre. Ai fratelli e alle sorelle avevano dato una bastonata sulla testa e lui era stato risparmiato per il trastullo del bull-terrier e dei levrieri di Jake. Non avevo mai visto un cagnolino più triste di quello incatenato nella figura. Tuttavia, Coyotito crescendo diventò furbo; una mattina si finse morto e poi scappò nel deserto, dove insegnò a una nuova generazione di coyote l'arte di sfuggire l'uomo.

Adesso non so ricostruire la catena di associazioni che mi portò a collegare la conquista della libertà di Coyotito con il *walkabout* degli aborigeni australiani, né, tanto meno, dove udii per la prima volta il termine *walkabout*. Comunque mi feci una mia immagine di quei 'docili' indigeni che un giorno lavoravano beati in un allevamento di bestiame e l'indomani, senza nessun preavviso e *senza una ragione*, se la svignavano e svanivano nel nulla.

---

1. «O pubblica via... / Tu esprimi me stesso meglio di quanto non sappia fare io / tu sarai per me più della mia poesia».

Si toglievano gli abiti da lavoro e partivano; stavano via settimane, mesi e addirittura anni; attraversavano a piedi mezzo continente, magari solo per incontrare qualcuno, poi, come se niente fosse, tornavano indietro.

Provai a immaginare la faccia del loro principale nel momento in cui scopriva che se ne erano andati.

Magari era uno scozzese: un uomo corpulento, foruncoloso e sboccato. Immaginavo la sua colazione a base di bistecca e uova – in tempi di razionamento, noi sapevamo che *tutti* gli australiani mangiavano una bistecca da mezzo chilo a colazione. Poi procedeva risoluto nella luce accecante del sole – il sole australiano era sempre accecante – e chiamava a squarciagola i suoi *boys*.

Niente.

Chiamava di nuovo. Non un rumore tranne la risata di scherno del kookaburra. Scrutava l'orizzonte: nient'altro che eucalipti. Si aggirava impettito tra le mandrie: niente neppure là. Poi, fuori dalle baracche, trovava camicie e cappelli e gli stivali che sbucavano dai pantaloni...

## 3

Al bar, Arkady ordinò due cappuccini. Ci sedemmo a un tavolo vicino alla vetrina, e lui cominciò a parlare.

La rapidità della sua mente mi affascinava, anche se ogni tanto lui mi sembrava un oratore sul palco e le sue parole cose in gran parte già dette.

La filosofia degli aborigeni era legata alla terra. Era la terra che dava vita all'uomo; gli dava il nutrimento, il linguaggio e l'intelligenza, e quando lui moriva se lo riprendeva. La «patria» di un uomo, foss'anche una desolata distesa di spinifex, era un'icona sacra che non doveva essere sfregiata.

«Sfregiata da strade, miniere o ferrovie?».

«Ferire la terra» mi rispose con grande serietà «è ferire te stesso, e se altri feriscono la terra, feriscono te. Il paese deve rimanere intatto, com'era al Tempo del Sogno, quando gli Antenati col loro canto crearono il mondo».

«Rilke ebbe un'intuizione del genere» ribattei. «Anche lui disse che cantare era esistere».

«Lo so» disse Arkady appoggiando il mento sulle mani. «*Terzo sonetto a Orfeo*».

Gli aborigeni, proseguì, si muovevano sulla terra con passo leggero; meno prendevano dalla terra, meno dovevano restituirle. Non avevano mai capito perché i missionari vietassero i loro innocui sacrifici. Loro non sacrificavano vittime, né animali né umane: quando volevano ringraziare la terra dei suoi doni, si incidevano semplicemente una vena dell'avambraccio e lasciavano che il sangue impregnasse il terreno.

« Non è un prezzo eccessivo » disse. « Le guerre di questo secolo sono il prezzo che paghiamo per aver preso troppo ».

« Ah, certo » assentii poco convinto. « Ma non potremmo parlare ancora delle Vie dei Canti? ».

« Altroché ».

Ero venuto in Australia per imparare da me, e non dai libri altrui, che cos'erano le Vie dei Canti, e come funzionavano. Naturalmente non sarei arrivato al nocciolo della questione, né intendevo arrivarci. A Adelaide avevo domandato a un'amica se conosceva un esperto, e lei mi aveva dato il numero di telefono di Arkady.

« Ti spiace se uso il mio taccuino? ».

« Fa' pure ».

Tirai fuori di tasca un taccuino con la copertina di tela cerata, tenuto chiuso da un elastico.

« Bello » commentò.

« Li compravo a Parigi, ma adesso non li fanno più ».

« A Parigi? » ripeté inarcando un sopracciglio, come se fosse la cosa più snob che avesse mai sentito.

Poi mi strizzò l'occhio e riprese il discorso.

Per afferrare il concetto di Tempo del Sogno, disse, devi considerarlo un equivalente aborigeno dei primi due capitoli della Genesi, con una differenza significativa.

Nella Genesi Dio creò per prima cosa gli « esseri viventi », poi con l'argilla plasmò il padre Adamo. Qui in Australia gli Antenati si crearono da sé con l'argilla, migliaia e migliaia, uno per ogni specie totemica.

« Perciò, quando un aborigeno ti dice: "Io ho un Sogno Wallaby", intende: "Il mio totem è il Wallaby. Sono un membro del clan Wallaby" ».

« Quindi un Sogno è l'emblema di un clan? Un contrassegno per distinguere "noi" da "loro"? Il "nostro" paese dal "loro" paese? ».

« È molto di più » rispose.

Ogni Uomo Wallaby credeva di discendere da un Padre Wallaby universale, antenato di tutti gli altri Uomini Wallaby e di tutti i wallaby del mondo. Perciò i wallaby erano suoi fratelli; uccidere uno di loro per cibarsene era sia fratricidio che cannibalismo.

« Eppure » insistetti « l'uomo non era un wallaby più di quanto gli inglesi siano leoni, i russi orsi o gli americani aquile ».

« Ogni specie » disse « può essere un Sogno. Anche un virus: ci può essere un Sogno varicella, un Sogno pioggia, un Sogno arancio del deserto, un Sogno pidocchio. Nel Kimberley adesso hanno un Sogno denaro ».

« E i gallesi hanno i porri, gli scozzesi i cardi e Dafne fu tramutata in un alloro ».

« Sempre la stessa storia » disse.

Riprese la spiegazione: si credeva che ogni antenato totemico, nel suo viaggio per tutto il paese, avesse sparso sulle proprie orme una scia di parole e di note musicali, e che queste Piste del Sogno fossero rimaste sulla terra come 'vie' di comunicazione fra le tribù più lontane.

« Un canto » disse « faceva contemporaneamente da mappa e da antenna. A patto di conoscerlo, sapevi sempre trovare la strada ».

« E un uomo in *walkabout* si spostava seguendo sempre una Via del Canto? ».

« Ai vecchi tempi sì » assentì. « Oggi viaggia in treno o in automobile ».

« E se l'uomo deviava dalla sua Via? ».

« Sconfinava. La trasgressione poteva costargli un colpo di lancia ».

« E finché restava sulla pista, invece, trovava sempre persone con il suo stesso Sogno? Che erano, di fatto, suoi fratelli? ».

« Sì ».

« Dai quali poteva aspettarsi ospitalità? ».

« E viceversa ».

« Perciò il canto è una specie di passaporto e insieme di buono-pasto? ».

« Anche qui è più complicato ».

L'Australia intera poteva, almeno in teoria, essere letta come uno spartito. Non c'era roccia o ruscello, si può dire, che non fosse stato cantato o che non potesse essere cantato. Forse il modo migliore di capire le Vie dei Canti era di pensare a un piatto di spaghetti ciascuno dei quali è un verso di tante Iliadi e Odissee – un intrico di percorsi dove ogni « episodio » è leggibile in termini geologici.

« Con "episodio" intendi "luogo sacro"? » gli domandai.

« Esatto ».

« Luoghi come quelli di cui stai facendo la mappa per la ferrovia? ».

« Mettiamola così » rispose. « Ovunque nel *bush* puoi indicare un elemento del paesaggio e domandare all'aborigeno che è con te: "Che storia c'è là?", oppure: "Chi è quello?". E lui probabilmente ti risponderà: "Canguro" o "Budgerigar" o "Lucertola", secondo l'Antenato che passò di lì ».

« E la distanza tra due luoghi del genere si può misurare come un brano musicale? ».

« Questa » disse Arkady « è la fonte di tutti i miei guai con quelli della ferrovia ».

Un conto era persuadere un ispettore che un mucchio di sassi erano le uova del Serpente Arcobaleno o che un monticello di arenaria rossiccia era il fegato di un canguro ucciso da una lancia, un conto era convincerlo che una vuota distesa di pietrisco era l'equivalente musicale dell'Opera 111 di Beethoven.

Gli Antenati, che avevano creato il mondo cantandolo, disse, erano stati poeti nel significato originario di *poiesis*, e cioè «creazione». Nessun aborigeno poteva concepire che il mondo creato fosse in qualche modo imperfetto. La vita religiosa di ognuno di essi aveva un unico scopo: conservare la terra com'era e come doveva essere. L'uomo che andava in *walkabout* compiva un viaggio rituale: calcava le orme del suo Antenato. Cantava le strofe dell'Antenato senza cambiare una parola né una nota – e così ricreava il Creato.

«Certe volte,» disse Arkady «mentre porto i "miei vecchi" in giro per il deserto, capita che si arrivi a una catena di dune e che d'improvviso tutti si mettano a cantare. "Che cosa state cantando?" domando, e loro rispondono: "Un canto che fa venir fuori il paese, capo. Lo fa venir fuori più in fretta"».

Gli aborigeni non credevano all'esistenza del paese finché non lo vedevano e lo cantavano: allo stesso modo, nel Tempo del Sogno, il paese non era esistito finché gli Antenati non lo avevano cantato.

«Quindi, se ho capito bene, la terra deve prima esistere come concetto mentale. Poi la si deve cantare. Solo allora si può dire che esiste».

«Esatto».

«In altre parole "esistere" è "essere percepito"?».

«Sì».

«Somiglia pericolosamente alla confutazione della Materia del vescovo Berkeley».

«O al buddhismo della Mente Pura,» disse Arkady «che vede a sua volta il mondo come illusione».

«Allora quattrocentocinquanta chilometri di acciaio, tagliando in due chissà quanti canti, turberanno di sicuro l'equilibrio mentale dei "tuoi vecchi"».

«Sì e no» rispose. «Emotivamente sono molto forti, e molto pragmatici. E poi hanno visto di peggio che una ferrovia».

Gli aborigeni credevano che tutti gli «esseri viventi» fossero stati fatti in segreto sotto la crosta terrestre, compreso tutto l'armamentario dell'uomo bianco – i suoi aeroplani, i suoi fucili, le sue Toyota – e ogni invenzione che sarà mai inventata; tutto sonnecchia sotto la superficie in attesa di essere chiamato.

«Forse» suggerii «col loro canto potrebbero rispedire la ferrovia nel mondo creato da Dio?».

«Ci puoi scommettere» disse Arkady.

## 4

Erano le cinque passate. La luce della sera scendeva obliqua nella strada, e dalla vetrata vedemmo un gruppo di ragazzi indigeni: portavano camicie a scacchi e cappelli da cowboy, e camminavano con passo scattante sotto le poinciane, diretti al pub.

La cameriera stava sgombrando i tavoli. Arkady ordinò un altro caffè, ma lei aveva già spento la macchina. Guardò accigliato la tazza vuota.

Poi alzò gli occhi e mi domandò a bruciapelo: « Che cosa ti interessa, in tutto questo? Che cosa cerchi qui? ».

« Sono venuto per verificare un'idea » risposi.

« Una grande idea? ».

« Un'idea molto banale, probabilmente, di cui devo liberarmi ».

« Ossia? ».

Quel suo mutato atteggiamento mi innervosì. Iniziai a spiegare che una volta avevo tentato, senza riuscirci, di scrivere un libro sui nomadi.

« Nomadi pastori? ».

« No » risposi. « Nomadi. In greco *nomos* vuol

dire "pascolo". Nomade è chi si sposta da un pascolo all'altro. Pastore è pleonastico».

«Convincente» disse Arkady. «Continua. Come mai i nomadi?».

Verso i vent'anni, dissi, avevo lavorato come 'esperto' di pittura moderna in una famosa casa d'aste. Avevamo sedi a Londra e a New York, e io ero una delle giovani promesse. Avrei fatto carriera, dicevano, dovevo solo giocar bene le mie carte. Un mattino mi svegliai cieco.

L'occhio sinistro riacquistò la vista il giorno stesso, ma il destro rimase inattivo e offuscato. L'oculista che mi visitò disse che non c'era nulla di organico, e diagnosticò la natura del disturbo.

«Hai guardato i quadri troppo da' vicino» disse. «Perché non li sostituisci con vasti orizzonti?».

«Perché no?» risposi.

«Dove ti piacerebbe andare?».

«In Africa».

Il presidente della società non mise in dubbio che avessi dei guai agli occhi, ma non riuscì a capire perché mai dovessi andare in Africa.

E ci andai – nel Sudan. Quando arrivai all'aeroporto gli occhi erano già guariti.

Discesi il Nilo nel tratto di Dongola su una feluca che trasportava merci. Andai 'dagli etiopi', un eufemismo per casino. Scampai per miracolo a un cane idrofobo. In una clinica a corto di personale feci l'anestesista durante un parto cesareo. Poi accompagnai un geologo che stava cercando campioni di minerali sulle colline del Mar Rosso.

Era una regione di nomadi, i Beja: i *fuzzy-wuzzy* di Kipling, i guerrieri sudanesi che se la ridevano di tutti, dei faraoni come della cavalleria britannica di Omdurman.

Erano uomini alti e magri, avvolti in teli di cotone color sabbia dai lembi sovrapposti sul petto. Entravano nei villaggi con scudi di pelle d'elefante e spade 'da crociato' appese alle cinture, per barattare la loro carne con il grano. Guardavano gli abitanti del villaggio con disprezzo, come se fossero animali diversi da loro.

Alle prime luci dell'alba, mentre sui tetti gli avvoltoi si sgranchivano le ali, il geologo e io stavamo a guardare gli uomini che come ogni giorno si facevano l'acconciatura.

Si ungevano a vicenda i capelli con grasso di capra profumato, poi li pettinavano in riccioli a cavaturacciolo formando un parasole burroso che faceva le veci di un turbante e impediva al cervello di rammollirsi. La sera, quando il grasso si era sciolto, i riccioli si spianavano in un cuscino compatto.

Il nostro cammelliere si chiamava Mahmoud ed era un mattacchione. Aveva una zazzera ancora più imponente di quella degli altri, e cominciò col rubare il martello da geologo. Poi lasciò che noi gli rubassimo il coltello, e allora, tra sonore risate, ce li riscambiammo e così diventammo grandi amici.

Quando il geologo ritornò a Khartoum, Mahmoud mi accompagnò nel deserto a cercare pitture rupestri.

La regione a est di Derudeb era scolorita e riarsa; c'erano lunghe pareti di roccia grigia e palme dum che crescevano negli uadi. Le pianure erano punteggiate di acacie che avevano la cima piatta, i rami nudi in quella stagione, lunghe spine bianche che sembravano ghiaccioli e una spolverata di fiori gialli. Di notte, mentre vegliavo sotto le stelle, le città dell'Occidente mi parevano tristi e aliene, e le pretese del «mondo dell'arte» assolutamente idiote. Qui invece avevo la sensazione di essere tornato a casa.

Mahmoud mi insegnò l'arte di riconoscere le orme nella sabbia: gazzelle, sciacalli, volpi, donne. Seguimmo la pista di un branco di asini selvatici e lo avvistammo. Una notte udimmo un leopardo tossire accanto a noi. Una mattina lui tagliò la testa a una vipera che si era raggomitolata sotto il mio sacco a pelo e me ne offrì in dono il corpo, infilzato sulla punta della sua spada. Con nessuno mi sono mai sentito più al sicuro né, al tempo stesso, più inadeguato.

Avevamo tre cammelli, due per noi e uno per le ghirbe, ma di solito preferivamo andare a piedi. Lui camminava scalzo, io con gli stivali. Non ho mai visto un passo leggero come il suo, e mentre camminava, cantava: di solito una canzone su una ragazza dell'Uadi Hammamat, graziosa come un parrocchetto verde. I cammelli erano tutta la sua ricchezza. Non possedeva greggi, né ne voleva. Era immune da tutto ciò che noi definiremmo 'progresso'.

Trovammo le pitture rupestri: minuscoli uomini rosso ocra scarabocchiati su una roccia a strapiombo. Poco lontano c'era un masso lungo e piatto con una spaccatura su un lato e la superficie bucherellata come un ditale. Quello, disse Mahmoud, era il Drago cui Alì aveva tagliato la testa.

Mi domandò, con un sorrisetto malizioso, se ero credente. In due settimane non l'avevo mai visto pregare.

Più tardi, quando tornai in Inghilterra, trovai la fotografia di un *fuzzy-wuzzy*: era un bassorilievo su una tomba egizia della dodicesima dinastia, a Beni Hassan: una figura patetica, emaciata, simile alle immagini delle vittime della siccità nel Sahel – il ritratto di Mahmoud.

I faraoni erano scomparsi: Mahmoud e il suo popolo erano sopravvissuti. Pensai che dovevo conoscere il segreto della loro vitalità irriverente e senza tempo.

Smisi di lavorare nel « mondo dell'arte » e ritornai nei luoghi aridi: da solo, con poco bagaglio. I nomi delle tribù che incontrai nei miei viaggi hanno scarsa importanza: Rguibat, Quashgai, Taimanni, Turcomanni, Bororo, Tuareg – popoli i cui viaggi, a differenza del mio, non avevano né inizio né fine.

Dormii in tende nere, tende blu, tende di pelli, iurte di feltro, e al riparo di frangivento di rovi. Una notte, sorpreso da una tempesta di sabbia nel Sahara occidentale, compresi il detto di Maometto: «Un viaggio è un frammento di Inferno».

Più libri leggevo, più mi convincevo che i nomadi erano stati il motore della storia, se non altro perché i grandi monoteismi erano affiorati, nessuno escluso, dal mondo pastorale...

Arkady stava guardando fuori dalla finestra.

## 5

Uno scassato camion rosso si era accostato al marciapiede e aveva posteggiato. Nel cassone, tra pile di fagotti e taniche, erano pigiate cinque donne indigene. Avevano i vestiti e i fazzoletti coperti di polvere. L'autista era un uomo robusto con lo stomaco gonfio di birra e un sudicio cappello di feltro calcato su una selva di capelli. Si sporse dalla portiera e gridò qualcosa ai passeggeri. Allora scese un vecchio allampanato e indicò un oggetto infilato tra i fagotti.

Una delle donne gli porse un rotolo avvolto nel cellofan. Il vecchio lo prese e, quando si voltò, Arkady lo riconobbe.

« È Stan, un mio vecchio amico di Popanji » disse.

Uscimmo in strada e Arkady abbracciò il vecchio Stan; Stan sembrò preoccupato che schiacciasse lui o il rotolo nel cellofan, e quando Arkady sciolse l'abbraccio tirò un respiro di sollievo.

Io rimasi a guardare sulla soglia.

Il vecchio aveva gli occhi rossi e velati, e una camicia gialla sporca; la barba e il petto villoso sembravano sbuffi di fumo.

« Be', che cos'hai qui dentro, Stan? » domandò Arkady.

« Un quadro » rispose Stan, sorridendo impacciato.

« Che cosa vuoi farne? ».

« Venderlo ».

Stan era un Anziano pintupi. L'uomo robusto era Albert, il figlio di Stan. La famiglia era venuta in città per vendere uno dei quadri di Stan a Mrs Lacey, la proprietaria del Desert Bookstore and Art Gallery.

« Su, » disse Arkady accennando col pollice all'involto « fa' vedere ».

Ma il vecchio Stan piegò gli angoli della bocca all'ingiù, serrò le dita e borbottò: « Prima devo farlo vedere a Mrs Lacey ».

Il bar stava chiudendo. La ragazza aveva accatastato le sedie sui tavoli e stava passando la moquette con l'aspirapolvere. Pagammo il conto e uscimmo. Albert era appoggiato al camion e chiacchierava con le donne; noi camminammo lungo il marciapiede fino alla libreria.

I Pintupi sono stati l'ultima « tribù selvaggia » a essere sloggiata dal deserto occidentale e inserita nella civiltà dei bianchi. Sino alla fine degli anni Cinquanta avevano continuato a cacciare e a cercare cibo, nudi sulle dune, come facevano da almeno diecimila anni.

Erano uomini sereni e di larghe vedute, che non praticavano i cruenti riti iniziatici delle tribù più sedentarie. Gli uomini andavano a caccia di canguri e di emù. Le donne raccoglievano semi, radici e larve commestibili. D'inverno si riparavano dietro frangivento di spinifex e restavano raramente senza acqua, perfino quando il caldo era cocente. Apprezzavano sopra ogni cosa un buon paio di gambe, e ridevano sempre. I pochi bianchi che viaggiavano nei loro territori si meravigliavano di trovare i loro bambini grassi e sani.

Il governo, però, fu del parere che gli Uomini dell'Età della Pietra dovevano essere salvati – in nome di Cristo, se necessario. Inoltre, il deserto occidentale serviva per attività minerarie, probabilmente per esperimenti nucleari. Fu dato ordine di caricare i Pintupi su camion dell'esercito e di sistemarli nelle terre governative. Molti vennero mandati a Popanji, un campo a ovest di Alice Springs; lì morirono nelle epidemie, litigarono con gli uomini delle altre tribù, si attaccarono alla bottiglia e si accoltellarono a vicenda.

Anche in cattività le madri pintupi raccontano ai loro bimbi, come le brave mamme di ogni paese, favole sull'origine degli animali: « Come all'echidna vennero le spine », « Perché l'emù non sa volare », « Perché il corvo è così nero ». E come Kipling illustrò le sue *Just So Stories* con disegni di suo pugno, così la madre aborigena traccia sulla sabbia disegni che illustrano gli itinerari degli eroi del Tempo del Sogno.

La madre racconta la storia con un chiacchiericcio monotono e spezzettato, e intanto segue le « orme » degli Antenati: muove l'indice e il medio, l'uno dopo l'altro, formando nel terreno una doppia fila di puntini. Poi cancella ogni scena con il palmo della mano e, alla fine, disegna un cerchio con un trattino che lo attraversa – una specie di Q maiuscola che indica il punto in cui l'Antenato, sfinito dalle fatiche della Creazione, è tornato « dentro ».

I disegni nella sabbia fatti per i bambini sono soltanto bozzetti o « libere interpretazioni » dei *veri* disegni, raffiguranti i *veri* Antenati, che si fanno solo durante le cerimonie segrete e che solo gli iniziati possono vedere. Tuttavia, è tramite i « bozzetti » che i giovani imparano a orientarsi nella loro terra, nella sua mitologia e nelle sue risorse.

Alcuni anni fa, quando la violenza e l'alcolismo

minacciavano di dilagare, un consigliere bianco ebbe l'idea di fornire ai Pintupi pennelli e colori per invogliarli a trasferire i loro Sogni sulla tela.

Dall'oggi al domani nacque una scuola australiana di pittura astratta.

Il vecchio Stan Tjakamarra dipingeva da otto anni. Quando finiva un quadro lo portava al Desert Bookstore, e Mrs Lacey detraeva il costo dei materiali e lo pagava subito, in contanti.

## 6

Enid Lacey mi piaceva: avevo già trascorso un paio d'ore nella sua libreria. Sapeva indubbiamente come vendere i libri. Aveva letto quasi tutti quelli sull'Australia centrale e cercava di avere in negozio tutti i titoli disponibili. Nella stanza adibita a galleria d'arte aveva messo a disposizione dei clienti due poltrone: «Leggete quanto volete,» diceva «senza impegno!», ben sapendo, naturalmente, che una volta che ti eri seduto non potevi andartene senza comprare qualcosa.

Era una vecchia *Territorian*, vicina alla settantina. Aveva il naso e il mento troppo prominenti e i capelli tinti di castano ramato. Portava due paia di occhiali appesi a due catenelle e due braccialetti di opale intorno ai polsi raggrinziti dal sole. «Le opali» mi disse «a me hanno solo portato fortuna».

Il padre era stato amministratore di un allevamento di bestiame nelle vicinanze di Tennant Creek. Lei aveva vissuto tutta la vita insieme agli aborigeni. Non ammetteva che si dicessero sciocchezze sul loro conto, e in cuor suo li adorava.

Aveva conosciuto tutti gli antropologi australiani

della vecchia generazione, e dei nuovi non aveva molta stima: li definiva «venditori di parole». La verità era che, per quanto cercasse di stare al passo con le ultime teorie e si cimentasse con i libri di Lévi-Strauss, non faceva molti progressi. Ciò nonostante, quando si parlava di aborigeni assumeva il suo miglior tono pontificale e dall'io passava al «noi», non il *pluralis maiestatis* ma un «noi» che si riferiva all'«insieme dell'opinione scientifica».

Era stata tra i primi a vedere i meriti della pittura Pintupi.

Siccome era un'abile donna d'affari, sapeva quando dare fiducia a un artista, quando negargliela e quando rifiutare del tutto il pagamento se l'artista sembrava in vena di far baldoria. Così, quando uno dei suoi «ragazzi» si presentava con passo malfermo all'ora di chiusura – che era l'ora di apertura del Frazer Arms –, schioccava la lingua e diceva: «Oh, povera me! Non riesco a trovare la chiave della cassa. Dovrai tornare domattina». E quando, il mattino dopo, l'artista tornava, grato di non essersi bevuto il suo guadagno, lei lo ammoniva col dito e gli domandava: «Vai subito a casa, vero?». «Sissignora» rispondeva lui, e Mrs Lacey aggiungeva un piccolo extra per la moglie e i bambini.

Pagava i quadri molto meno delle gallerie di Sydney o di Melbourne, però da lei costavano anche molto meno e trovavano sempre un acquirente.

Talvolta, qualche assistente sociale bianco la accusava di «sfruttare» gli artisti: ma i soldi che venivano da Sydney o da Melbourne venivano regolarmente dirottati verso le cooperative aborigene, mentre Mrs Lacey pagava in contanti, sull'unghia. I suoi «ragazzi» sapevano riconoscere i buoni affari e continuavano a tornare nella libreria.

Entrammo con Stan.

« Sei in ritardo, sciocco! ». Mrs Lacey si sistemò gli occhiali.

Lui si avvicinò a passo lento alla sua scrivania, infilandosi tra due clienti e uno scaffale.

« Ti avevo detto di venire martedì » disse lei. « Quello di Adelaide è passato ieri. Adesso dovremo aspettare un altro mese ».

I clienti erano una coppia di turisti americani che stava scegliendo tra due libri illustrati a colori. Lui aveva la faccia abbronzata e lentigginosa, e indossava un paio di bermuda blu e una camicia gialla sportiva. Lei, bionda, carina ma un po' sciupata, aveva addosso un camicione di batik rosso, stampato a disegni aborigeni. I libri erano *Australian Dreaming* e *Tales of the Dreamtime*.

Il vecchio Stan posò il rotolo sulla scrivania di Mrs Lacey, e borbottò qualche scusa dondolando la testa. Il suo odore di muffa impregnava la stanza.

« Idiota! ». Mrs Lacey alzò la voce. « Te l'ho detto mille volte, quello di Adelaide non vuole i quadri di Gideon, vuole i tuoi! ».

Arkady e io ci tenevamo a distanza, in fondo, vicino agli scaffali di studi aborigeni. Gli americani avevano rizzato le orecchie e stavano ascoltando.

« So che sui gusti non si discute » proseguì Mrs Lacey. « Secondo lui tu sei il miglior pittore di Popanji. È un grosso collezionista, se ne dovrebbe intendere ».

« Davvero? » domandò l'americano.

« Certo » rispose Mrs Lacey. « Vendo qualunque cosa firmata da Mr Tjakamarra ».

« Possiamo vedere? » chiese l'americana. « Per favore! ».

« Non saprei » replicò Mrs Lacey. « Dovete chiedere all'artista ».

« Possiamo? ».

« Possono? ».

Stan tremò, si strinse nelle spalle e si coprì il viso con le mani.

« Potete » disse Mrs Lacey sorridendo amabilmente mentre tagliava il cellofan con le forbici.

Stan si tolse le dita dal viso e tenendo un margine della tela aiutò Mrs Lacey a srotolarla.

Il quadro era grande pressapoco un metro e mezzo e aveva uno sfondo 'puntinista' in varie sfumature d'ocra. Al centro c'era un grande cerchio azzurro intorno a cui erano sparsi tanti altri cerchi più piccoli. Ogni cerchio era bordato di scarlatto; un groviglio di linee sinuose di un rosa fenicottero, vagamente simile a un intestino, li collegava tutti.

Mrs Lacey passò al secondo paio di occhiali e domandò: « Che cos'hai dipinto, Stan? ».

« Formica del miele » mormorò Stan con voce roca.

« La formica del miele » disse lei rivolgendosi agli americani « è uno dei totem di Popanji. Questo è un Sogno formica del miele ».

« Mi sembra bellissimo » disse l'americana con aria pensosa.

« È come una formica normale? » domandò l'americano. « Come una termite? ».

« No, no » rispose Mrs Lacey. « Una formica del miele è una cosa molto particolare. Le formiche del miele mangiano linfa di mulga. Il mulga è un albero che c'è qui nel deserto. Sulle estremità posteriori delle formiche crescono sacche melarie che sembrano bolle di plastica trasparente ».

« Davvero? » domandò l'uomo.

« Io le ho mangiate » disse Mrs Lacey. « Squisite ».

« Ah, sì » sospirò l'americana. Non staccava gli occhi dal dipinto. « A suo modo è davvero bellissimo! ».

« Ma nel quadro io non ne vedo, di formiche » disse l'uomo. « Vuol dire che è... è un formicaio? I tubi rosa sono i cunicoli? ».

« No ». Mrs Lacey sembrava un po' scoraggiata. « La tela raffigura il viaggio dell'Antenato Formica del miele ».

« Come una cartina? » disse lui con un largo sorriso. « Ah, ecco, mi pareva proprio che somigliasse a una cartina ».

« Esattamente » disse Mrs Lacey.

L'americana, intanto, apriva e chiudeva gli occhi per vedere che effetto avrebbe fatto il quadro quando alla fine li avrebbe tenuti aperti.

« Bellissimo » ripeté.

« Senta un po' » l'uomo interpellò Stan. « Lei le mangia proprio queste formiche del miele? ».

Stan annuì.

« No! No! » strillò la moglie. « Te l'ho detto stamattina. Uno non mangia il suo totem! Puoi essere ucciso, se mangi il tuo Antenato! ».

« Tesoro, questo signore dice che lui le mangia, le formiche del miele. Giusto? ».

Stan continuava ad annuire.

« Non capisco » disse la donna in tono esasperato. « Vuol dire che il suo Sogno non è la Formica del miele? ».

Stan scosse il capo.

« E qual è allora il suo Sogno? ».

Il vecchio tremò come uno scolaro costretto a tradire un segreto e bofonchiò a fatica la parola « Emù ».

« Oh, che pasticcio! ». La donna si morsicò il labbro, delusa.

Quel vecchio mite con la camicia gialla le piaceva. Le piaceva pensare alle formiche del miele che sognano i loro percorsi nel deserto, alle loro sacche melarie che splendono sotto il sole radioso. Si era innamorata del quadro. Voleva averlo, farglielo firmare, e ora doveva pensare ancora.

« Lei crede... » gli chiese scandendo le sillabe « che se lasciassimo una caparra a Mrs...? ».

« Lacey » disse Mrs Lacey.

« ...ci potrebbe dipingere un Sogno Emù e spedirlo... farcelo spedire negli Stati Uniti da Mrs Lacey? ».

« No » la interruppe Mrs Lacey. « Non può. Nessun artista dipinge il proprio Sogno. È troppo potente. Potrebbe ucciderlo ».

« Adesso non ci capisco più niente ». La donna si torceva le mani. « Non può dipingere il suo sogno ma può dipingere quello di un altro? ».

« Ho capito » disse il marito, illuminandosi. « È che non può mangiare gli emù ma le formiche del miele sì? ».

« Appunto » disse Mrs Lacey. « Mr Tjakamarra non può dipingere un Sogno Emù perché il suo totem paterno è un emù e farlo sarebbe un sacrilegio. Può dipingere le formiche del miele perché sono il totem del figlio del fratello di sua madre. Vero, Stan? Il Sogno di Gideon è la formica del miele? ».

Stan batté le palpebre e disse: « Sì ».

« Gideon » proseguì lei « è il direttore rituale di Stan. Si dicono l'un l'altro che cosa possono e che cosa non possono dipingere ».

« Penso di aver capito » disse l'americana, poco convinta. Ma sembrava ancora disorientata, e le ci volle un po' per mettere insieme il pensiero successivo.

« Diceva che anche Mr Gideon è un artista? ».

« Sì » rispose Mrs Lacey.

« E dipinge Sogni Emù? ».

« Sì ».

« Evviva! ». La donna rise, a sorpresa, e batté le mani. « Potremmo comprarne uno da ciascuno e appenderli in coppia ».

« Ma cara, » disse il marito tentando di calmarla « innanzitutto dobbiamo informarci se questo dipinto delle formiche del miele è in vendita. E se lo è, a quanto? ».

Mrs Lacey sbatté le ciglia e disse con aria birichina: « Non saprei. Dovete chiedere all'artista ».

Stan ruotò il bianco degli occhi verso il soffitto e si mise a bisbigliare. Era evidente che stava facendo dei calcoli, e raddoppiava la cifra che avrebbe preso da Mrs Lacey. Era anche evidente che non era la prima volta che lui e Mrs Lacey facevano questa pantomima. Poi chinò il capo e disse: « Quattrocentocinquanta ».

« Dollari australiani » interloquì Mrs Lacey. « Naturalmente devo calcolare la mia commissione, il dieci per cento! Mi pare giusto. Più venti per i colori e la tela ».

« Venti per cento? ».

« No, dollari ».

« Un prezzo ragionevole » disse l'uomo. Sembrava abbastanza sollevato.

« È proprio bello » disse la donna.

« Sei contenta? » domandò il marito con voce carezzevole.

« Sì » rispose lei. « Contentissima! ».

« Posso pagare con l'American Express? » domandò lui.

« Certo » rispose Mrs Lacey. « Però la commissione la paga lei, se non le spiace ».

« Mi sembra giusto ». L'uomo deglutì. « Ma adesso voglio sapere che cosa succede, nel quadro, cioè ».

Arkady e io ci mettemmo zitti zitti alle spalle degli americani e guardammo Stan che col dito ossuto indicava il grosso cerchio blu sulla tela.

Era, spiegò, la Dimora Eterna dell'Antenato Formica del miele a Tatatà. E d'improvviso ci sembrò di vedere file su file di formiche del miele col corpo striato e luccicante, che nelle loro celle sotto le radici del mulga traboccavano di nettare. Vedemmo l'anello di terra rosso fuoco intorno all'ingresso del formicaio, e le rotte di migrazione che seguivano mentre si diffondevano in altri luoghi.

« I cerchi » aggiunse soccorrevole Mrs Lacey « sono i centri cerimoniali delle formiche del miele. Quelli che lei chiama "tubi" sono le Piste del Sogno ».

L'americano era estasiato. « E possiamo andarle a

cercare, queste Piste del Sogno? Laggiù, cioè? Come a Ayer's Rock, o in un posto così? ».

« Loro sì » disse lei. « Voi no ».

« Vuol dire che sono invisibili? ».

« Per voi sì. Per loro no ».

« Ma allora dove sono? ».

« Dappertutto » disse lei. « Per quel che ne so io c'è una Pista del Sogno che passa proprio al centro del mio negozio ».

« Brrr! Che impressione! » disse ridacchiando la moglie.

« E la possono vedere solo loro? ».

« O cantare » disse Mrs Lacey. « Non esistono piste senza un canto ».

« E queste piste passano in tutti i posti? » domandò l'uomo. « In tutta l'Australia? ».

« Sì » disse Mrs Lacey, con un sospiro di soddisfazione per aver trovato una frase d'effetto. « Il canto e la terra sono tutt'uno ».

« Ma pensa! » esclamò lui.

L'americana aveva tirato fuori il fazzoletto e si asciugava gli angoli degli occhi. Per un attimo pensai che stesse per dare un bacio al vecchio Stan. Sapeva benissimo che la tela era dipinta ad uso dei bianchi, ma lui le aveva fatto intravedere qualcosa di raro e di strano, e lei gliene era molto riconoscente.

Mrs Lacey si risistemò gli occhiali per compilare il modulo dell'American Express. Arkady salutò Stan e quando uscimmo in strada udimmo il rombo trionfante del motore.

« Che donna! » esclamai.

« Gran faccia tosta » disse Arkady. « Dài, andiamo a bere qualcosa ».

## 7

Avevo dei sandali giapponesi di gomma e, sicco-me tutti i migliori bar di Alice li vietavano con tanto di cartelli – con l'intenzione di scoraggiare gli abori-geni –, andammo al pub del Frazer Arms.

Alice non è una città molto allegra, né di giorno né di notte. I vecchi abitanti ricordano Todd Street quando c'erano i cavalli e i pali a cui legarli. Da allora è diventata un desolante corso all'americana, fatto di agenzie di viaggi, negozi di souvenir e bar che non vendono alcolici. Un negozio offriva koala di pezza e magliette con la scritta « Alice Springs » fatta di mosche. I giornalai vendevano copie di un libro intitolato *Red over White*. L'autore, un ex mar-xista, sosteneva che l'Aboriginal Land Rights Move-ment era un 'fronte' per l'espansione sovietica in Australia.

« Il che fa di me uno dei principali indiziati » disse Arkady.

Fuori dal pub c'era una rivendita di alcolici, e i ragazzi che avevamo visto prima le giravano intorno barcollando. Dal bel mezzo dell'asfalto sbucava il tronco di un eucalipto malridotto.

« Albero sacro » commentò lui. « Sacro al Sogno Bruco e molto rischioso per il traffico ».

Dentro il pub c'era chiasso e una gran ressa di indigeni e di bianchi. Il barista, alto più di due metri, aveva fama di essere il miglior buttafuori della città. Sul linoleum c'erano pozze di birra e sedie di fiberglass sparse dappertutto; le finestre avevano tendine rosso vino.

Un aborigeno barbuto e obeso, con una natica su uno sgabello e una su un altro, si grattava scrupolosamente la pancia. Gli sedeva accanto una donna ossuta; aveva un sottobicchiere di cartone infilato nel berretto di maglia viola. Teneva gli occhi chiusi e rideva come una matta.

« La banda è tutta qui » disse Arkady.

« Chi? ».

« I miei amici del Pintupi Council. Vieni, ti presento al presidente ».

Prendemmo due birre, ci facemmo largo tra la folla e arrivammo dove il presidente stava arringando con voce tonante un crocchio di ammiratori. Era un uomo grande e grosso, molto scuro di pelle, in jeans, giacca di pelle nera, cappello di pelle nera, e intorno al polso un tirapugni borchiato. Sfoderò un sorriso a trentadue denti, imprigionò la mia mano in una stretta fraterna e disse: « Amico! ».

Io risposi: « Amico! » e guardai la punta rosea del mio pollice che spuntava dal suo pugno.

« Amico! » ripeté lui.

« Amico! » ripetei io.

« Amico! » ripeté lui.

Tacqui, pensando che se avessi detto « Amico! » una terza volta saremmo andati avanti in eterno.

Guardai da un'altra parte, la sua stretta si allentò e, finalmente, liberai la mano stritolata.

Il presidente riprese il racconto interrotto in mio onore, relativo alla sua abitudine di far saltare i lucchetti dai cancelli degli allevamenti con un colpo di pistola. Il suo pubblico era molto divertito.

Poi tentai di parlare con un attivista cittadino che era venuto da Sydney. O meglio, visto che lui voltò la faccia dall'altra parte, mi trovai a parlare col suo orecchino, una bandiera aborigena che gli penzolava dal lobo sinistro.

Sulle prime non suscitai in lui nessuna reazione, tranne lo sghembo dondolio della bandiera. Poi la faccia ruotò e si mise a parlare: « Inglese? ».

« Sì ».

« Perché non ve ne tornate a casa? ».

« Sono appena arrivato » risposi.

« Intendo tutti quanti ».

« Tutti chi? ».

« I bianchi » disse lui.

I bianchi avevano rubato il suo paese, disse. La loro presenza in Australia era illegale. Il suo popolo non aveva mai ceduto un solo pezzo di territorio. Non aveva mai firmato un trattato. Tutti gli europei dovevano tornarsene a casa loro.

« E i libanesi, allora? » domandai.

« Devono tornare in Libano ».

« Ah » dissi io, ma l'udienza era terminata, e la faccia ruotò di nuovo fino a raggiungere la posizione originaria.

Poi incrociai lo sguardo di una bionda carina e le strizzai l'occhio. Lei ricambiò ed entrambi aggirammo le propaggini del gruppo.

« Te la sei vista brutta col leader? » disse sottovoce.

« No, » risposi « è stato molto istruttivo ».

Si chiamava Marian. Era arrivata in città solo da mezz'ora, dal territorio walbiri, dove si stava occupando di una rivendicazione territoriale delle donne.

Aveva placidi occhi azzurri e un'aria molto innocente e felice nel suo succinto vestito a fiori. Sotto le unghie aveva mezzelune di sporcizia rossa e la polvere aveva dato alla sua pelle una levigata lucentezza color bronzo. Aveva seni sodi e braccia solide e cilindriche, e si era tagliata le maniche del vestito sotto le ascelle per lasciar circolare l'aria liberamente.

Lei e Arkady avevano insegnato nella stessa scuola nel *bush*. Dalle occhiate che lanciava alla zazzera bionda di lui che brillava sotto un faretto, intuii che una volta dovevano esser stati amanti.

Lui indossava una camicia azzurro cielo e calzoni da lavoro sformati.

« Da quanto tempo conosci Ark? » mi domandò.

« Due giorni in tutto » dissi io.

Feci il nome della nostra comune amica di Adelaide. Lei abbassò gli occhi e arrossì.

« È una specie di santo » disse.

« Lo so » risposi. « Un santo russo ».

Sarei rimasto a chiacchierare con Marian, non fosse stato per una voce che gracchiò alla mia sinistra: « E che cosa ci vieni a fare nel Northern Territory? ».

Mi voltai e vidi un bianco sulla trentina, vigoroso e provocatorio. I suoi bicipiti rigonfi e la canottiera tradivano il culturista.

« A guardarmi intorno » dissi io.

« E in particolare? ».

« Voglio raccogliere informazioni sulle Vie dei Canti aborigene ».

« Quanto ti fermi? ».

« Forse un paio di mesi ».

« Con chi sei? ».

« Con me ».

« E che cosa ti fa pensare che puoi arrivare fresco fresco dall'Inghilterra e far soldi coi sacri segreti? ».

« Io non voglio far soldi. Voglio sapere come funziona una Via del Canto ».

« Sei uno scrittore? ».

« Pressappoco ».

« Pubblicato? ».

« Sì ».

« Fantascienza? ».

« Detesto la fantascienza ».

« Bada, » disse il culturista « stai perdendo il tuo tempo. Sono dieci anni che vivo nel Northern Territory. Li conosco, questi Anziani. Non ti diranno un bel niente ».

Aveva il bicchiere vuoto. L'unico modo per scoraggiare questa conversazione era di offrirgli da bere.

« No, grazie » disse alzando il mento. « Mi basta così ».

Strizzai di nuovo l'occhio a Marian che stava cercando di soffocare un attacco di ridarella. Gli altri avevano i bicchieri vuoti, così proposi di offrire io il prossimo giro. Andai al banco e ordinai birre grandi e medie. Ne chiesi una anche per il culturista, che la volesse o no.

Arkady mi accompagnò e mi aiutò a portare i bicchieri. « Ehi! » mi disse. « Vedo che ti diverti ».

Pagai e li portammo agli altri.

« Quando vuoi andare, dimmelo » bisbigliò. « Possiamo tornare da me ».

« Quando vuoi tu ».

Nel prendere il bicchiere il culturista trasalì, poi disse: « Grazie, amico ».

Il presidente prese il suo senza fiatare.

Li scolammo. Arkady baciò Marian sulla bocca dicendole: « Ci vediamo ». Il culturista mise la mano nella mia dicendomi: « Ci vediamo, amico ».

Uscimmo.

« Chi era quello? » domandai.

« Un fesso » disse Arkady.

Al crepuscolo la città era tranquilla. Un orlo arancione infuocava il profilo dei monti MacDonnell.

« Ti è piaciuto il Frazer Arms? ».

« Sì » dissi. « Tutti molto cordiali ».

Più cordiali, comunque, che nel pub di Katherine.

Scendendo dai Kimberleys verso Alice Springs avevo dovuto cambiare autobus a Katherine.

Era l'ora di pranzo. Il pub era gremito di camionisti e operai dei cantieri che bevevano birra e mangiavano torte salate. Quasi tutti indossavano la tipica divisa del maschio dell'*outback*: scarpe alte di camoscio, canottiera 'da muratore' per mettere in mostra i tatuaggi, cappello giallo rigido e *stubbies*, cioè calzoncini corti, verdi, attillati e senza cerniera. Appena spinta la porta di vetro smerigliato, ti si parava davanti una fila ininterrotta di gambe rosse e pelose e di sederi verde bottiglia.

A Katherine i turisti si fermano a vedere la famosa gola. Per decreto la zona era diventata Parco Nazionale, ma alcuni avvocati del Land Rights Movement avevano scovato un vizio di forma nei documenti legali, e chiedevano che fosse restituita agli aborigeni. In città c'era molto cattivo sangue.

Andai nel gabinetto degli uomini e, in corridoio, una puttana indigena premette i suoi capezzoli contro la mia camicia dicendomi: « Mi vuoi, tesoro? ».

« No ».

Il tempo di far pipì e lei si era già incollata a un ometto filiforme seduto su uno sgabello. Aveva le vene dell'avambraccio sporgenti e un distintivo da guardiano del parco sulla camicia.

« Piantala » ringhiò lui. « Zozza indigena! Tanto non mi ecciti. Ho la mia donna, io. Se però ti siedi qui sul bancone e allarghi le gambe, magari ti ci infilo una bottiglia ».

Presi il mio bicchiere e me ne andai dalla parte opposta della sala. Attaccai discorso con uno spagnolo: era basso, calvo e sudato, con una vocetta stridula e isterica. Era il fornaio della città. Pochi metri più in là, due aborigeni stavano cominciando, pian piano, a fare a botte.

Il più vecchio aveva la fronte raggrinzita e una camicia scarlatta aperta fino all'ombelico. L'altro era un ragazzo pelle e ossa coi calzoncini arancioni incollati alla pelle. L'uomo era più ubriaco del ragazzo e stava in piedi a stento; si reggeva appoggiandosi coi gomiti allo sgabello. Il ragazzo strillava come un'aquila e aveva la bava alla bocca.

Il fornaio mi diede una gomitata nelle costole. « Io sono di Salàmanca » berciò. « Sembra una corrida, eh? ».

Qualcun altro gridò: « I *boongs* fanno a botte », anche se non stavano facendo a botte, non ancora. Ma tra sghignazzi e istigazioni gli avventori cominciarono a spostarsi in fondo al banco per vedere meglio.

Delicatamente, quasi con una carezza, l'uomo fece saltare il bicchiere di mano al ragazzo: cadde sul pavimento e andò in frantumi. Il ragazzo si chinò, raccolse la base rotta e la tenne nel palmo brandendola come un pugnale.

Il camionista seduto sullo sgabello più vicino rovesciò il contenuto del suo bicchiere, spezzò il bordo contro il banco, e lo ficcò in mano all'uomo più vecchio. « Dài, » disse in tono incoraggiante « fagli vedere! ».

Il ragazzo si lanciò in avanti col bicchiere, ma l'uomo lo scansò con uno scatto del polso. Erano tutti e due feriti.

«*Olé!* » urlò il fornaio spagnolo, la faccia contratta in una smorfia. «*Olé! Olé! Olé!* ».

Il buttafuori saltò al di qua del banco e trascinò i due aborigeni sul marciapiede, poi gli fece attraversare la strada e li lasciò stesi fianco a fianco su una banchina spartitraffico, a sanguinare sotto gli oleandri rosa mentre i *road-trains* provenienti da Darwin passavano rombando.

Me ne andai, ma lo spagnolo mi seguì.

«Cari amici, eh?» disse.

## 9

Speravo di andare a letto presto, ma Arkady mi
aveva invitato a una grigliata dalla parte opposta
della città. Avevamo da far passare poco più di
un'ora. Alla rivendita di alcolici comprammo una
bottiglia di vino bianco ghiacciato.

Arkady abitava in un monolocale in affitto sopra
una fila di box, dietro il supermercato. La ringhiera
metallica delle scale era ancora calda di sole. Il condizionatore era acceso, e quando Arkady aprì ci
soffiò in faccia una corrente d'aria fredda. Sul tap-
peto c'era un biglietto che qualcuno aveva infilato
sotto la porta. Accese la luce e lo lesse.

« Non prima del tempo » mormorò.

« Che cos'è? » domandai.

Mi spiegò che uno degli Anziani kaititj, il vecchio
Alan Nakumurra, bloccava i rilevamenti topografici
da quattro settimane. Era l'ultimo superstite maschio
del suo clan e il « proprietario tradizionale » della
terra a nord dell'allevamento di Middle Bore. Quelli
della ferrovia avevano fretta di picchettare proprio
quel tratto di binari. Arkady aveva fatto sospendere
tutto finché Alan non fosse stato rintracciato.

« Dov'è andato? ».

« Prova a dire » rise. « È andato in *walkabout* ».

« Che fine hanno fatto gli altri? ».

« Gli altri chi? ».

« Gli altri del suo clan ».

« Morti ammazzati » disse Arkady. « Dalle pattuglie di polizia negli anni Venti ».

La stanza era bianca e ordinata. Sul ripiano del cucinino c'era uno spremiagrumi con accanto un cestino di arance. Su un materasso per terra erano sparpagliati dei teli e dei cuscini indonesiani. Sul clavicembalo c'era uno spartito del *Clavicembalo ben temperato*.

Arkady stappò la bottiglia, riempì due bicchieri e, mentre io davo un'occhiata allo scaffale dei libri, parlò al telefono col suo capo.

Per qualche minuto parlò di affari, poi disse che in città c'era un inglese che voleva andare « nel *bush* » con la squadra... No, non era un giornalista... Sì, per essere inglese, era relativamente innocuo... No, non era un fotografo... No, non gli interessava assistere ai rituali... No, non domani... dopodomani...

Ci fu una pausa. Si poteva quasi sentire l'uomo che pensava all'altro capo del cavo. Poi Arkady sorrise e alzò il pollice in segno di vittoria.

« Sei dei nostri » disse e riagganciò il ricevitore.

Chiamò la società di noleggio e chiese una macchina per mercoledì mattina. « E che sia una Land Cruiser » precisò. « Potremmo trovar pioggia ».

Nella libreria c'erano classici russi, libri sui presocratici e un bel po' di studi sugli aborigeni. Tra questi ultimi c'erano due dei miei preferiti: *Aranda Traditions* e *Songs of Central Australia* di Theodore Strehlow.

Arkady aprì una lattina di anacardi e ci sedemmo tutti e due sul materasso a gambe incrociate.

« *Nazdorov'e!* ». Alzò il bicchiere.

« *Nazdorov'e!* ». Facemmo cincin.

Ridistese le gambe, tirò fuori dallo scaffale un album di fotografie e si mise a sfogliarlo.

Le prime erano tutte istantanee a colori, soprattutto suoi ritratti, ricordi che ogni giovane australiano ha del suo primo viaggio all'estero: Arkady su una spiaggia di Bali; Arkady al Kibbutz Hulda; Arkady vicino al tempio di Capo Sounion; Arkady a Venezia con la futura moglie e i colombi; Arkady di nuovo a Alice Springs con la moglie e la bambina.

Poi saltò in fondo all'album, e si fermò sulla sbiadita fotografia in bianco e nero di una giovane coppia, sul ponte di una nave, con una scialuppa di salvataggio sullo sfondo. « Mamma e papà » disse. « Nel maggio 1947, quando la nave attraccò a Aden ».

Mi protesi per vedere da vicino. L'uomo era basso, col corpo piatto e poderoso, le sopracciglia nere e massicce e gli zigomi obliqui. Dal collo della camicia spuntava un cuneo di peli scuri. I calzoni sformati erano stretti alla cintola e sembravano troppo grandi di varie taglie.

La donna era più alta e armoniosa, vestita con un abito semplice, i capelli slavati avvolti in trecce. Il suo braccio grassoccio sporgeva dal parapetto. Storcevano il viso, accecati dal sole.

Più in basso, nella stessa pagina, c'era un'altra foto dell'uomo: ora era in piedi accanto a una staccionata, rattrappito e grigio, in un orto di cavoli che non potevano essere che russi. Accanto a lui, in gruppo, c'erano una contadina paffuta e due ragazzoni coi cappelli di karakul e gli stivali.

« Quella è mia zia » disse Arkady. « E quelli sono i miei cugini cosacchi ».

I cappelli di karakul mi riportarono a Kiev, in un afoso pomeriggio estivo, e al ricordo di uno squadrone di cavalleria cosacco che si esercitava in una strada acciottolata: il lucente pelo nero dei cavalli, le mantelle scarlatte, gli alti copricapi messi di sghimbescio, i volti cupi e astiosi della folla.

Era l'agosto del 1968, un mese prima dell'invasione della Cecoslovacchia. Per tutta l'estate si era parlato di sommosse in Ucraina.

Arkady riempì di nuovo i bicchieri e continuammo a parlare di cosacchi: di «kazachi» e «cosacchi»; il cosacco mercenario e il cosacco ribelle; di Yermak il cosacco e della conquista della Siberia; di Pugačëv e di Sten'ka Razin; Machno e la cavalleria rossa di Budënnyj. Per caso nominai la Brigata cosacca di von Pannwitz, che combatté per i tedeschi contro l'esercito sovietico.

«È buffo che tu mi parli di von Pannwitz» disse Arkady.

Nel 1945 i suoi genitori erano in Austria, nella zona occupata dagli inglesi. Era l'epoca in cui gli alleati stavano rimandando in patria i rifugiati russi, traditori o altro, alla mercé di Stalin. Il padre fu interrogato da un maggiore dei servizi segreti inglesi che lo accusò, in perfetto ucraino, di aver combattuto per von Pannwitz. Dopo una settimana di colloqui a singhiozzo il russo riuscì a convincerlo che l'accusa era ingiusta.

Vennero trasferiti in Germania e furono alloggiati in un ex circolo ufficiali di Berchtesgaden, sotto il Nido dell'Aquila. Richiesero i documenti necessari per emigrare negli Stati Uniti e in Canada: li informarono che l'Argentina era una soluzione migliore per chi aveva una reputazione dubbia. Finalmente, dopo un anno di spasmodica attesa, arrivò la notizia che in Australia c'era lavoro, e che, per chi firmava, il viaggio era gratis.

Furono ben contenti di questa occasione: non desideravano altro che fuggire dall'Europa assassina – dal freddo, dal fango, dalla fame, dalle famiglie disperse – e andare in un paese soleggiato dove c'era da mangiare per tutti.

Si imbarcarono a Trieste su una nave ospedale riadattata. Durante la traversata tutte le coppie di sposi furono separate e potevano incontrarsi solo sul ponte, alla luce del giorno. Quando approdarono a Adelaide, vennero internati in un campo di baracche Nissen, dove uomini in divisa cachi sbraitavano ordini in inglese. A volte credevano di essere di nuovo in Europa.

Avevo già notato un certo accanimento nella fissazione di Arkady per le ferrovie australiane. Adesso me ne spiegò il motivo.

Ivan Volchok venne addetto alla manutenzione della linea transcontinentale, in mezzo alla Nullarbor Plain. Là, tra le stazioni di Xanthus e Kitchener, senza moglie né figli, esasperato dal sole e dalla dieta a base di carne in scatola e gavette di tè, si ammazzava di fatica sostituendo traversine.

Un giorno lo riportarono a Adelaide in barella. I medici dissero: «Colpo di calore», e la ferrovia non lo risarcì adeguatamente. Un altro medico disse: «È debole di cuore». Non lavorò mai più.

Fortunatamente la madre di Arkady era una donna in gamba e risoluta: cominciando da una bancarella, mise su un fiorente commercio di frutta e verdura. Comprò una casa in un sobborgo orientale di Adelaide. Leggeva romanzi russi per sé, e fiabe russe a Arkaša e ai suoi fratelli; la domenica li portava alla messa ortodossa.

Suo marito non aveva nessuna delle sue risorse. Un tempo era stato tutto muscoli e ribellione; invecchiando, ciondolava per il negozio, era sempre tra i piedi, si ubriacava con il suo liquore fatto in casa e rimuginava malinconicamente sul passato.

Farneticava di un pero del giardino di sua madre e di un amuleto che aveva nascosto nella sua forcella. In Australia, diceva, gli alberi erano mezzo morti. In Russia c'erano alberi veri, che perdevano le foglie e poi vivevano di nuovo. Una sera Petró, il fratello di Arkady, lo trovò che stava abbattendo la loro araucaria. Fu allora che si resero conto della gravità della situazione.

Tramite l'ambasciata sovietica di Canberra, lui e

Petró ebbero un permesso per tornare a Gornjacki-je, il suo villaggio. Vide sua sorella, il vecchio samo-var, i campi di grano, le betulle e un fiume pigro. Il pero era stato tagliato, anni prima, per ricavarne legna da ardere.

Nel cimitero tolse le erbacce dalla tomba dei ge-nitori e rimase seduto ad ascoltare il cigolio della banderuola segnavento arrugginita. Quando veniva buio cantavano tutti in coro, e i suoi nipoti suonavano a turno la bandura di famiglia. Il giorno prima della partenza, il KGB lo portò a Rostov per interrogarlo. Spulciarono il suo dossier personale e gli fecero un mucchio di domande trabocchetto sulla guerra.

« Quella volta papà ha visto Vienna più volentieri dell'altra » disse Arkady.

Da allora erano passati sette anni. Adesso sognava di nuovo di ritornare in Russia. Il suo chiodo fisso era la tomba di Gornjackije. Loro sapevano che vo-leva morire là, e non sapevano come esaudirlo.

« Anche se io sono un occidentale » dissi « so come si deve sentire. Tutte le volte che vado in Russia non vedo l'ora di andar via. Poi non vedo l'ora di ritor-narci ».

« Ti piace la Russia? ».

« I russi sono un popolo meraviglioso ».

« Questo lo so » disse con aria polemica. « Per-ché? ».

« Difficile dirlo » dissi. « Mi piace pensare alla Rus-sia come a una terra di miracoli. Proprio quando si teme il peggio, succede sempre qualcosa di meravi-glioso ».

« Per esempio? ».

« Più che altro piccole cose. Cose umili. In Russia c'è un'infinita umiltà ».

« Ti credo » disse. « Dài, sarà meglio avviarci ».

## 10

Era una notte chiara, illuminata dalla luna. Soltanto con la luna era consigliabile prendere una scorciatoia che attraversava il Todd. Gli aborigeni avevano l'abitudine di smaltire la sbornia nel letto asciutto del fiume; col buio pesto c'era il rischio di imbattersi in qualcuno di loro, forse pericolosamente ubriaco, forse no.

I tronchi bianchi degli eucalipti luccicavano; parecchi alberi erano stati sradicati da una piena, in un altro anno. Al di là del fiume vedevamo il Casinó e i fari delle automobili che si fermavano davanti. La sabbia era soffice e granulosa, e affondavamo sin oltre le caviglie. Sulla riva opposta una figura scarmigliata sbucò dai cespugli, borbottò: «Stronzi!» e risprofondò con un tonfo sordo e uno schianto di rami.

«Ubriaco innocuo!» esclamò Arkady.

Superato il Casinó, mi guídò per una strada di case nuove di zecca. Sui tetti erano montati i pannelli solari e nei vialetti d'accesso erano parcheggiati i camper. In fondo alla via, messa di traverso rispetto alle altre, c'era una casa di pionieri vecchia e cadente con un'ampia veranda e zanzariere alle finestre. Dal giardino arrivava il profumo del frangipani e del grasso sfrigolante della carne.

Su un braciere a carbonella, un uomo con la barba grigia arrostiva bistecche e salsicce. Si chiamava Bill ed era a torso nudo, sudato fradicio.

« Ehi, ciao, Ark! » salutò sventolando una forchetta.

« Ciao, Bill » rispose Arkady. « Questo è Bruce ».

« Lieto di conoscerti, Bruce » disse frettolosamente Bill. « Prendetevi da mangiare ».

La moglie di Bill, una bionda di nome Janet, era seduta dietro un tavolo a cavalletto e serviva l'insalata. Aveva un braccio ingessato. Sul tavolo c'erano parecchie bottiglie di vino, e un secchiello di plastica pieno di ghiaccio e lattine di birra.

Intorno a un paio di lanterne controvento svolazzavano gli insetti notturni.

Gli ospiti gironzolavano per il giardino mangiando dai piatti di carta, oppure se ne stavano accovacciati per terra a ridere o facevano discorsi seri seduti su sedie da campeggio. Erano infermieri, insegnanti, avvocati, linguisti, architetti. Mi sembrò di capire che in un modo o nell'altro avessero tutti a che fare con gli aborigeni. Erano giovani e avevano gambe stupende.

Di aborigeni ce n'era uno solo: un uomo allampanato coi calzoncini bianchi e una barba che si allargava a ventaglio fin sotto l'ombelico. Al suo braccio era aggrappata una ragazza mezzosangue che aveva i capelli stretti in un foulard lilla, e l'uomo lasciava parlare sempre lei.

Stava commentando con voce querula la proposta del consiglio municipale di Alice Springs di vietare la consumazione di alcolici in luoghi pubblici. « E dove potrebbe bere la nostra gente » domandò « se non nei luoghi pubblici? ».

Poi vidi il culturista che attraversava il giardino puntando dritto verso di me. Si era messo una maglietta con la scritta «Land Rights» e un paio di calzoncini da pugile verde elettrico. Dovetti ammettere che era un bell'uomo, in quel suo modo agro. Si chiamava Kidder. La nota acuta e ascendente con cui concludeva ogni frase dava a ogni sua affermazione, per quanto perentoria, un che di titubante e di interrogativo.

«Come ti dicevo al bar» attaccò «i tempi di quel genere di ricerca sono finiti».

«Quale genere di ricerca?».

«Gli aborigeni ne hanno fin sopra i capelli di essere animali in uno zoo, con tutti che ficcano il naso nei fatti loro. Hanno detto basta».

«Chi ha detto basta?».

«Loro,» rispose «e i consiglieri delle loro comunità».

«E tu sei un consigliere?».

«Sì» ammise con modestia.

«Vuol dire che io non posso parlare con un aborigeno senza chiedere prima il tuo permesso?».

Lui sporse il mento, socchiuse le palpebre e mi guardò di traverso.

«Desideri essere iniziato?» domandò.

Aggiunse che, se questo era il mio desiderio, ero obbligato, se ancora non ero circonciso, a farmi circoncidere e poi subincidere; come certo sapevo, la subincisione consisteva nell'aprire l'uretra come una buccia di banana per poi scorticarla con un coltello di pietra.

«Grazie,» dissi «ci rinuncio».

«E allora» disse Kidder «non hai il diritto di ficcare il naso in questioni che non ti riguardano».

«Tu sei stato iniziato?».

«Ehm... ecco...».

«Ti ho domandato: tu sei stato iniziato?».

Si passò le dita tra i capelli e riassunse un tono più civile.

«Penso di doverti informare» disse «di certe decisioni politiche».

« Dimmi ».

Kidder, dilungandosi sul tema, disse che la conoscenza sacra era il patrimonio culturale del popolo aborigeno. Tutta la conoscenza che era in mano ai bianchi era stata acquisita con l'inganno o con la forza. Ora stava per essere smantellata.

« La conoscenza è la conoscenza » dissi. « Non è così facile disporne ».

Lui non era d'accordo.

« Smantellare » la conoscenza sacra, disse, voleva dire esaminare gli archivi per trovare materiale inedito sugli aborigeni; poi restituire le pagine che li riguardavano ai loro legittimi 'proprietari'. Voleva dire trasferire i diritti d'autore di un libro alle persone che vi erano descritte; restituire le fotografie ai fotografati (o ai loro discendenti); le bobine ai registrati e così via.

Lo ascoltai a bocca aperta fino alla fine.

« E chi » domandai « deciderà chi sono questi 'proprietari'? ».

« Abbiamo il modo di procurarci questo genere di informazioni ».

« Il modo vostro o il loro? ».

Non rispose. Cambiò discorso e mi domandò se sapevo che cos'era un *tjuringa*.

« Sì ».

« Che cos'è? ».

« Un tavoletta sacra » risposi. « Il *sancta sanctorum* di un aborigeno, o, se preferisci, la sua 'anima' ».

Un *tjuringa* è solitamente una tavola con le estremità ovali, intagliata nella pietra o nel legno di mulga, ricoperta di disegni che rappresentano gli itinerari dell'Antenato del Tempo del Sogno del suo proprietario. La legge aborigena non ha mai permesso che un non iniziato ne vedesse una.

« Tu li hai visti? » domandò Kidder.

« Sì ».

« Dove? ».

« Al British Museum ».

« Ti rendi conto di aver violato la legge? ».

« Non ho mai sentito una simile scemenza ».

Kidder incrociò le braccia e schiacciò la lattina di birra vuota; il suo petto si gonfiava e sgonfiava come il gozzo di un piccione.

« C'è gente che è stata uccisa da un colpo di lancia per molto meno » disse.

Vidi con sollievo che stava arrivando Arkady. Aveva il piatto pieno di insalata di cavolo e uno sbaffo di maionese sul mento.

« Sapevo che vi sareste intesi » disse allegramente. « Coppia di grilli parlanti! ».

Kidder distese le labbra in un sorriso tirato. Per le donne era un articolo di largo richiamo: era un po' che una bruna dallo sguardo intenso ci ronzava intorno. Moriva palesemente dalla voglia di parlargli, e colse l'occasione al volo. Io colsi la mia e me ne andai a prendere da mangiare.

« Mi devi una spiegazione » dissi a Arkady. « Chi diavolo è Kidder? ».

« Un riccone di Sydney ».

« Voglio dire, chi è nel Land Rights Movement? ».

« Non è nessuno. Ha un aeroplano, tutto qui. Va in giro a portar messaggi, così si sente importante ».

« Becero volante » dissi io.

« È un tipo simpatico » disse Arkady. « Così mi dicono ».

Presi un altro piatto d'insalata e andammo a raggiungere Marian. Era seduta su una stuoia e chiacchierava con un avvocato. Si era messa un vestito più stinto e logoro di quello dell'altra volta, una fantasia a crisantemi giapponesi. Gli straccetti le donavano, erano il suo stile: con addosso qualunque altra cosa sarebbe magari sembrata sciatta.

Si fece baciare sulle guance; era contenta che andassi anch'io, disse.

« Dove? ».

« A Middle Bore » disse. « Ci vieni, no? ».

« E tu? ».

« Sì ». Lanciò un'occhiata a Arkady e strizzò gli occhi. « Sono l'assistente del Granduca ».

Mi raccontò che le donne aborigene hanno i propri cicli di canti e perciò luoghi diversi da proteggere. Fino a poco tempo fa, pochi se n'erano accorti: le donne sono molto più gelose dei loro segreti di quanto non lo siano gli uomini.

« Comunque, mi fa piacere che venga anche tu » disse sorridendo. « Sarà divertente ».

Mi presentò all'avvocato: « Bruce, questo è Hughie ».

« Buonasera » dissi.

Rispose al mio saluto inclinando lentamente il capo.

Aveva la faccia ovale e pallida e un modo secco e pignolo di pronunciare le sillabe; le lentiggini, gli occhiali cerchiati di metallo e il ciuffo di capelli color topo ritto sul cocuzzolo gli davano proprio l'aria del primo della classe. Quando la luce della lampada gli colpiva i lineamenti si vedeva che la sua faccia era segnata e stanca.

Sbadigliò. « Non potremmo trovarci una sedia, mio caro? In piedi non resisto un minuto di più e *odio* sedermi per terra. Tu no? ».

Trovai due sedie e ci sedemmo. Nel frattempo Arkady e Marian erano andati a discutere dei preparativi per il viaggio.

L'avvocato era stato tutto il giorno in tribunale, a difendere un ragazzo indigeno accusato di omicidio. Sarebbe stato tutto il giorno in tribunale anche l'indomani. Era neozelandese. Aveva frequentato una scuola privata in Inghilterra, e a Londra era stato chiamato alla professione legale.

Parlammo del processo Lawson, che si era tenuto nel tribunale di Alice. Lawson faceva il camionista; la proprietaria di un motel dell'*outback* si era rifiutata di dargli da bere, perché sembrava già ubriaco. Lui era uscito nella luce violenta del mezzogiorno, aveva staccato il rimorchio e, venti minuti dopo, era piombato nel bar col suo autocarro a cinquanta all'ora, uccidendo cinque clienti e ferendone venti.

Dopo il fatto, Lawson aveva fatto perdere le sue tracce nel *bush* e, quando lo avevano trovato, aveva dichiarato di non ricordare nulla.

« Tu ci credi? » domandai.

« Se ci credo? Certo che ci credo! Mr Lawson è una persona molto simpatica e sincera; la sua ditta lo sovraccaricava di lavoro, una cosa spaventosa. Il problema della difesa è che non era ubriaco, era drogato ».

« Di che cosa? ».

« Anfetamine, poveraccio! Non chiudeva occhio da cinque giorni. Tutti i camionisti *vivono* di anfetamine! Se le mangiano come caramelle! Una, due, tre, quattro, cinque e via...! Si mettono in marcia. Non c'è da meravigliarsi che fosse un po' fatto! ».

« In tribunale se ne è parlato? ».

« Dei cinque giorni sì, delle anfetamine no ».

« E perché? ».

« Per carità! Accostare le anfetamine ai camionisti? Neanche morti! Pensa se si dovesse aprire un'inchiesta: le anfetamine sono la risposta di questo paese alle distanze. Senza di loro, qui si bloccherebbe tutto ».

« È un paese strambo » dissi.

« Sì ».

« Più strambo dell'America ».

« Molto di più! » convenne lui. « L'America è *giovane*. Giovane, innocente e crudele. Ma questo paese è vecchio. Roccia vecchia! Ecco la differenza! Vecchio, stanco e saggio. Una spugna, per di più. Tutto quello che ci versi sopra, viene assorbito senza distinzione ».

Con un gesto del braccio bianco e scarno indicò la gente sul prato, sana e abbronzata. « Guardali! » disse. « Loro *credono* di essere giovani, ma non è vero, sai. Sono *vecchi*. Nati vecchi! ».

66

«Arkady no» obiettai. «Arkady non mi sembra vecchio».

«Ark è un'eccezione» disse. «Credo che lui sia caduto giù dal Paradiso. Ma tutti gli altri sono vecchi» continuò. «Hai mai notato le palpebre dei giovani di questo paese? Sono palpebre da vecchi. Li svegli e sembrano fauni spaventati – per un attimo! Poi ridiventano vecchi».

«Forse è la luce?» suggerii. «Il fulgore dell'Australia che fa sognare il buio».

«Ark mi ha detto che hai ogni genere di teorie interessanti su questo e quello. Un giorno mi piacerebbe sentirle, ma stasera sono stanco».

«Anch'io».

«Non che io non abbia le mie, di teorie predilette. Dev'essere proprio per questo che sono qui».

«Me lo stavo appunto chiedendo».

«Che cosa?».

«Che cosa ci fai qui».

«Me lo chiedo anch'io, mio caro. Ogni volta che mi lavo i denti mi faccio la stessa domanda. Ma a Londra che cosa farei? Cenette raffinate? Un appartamentino chic? No, no. Non fa per me».

«Ma perché qui?».

«Mi piace» disse pensosamente. «È l'astrazione, mi capisci?».

«Credo di sì».

«Adatto ai marsupiali, ma non all'uomo. Il paese, cioè. Fa fare alla gente le cose più strane. Hai sentito quella storia della ragazza tedesca e la bicicletta?».

«No».

«Un caso *molto* interessante. Una ragazza tedesca carina e in buona salute affitta una bicicletta in un negozio di Todd Street. Compra una catena in un negozio di Court Street. Va fuori città da Larapinta Drive e arriva fino alla gola di Ormiston: la risale portando la bicicletta a mano, un'impresa sovrumana, come saprai se conosci il posto. Poi, in mezzo al nulla assoluto, incatena una gamba al telaio, getta la chiave lóntano e si distende a cuocere al sole. La voglia di tintarella l'ha fatta uscir di senno! L'hanno trovata spolpata! Spolpata! ».

« Che orrore ».

« No » scosse la testa. « Si è riconciliata! Dissolta! Tutto questo fa parte della mia modesta teoria sull'Australia. Ma adesso non ti annoierò con queste cose, perché sono davvero stanco morto e dovrei essere a letto ».

« Anch'io » dissi alzandomi.

« Ma *siediti*! » esclamò. « Perché voi inglesi avete sempre tanta fretta? ».

Bevve un sorso di vino. Restammo in silenzio per un paio di minuti, e poi, in tono sognante, disse: « Sì, è un bel posto per perdersi. Perdersi in Australia dà un delizioso senso di sicurezza ».

Balzò in piedi. « E ora devo proprio andare! Mi ha fatto molto piacere chiacchierare con te e sono certo che si ripresenterà l'occasione. Buona notte! ».

Si diresse verso il cancello facendo cenni col capo e augurando « Buona notte! » a tutti quelli che incontrava.

Raggiunsi Arkady e Marian.

« Che ne hai fatto di Hughie? » domandò lui.

« Che strano tipo! ».

« È un avvocato molto in gamba » disse. « Fa morire dalle risate tutto il tribunale ».

« Io vado » dissi. « Non ti muovere. Domani passo in ufficio ».

« Aspetta. Prima c'è una persona che voglio farti conoscere ».

« Chi è? ».

« Dan Flynn ». Indicò l'aborigeno con la barba.

« *Padre Flynn?* ».

« Proprio lui » disse. « Conosci la sua storia? ».

« Sì » risposi.

« Come mai? ».

« Me l'ha raccontata una volta un irlandese, padre Terence ».

« Mai sentito nominare ».

« Per forza » dissi. « È un eremita. Mi ha consigliato di andare da Flynn ».

Arkady rovesciò la testa all'indietro e rise.

« Tutti vogliono andare a trovare padre Dan! » disse. « Finché lui non li manda al diavolo. Se gli sei simpatico, hai molto da imparare. Altrimenti... te ne accorgerai ».

« Sì » dissi. « Me l'hanno detto che non è un tipo facile ».

## 11

Raramente la chiesa cattolica australiana, nei suoi sforzi missionari, si è trovata alle prese con un caso difficile come quello di padre Flynn.

Era un trovatello, scaricato da madre ignota nella bottega di un irlandese a Fitzroy Crossing. A sei anni fu mandato nella missione benedettina di Cygnet Bay, dove si rifiutò di giocare con gli altri bambini aborigeni, imparò a servir messa e fece molte domande sui dogmi con un accento irlandese dolce e rispettoso. Un giorno snocciolò d'un fiato il nome di tutti i papi da san Pietro a \Pio XII. I padri la considerarono una prova del suo anelito verso Cristo.

Gli insegnarono il latino e lo incoraggiarono a prendere gli ordini. Fu affidato al membro più anziano della missione, padre Herzog, un tipo bizzarro e apparentemente inoffensivo che aveva studiato etnografia e lo iniziò allo studio delle religioni comparate.

Flynn prese gli ordini nel 1969. Andò a Roma, dove passeggiò sui colli Albani con altri seminaristi. Il Santo Padre gli concesse un'udienza che durò circa quarantacinque secondi. Quando ritornò in Australia, l'Ordine decise che sarebbe stato il primo aborigeno a dirigere una missione da solo.

Il luogo prescelto fu Roe River, nel Kimberley. E perché si preparasse all'incarico, Flynn fu mandato a Boongaree, un altro avamposto benedettino, a imparare da due veterani, padre Subiros e padre Villaverde.

Padre Subiros – lo avrei poi incontrato nel monastero dove si era ritirato – era un uomo bonario: piccolo, grasso, catalano e amante della lettura. Padre Villaverde era il suo coriaceo alter ego, originario di Trujillo, nell'Extremadura. Per cinquant'anni avevano sopportato insieme inondazioni, carestie, malattie, rivolte, un bombardamento giapponese e molti altri assalti del Diavolo.

Boongaree era a un'ora di cammino dalla costa. Roe River, invece, ne distava duecentoventicinque chilometri, e nella stagione delle piogge poteva rimanere isolata per tre mesi o più. Né l'una né l'altra erano vere e proprie missioni, ma allevamenti che nel 1946 l'Ordine aveva comprato per un pezzo di pane e che erano destinati ad accogliere le tribù che gli allevatori avevano privato della loro terra. Si erano rivelati un investimento proficuo.

Padre Villaverde, che veniva dalla patria dei Pizarro, sentì il dovere di calarsi nel ruolo del Conquistador. Era inutile cercare di far colpo sui pagani con atti d'amore, diceva, quando quelli non capivano che la forza. Gli proibì di cacciare e perfino di coltivare la terra. Per loro, l'unica speranza di salvezza economica era farsi venire la passione dei cavalli.

Padre Villaverde strappava i bimbetti alle madri e li metteva su una sella sgroppante. Per lui il colmo della felicità era galoppare nel *bush* alla testa della sua truppa di giovani temerari. Il sabato pomeriggio presiedeva una competizione sportiva: corsa, lotta, tiro della lancia e lancio del boomerang, tutte gare a cui partecipava anche lui. Era un atleta nato, benché avesse più di settant'anni, e gioiva dell'occasione di ostentare la superiorità del suo fisico europeo. Gli indigeni, che sapevano come compiacerlo, dominavano la propria forza e lo lasciavano vincere; poi se lo caricavano sulle spalle e, incoronatolo vincitore, lo portavano nei suoi alloggi in trionfo.

Lui scacciò dalla missione tutti gli antropologi, i giornalisti e gli altri ficcanaso. Vietò le cerimonie «tradizionali». Lo indispettiva soprattutto, per una vaga invidia da sacerdote, che i suoi ragazzi partissero a cercar moglie. Quando se ne andavano, a Broome o a Fitzroy Crossing, imparavano brutte parole, contraevano brutte malattie e prendevano gusto al bere. Così, dopo aver fatto di tutto per non farli andar via, faceva di tutto per non farli tornare.

Gli aborigeni pensavano che cercasse deliberatamente di ridurre il loro numero.

Non visitai nessuna delle due missioni: all'epoca del mio viaggio in Australia erano chiuse da sette anni. Ho saputo di questi avvenimenti solo dal racconto di padre Terence, il quale, quando Flynn arrivò a Boongaree, viveva a circa due chilometri dal campo, in una capanna di frasche.

Padre Villaverde odiò Flynn a prima vista, e si accanì contro di lui in tutti i modi: lo costrinse a guadare il fiume in piena con l'acqua fino al collo, a castrare torelli e a pulire i cessi. Lo accusò di guardare le suore infermiere spagnole durante la messa, mentre naturalmente erano loro – povere ragazze di paese spedite a scaglioni in quel posto da un convento nei dintorni di Badajoz – a guardare lui.

Un giorno, mentre gli spagnoli facevano visitare la missione a un re del bestiame texano, sua moglie volle a tutti i costi fotografare un anziano con la barba bianca che, a gambe incrociate e tutto sbracato, era seduto nella polvere. Il vecchio si infuriò e sputò un bel grumo di catarro che finì ai piedi della donna. Ma lei si dimostrò all'altezza della situazione, si scusò, strappò il rullino dalla macchina fotografica e, inchinandosi con l'aria della dama benefica, domandò: «C'è qualcosa che posso mandarle dall'America?».

«Sì,» ringhiò lui «quattro Land Cruiser Toyota!».

Padre Villaverde restò molto scosso. Per questo autentico *caballero* il motore a combustione interna era una bestemmia; di sicuro qualcuno stava pescando nel torbido. I suoi sospetti caddero su padre Flynn.

Circa un mese dopo intercettò una lettera da Canberra, in cui il Ministero degli affari aborigeni affermava di aver ricevuto dal Consiglio di Boongaree la richiesta per una Land Cruiser, e assicurava che la domanda sarebbe stata presa in considerazione.

«E che cosa sarebbe» strillò padre Villaverde «questo Consiglio di Boongaree?».

Flynn incrociò le braccia, aspettò la fine delle invettive e rispose: «Siamo noi».

Da quel giorno fu guerra aperta.

Alle gare del sabato successivo, appena padre Villaverde ebbe scagliato il colpo vincente, Flynn, in tonaca bianca, uscì a grandi passi da dietro la cappella con in mano una lancia spalmata di ocra rossa. Invitò gli spettatori a fare largo e, apparentemente senza sforzo, mandò l'arma a librarsi nell'aria.

Il lancio fu lungo più del doppio di quello dello spagnolo, che, furibondo, si mise a letto.

Non ricordo i nomi delle tre tribù accampate nei pressi della missione. Padre Terence li scrisse su un pezzetto di carta che ho perduto. L'importante è ricordare che la tribù A era amica e alleata della tribù B, e che entrambe erano nemiche ancestrali degli uomini della tribù C. Costoro, accerchiati e senza possibilità di procurarsi donne, rischiavano l'estinzione.

I tre accampamenti erano equidistanti dai fabbricati della missione, e ogni tribù era rivolta nella direzione della sua terra avita. Le battaglie scoppiavano solo dopo un periodo di provocazioni e accuse di stregoneria. Tuttavia, per un tacito accordo, i due alleati non si coalizzavano contro il nemico comune. Tutti e tre consideravano la missione terreno neutrale.

Padre Villaverde preferiva perdonare questi episodici spargimenti di sangue: finché i selvaggi continuavano a ignorare il Vangelo, era loro destino continuare a combattere. Inoltre, il ruolo del paciere soddisfaceva la sua vanità. Quando udiva le grida, si precipitava sul posto, avanzava maestoso tra le lance che cozzavano e con il gesto del Cristo che placa le acque diceva: «Fermi!» – e i guerrieri se ne andavano a casa mogi mogi.

Il più eminente uomo di legge della tribù C aveva l'indimenticabile nome di Cheekybugger Tabagee. Da giovane era stato un abile cacciatore e aveva guidato spedizioni esplorative nel Kimberley. Adesso odiava tutti i bianchi e in trent'anni non aveva mai rivolto la parola agli spagnoli.

Cheekybugger aveva un fisico da colosso, ma era vecchio, aveva l'artrite e il corpo coperto dalle croste di una malattia della pelle. Le sue gambe erano inservibili. Stava seduto nella penombra della sua capanna e si lasciava leccare le piaghe dai cani.

Sapeva che sarebbe morto presto e questo lo mandava su tutte le furie. Aveva visto i giovani partire a uno a uno, o distruggersi. Presto non ci sarebbe più stato nessuno a cantare i canti né a dare il sangue nelle cerimonie.

Gli aborigeni credono che una terra non cantata sia una terra morta: se i canti vengono dimenticati, infatti, la terra ne morirà. Permettere che questo accada è il peggiore di tutti i delitti possibili. Tormentato da questo pensiero, Cheekybugger decise di passare i suoi canti al nemico, impegnando così la sua gente alla pace perpetua – il che naturalmente era una decisione molto più grave che tollerare una guerra perpetua.

Convocò Flynn e gli chiese di fare da mediatore.

Flynn fece la spola tra un accampamento e l'altro, discusse, esortò e finalmente trovò una formula. L'unico scoglio era una questione di protocollo.

Cheekybugger aveva avviato i negoziati: secondo la Legge era lui a dover consegnare personalmente i canti. Il problema era come: non poteva camminare, non voleva farsi portare, sbeffeggiò l'offerta di un cavallo. Alla fine Flynn escogitò una soluzione: si fece prestare una carriola dal cuoco malese che coltivava l'orto.

Il corteo partì tra le due e le tre di un torrido pomeriggio azzurro, quando i cacatua tacevano e gli spagnoli russavano per tutta la siesta. In testa c'era Cheekybugger sulla carriola, spinto dal figlio maggiore. Il suo *tjuringa*, che ora si prefiggeva di imprestare al nemico, era posato di traverso sulle sue ginocchia, avvolto in carta di giornale. Gli altri seguivano in fila indiana.

A un certo punto, dopo la cappella, due uomini delle tribù A e B sbucarono dai cespugli e scortarono il gruppo fino al luogo dell''operazione'.

Flynn rimase indietro, gli occhi semichiusi, l'espressione di un uomo in trance. Passò accanto a padre Terence senza mostrare di riconoscerlo.

« Vedevo che Flynn era 'lontano' » mi disse padre Terence. « E che stavamo per cacciarci nei guai. Ma era tutto molto commovente. Per la prima volta in vita mia ebbi una visione di pace in terra ».

Verso il tramonto, una delle suore infermiere prese una scorciatoia nel *bush*; udì il brusio delle voci e il tac... tac... dei boomerang battuti l'uno contro l'altro, e andò di corsa ad avvertire padre Villaverde.

Questi si precipitò a sciogliere la riunione. Flynn uscì da dietro un albero e lo avvertì di stare alla larga.

A scontro finito, gli uomini dissero che Flynn si era limitato a tenere fermi i polsi del suo avversario stringendoli con le mani. Ciò nonostante, padre Villaverde non esitò a scrivere lettere su lettere ai suoi superiori, sostenendo di essere stato aggredito senza motivo e chiedendo che questo accolito di Satana fosse radiato dalla Chiesa.

Padre Subiros gli consigliò di non spedirle. Ormai i gruppi di pressione aborigeni sollecitavano la chiusura delle missioni. Flynn non aveva partecipato a un rito paganeggiante, aveva solo avuto la funzione di paciere. E se il 'caso' arrivava alle orecchie della stampa? E se veniva fuori che due anziani spagnoli avevano fomentato la guerra tribale?

Padre Villaverde cedette, a malincuore; nell'ottobre del 1976, due mesi prima della stagione delle piogge, Flynn partì e assunse la direzione di Roe River. Il suo predecessore rifiutò di incontrarlo e partì per l'Europa per un viaggio di studio. Arrivarono le piogge e tutto tacque.

Un giorno di Quaresima, il vescovo cattolico del Kimberley contattò Boongaree via radio perché gli confermassero o smentissero la voce che Flynn era « diventato un indigeno » – al che padre Villaverde rispose: « Ma lui *è* un indigeno ».

Il primo giorno in cui si poté volare, il vescovo portò col suo Cessna i benedettini a Roe River, dove ispezionarono i danni « come due politici conservatori sul luogo di una bomba dei terroristi ».

La cappella era sottosopra. Dei fabbricati era stata fatta legna da ardere. I recinti del bestiame erano vuoti e dappertutto c'erano ossa di bue carbonizzate. Padre Villaverde disse: « La nostra opera in Australia è finita ».

Flynn allora tirò troppo la corda. Credeva che il Land Rights Movement stesse avanzando più in fretta che nella realtà. Si fidò di certi rappresentanti della sinistra che assicuravano che le missioni di tutto il paese sarebbero passate in mano agli indigeni. Rifiutò di scendere a compromessi e padre Villa-verde ebbe la meglio.

Il caso aveva toccato la Chiesa nel suo punto più vulnerabile: quello finanziario. Non molti sapevano che sia Boongaree sia Roe River erano state finanziate da capitali raccolti originariamente in Spagna; i titoli di proprietà erano depositati in garanzia in una banca di Madrid. Per scongiurare qualunque tentativo di confisca, entrambe le missioni furono vendute, sottobanco, a un uomo d'affari americano e incorporate nel patrimonio di una multinazionale.

La stampa lanciò una campagna per la loro restituzione. Gli americani minacciarono di chiudere una fonderia in passivo, a nord di Perth, e di licenziare cinquecento dipendenti. Intervennero i sindacati; la campagna si sgonfiò. Gli aborigeni vennero dispersi e Dan Flynn, come si fece chiamare, andò a vivere a Broome con una ragazza.

Lei si chiamava Goldie. I suoi avi erano malesi, koipanger, giapponesi, scozzesi e aborigeni. Suo padre era un pescatore di perle, e lei era dentista. Prima di trasferirsi a casa sua Flynn scrisse una lettera in un latino impeccabile con cui chiedeva al Santo Padre di scioglierlo dai voti.

La coppia si trasferì a Alice Springs, dove si occupava attivamente di politica aborigena.

## 12

L'ex benedettino teneva banco nella parte più buia del giardino, attorniato da una mezza dozzina di persone. Il chiaro di luna gli illuminava l'arco delle sopracciglia; il volto e la barba erano inghiottiti dal buio. Ai suoi piedi era seduta la ragazza. Ogni tanto lei reclinava il bel collo lungo sulla sua coscia e lui allungava un dito a carezzarla.

Che Flynn non fosse un tipo facile saltava subito all'occhio. Quando Arkady si accostò alla sua sedia e gli spiegò che cosa volevo, lo udii borbottare: « No, Cristo, un altro! ».

Prima che si degnasse di girare la testa dalla mia parte dovetti aspettare almeno cinque minuti. Poi, con voce piatta e ironica, mi domandò: « Posso fare qualcosa per te? ».

« Sì » risposi nervosamente. « Mi interessano le Vie dei Canti ».

« Ma davvero? ».

Aveva un'aria così poco incoraggiante che qualunque cosa avessi detto sarebbe sembrata cretina. Provai a interessarlo a varie teorie sulle origini evolutive della lingua.

« Alcuni linguisti » dissi « credono che la prima lingua sia stata il canto ».

Guardò altrove e si accarezzò la barba.

Allora ne tentai un'altra; raccontai che gli zingari comunicano a distanze smisurate cantando versi segreti per telefono.

« Ma davvero? ».

Prima di essere iniziato, proseguii, un giovane zingaro doveva imparare a memoria i canti del suo clan, i nomi dei suoi parenti e centinaia e centinaia di numeri telefonici internazionali.

« Gli zingari » dissi « riescono a telefonare gratis dalle cabine pubbliche meglio di chiunque altro al mondo ».

« Non vedo che cosa c'entrino gli zingari col nostro popolo » disse Flynn.

« Anche gli zingari si considerano cacciatori » risposi. « Il loro terreno di caccia è il mondo. I residenti sono "selvaggina facile". Per "residenti" e "carne" gli zingari usano la stessa parola ».

Flynn si voltò a guardarmi.

« Sai come il nostro popolo chiama i bianchi? » domandò.

« Carne » suggerii.

« E sai come chiamano un assegno dell'assistenza pubblica? ».

« Carne anche quello ».

« Vieni, prendi una sedia » disse. « Voglio parlare con te ».

Andai a prendere la mia sedia e la misi accanto alla sua.

« Scusami se sono stato un po' brusco » disse. « Vedessi che balordi mi tocca incontrare. Che cosa bevi? ».

« Una birra ».

« Altre quattro birre » gridò Flynn a un ragazzo con la camicia arancione.

Il ragazzo, sollecito, andò a prenderle.

Flynn si sporse in avanti e bisbigliò qualcosa

all'orecchio di Goldie, che sorrise; lui continuò a parlare.

I bianchi, cominciò, commettevano comunemente l'errore di pensare che gli aborigeni, non essendo stanziali, non avessero nessun sistema che regolasse il possesso della terra. Era una sciocchezza. La verità era che gli aborigeni non potevano immaginare il territorio come un pezzo di terra circondato da frontiere, ma piuttosto come un reticolato di « vie » o « percorsi ».

« Tutte le nostre parole per "paese" » disse « sono le stesse che usiamo per "via" ».

Il perché si spiegava facilmente. Gran parte dell'*outback* australiano era costituito da aride distese di arbusti o da deserto sabbioso; là le precipitazioni erano sempre irregolari e a un anno di abbondanza potevano seguire sette anni di carestia. In un paesaggio simile, muoversi voleva dire sopravvivere, mentre rimanere nello stesso posto voleva dire suicidarsi. Il « paese natale » di un uomo era definito « il posto in cui non devo chiedere ». Però, sentirsi « a casa » in quel paese dipendeva dalla possibilità di lasciarlo. Ognuno sperava di avere almeno quattro « vie d'uscita » da seguire in tempo di crisi. Ogni tribù – volente o nolente – doveva intrattenere rapporti con i suoi vicini.

« Così, se A aveva la frutta, » disse Flynn « B aveva le anatre e C un giacimento d'ocra, c'erano regole formali per lo scambio di questi prodotti, e itinerari formali per metterlo in pratica ».

Quello che i bianchi chiamavano *walkabout* era in pratica una specie di telegrafo del *bush* con servizio di Borsa, che diffondeva messaggi tra popoli che non si vedevano mai e che avrebbero potuto ignorare l'esistenza degli altri.

« Questo commercio » disse « non era il commercio che conoscete voi europei. Non era il mestiere di comprare e vendere per profitto! Il nostro popolo barattava sempre alla pari ».

Gli aborigeni, in generale, erano convinti che tutte le merci fossero potenzialmente nocive e che avrebbero danneggiato i loro proprietari a meno che questi fossero perennemente in moto. Le « merci » non dovevano necessariamente essere commestibili, né utili. Nulla piaceva di più alla gente che barattare cose inutili – o cose che poteva procurarsi da sé: piume, oggetti sacri, cinture di capelli umani.

« Lo so » lo interruppi. « Qualcuno barattava il suo cordone ombelicale ».

« Vedo che ti sei documentato ».

Le « merci », proseguì, dovevano piuttosto esser considerate *fiches* di un gioco gigantesco, il cui tavolo era il continente intero e i giocatori tutti i suoi abitanti. Le « merci » simboleggiavano intenzioni: commerciare ancora, incontrarsi di nuovo, stabilire frontiere, combinare matrimoni, cantare, danzare, condividere risorse e condividere idee.

Una conchiglia poteva passare di mano in mano, dal Mare di Timor alla Gran Baia, lungo « strade » tramandate dal principio dei tempi. Queste « strade » correvano lungo la linea di immancabili pozzi naturali. I pozzi, a loro volta, erano centri rituali dove si radunavano uomini di tribù diverse.

« Per quelli che chiamate *corroboree*? ».

« *Corroboree* li chiamate voi » rispose. « Noi no ».

« D'accordo » annuii. « Vuoi dire che un itinerario degli scambi passa sempre per una Via del Canto? ».

« L'itinerario degli scambi *è* la Via del Canto » disse Flynn. « Perché sono i canti, non gli oggetti, il principale strumento di scambio. Il baratto degli "oggetti" è la conseguenza secondaria del baratto dei canti ».

Prima dell'arrivo dei bianchi, continuò, in Australia nessuno era senza terra, poiché tutti, uomini e donne, ereditavano in proprietà esclusiva un pezzo del canto dell'Antenato, e la striscia di terra su cui esso passava. I versi erano come titoli di proprietà che comprovassero il possesso di un territorio. Si poteva prestarli a qualcuno, e in cambio si poteva farsene prestare degli altri. L'unica cosa che non si poteva fare era venderli o sbarazzarsene.

Se per esempio gli Anziani di un clan del Pitone variegato decidevano che era tempo di cantare il loro ciclo di canti dall'inizio alla fine, inviavano messaggi lungo la pista, a nord, a sud, da tutte le parti, e convocavano nel Gran Posto i proprietari dei canti. Allora, uno dopo l'altro, tutti i «proprietari» cantavano il loro pezzo di orme dell'Antenato. Sempre nella sequenza esatta!

«Invertire l'ordine dei versi» disse cupamente Flynn «era un delitto. Di solito veniva punito con la morte».

«Sfido» dissi. «Sarebbe l'equivalente musicale di un terremoto».

«Peggio» disse accigliandosi. «Sarebbe distruggere il Creato».

«Un Gran Posto,» proseguì «ovunque fosse, era probabilmente il punto d'incontro di altri Sogni. Perciò ai tuoi *corroboree* partecipavano magari quattro clan totemici diversi, appartenenti a varie tribù, e tutti si scambiavano canti, danze, figli e figlie e si concedevano "diritti di passaggio" reciproci».

«Quando avrai girato un po' di più» disse, e si voltò verso di me «sentirai parlare di uomini che "apprendono la conoscenza rituale"».

Questo significava semplicemente che l'uomo stava estendendo la mappa del suo canto; stava ampliando le sue opportunità, tramite il canto stava esplorando il mondo.

«Immagina due aborigeni» disse «che si incontrano per la prima volta in un pub di Alice Springs. Uno proverà con un Sogno, l'altro proverà con un altro. Poi scatterà di sicuro qualcosa...».

«E segnerà l'inizio di una bella amicizia bevereccia» esclamò Arkady.

Alla battuta risero tutti tranne Flynn, che continuò a parlare.

Il passaggio successivo, mi disse, era capire che ogni ciclo di canti scavalcava le barriere linguistiche, a dispetto di tribù e frontiere. Magari una Pista del Sogno iniziava a nord-ovest, nei pressi di Broome; si faceva strada tra venti o più lingue, e proseguiva fino a raggiungere il mare vicino a Adelaide.

« E tuttavia » dissi « è sempre lo stesso canto ».

« Il nostro popolo » continuò Flynn « dice di riconoscere un canto dal "gusto" o dall'"odore"... e ovviamente vuol dire dalla melodia. La melodia rimane *sempre* quella, dalle prime battute al finale ».

« Le parole possono cambiare, » si intromise di nuovo Arkady « ma la musica resta uguale ».

« Vuol dire che un giovane in *walkabout*, purché sappia cantare la melodia anche senza le parole, potrebbe attraversare cantando tutta l'Australia? » domandai.

« In teoria sì » convenne Flynn.

Intorno al 1900 c'era stato un uomo della Terra di Arnhem che aveva attraversato il continente a piedi cercando moglie. Sulla costa meridionale si era sposato ed era tornato a casa a piedi con la moglie e il novello cognato. Poi il cognato aveva sposato una ragazza della Terra di Arnhem e con lei si era messo in cammino verso il Sud.

« Povere donne » dissi.

« È l'applicazione pratica del tabù dell'incesto » disse Arkady. « Se vuoi sangue nuovo, devi camminare ».

« Ma nella pratica gli anziani consigliavano ai giovani di non fare più di due o tre 'tappe' » continuò Flynn « lungo la Via ».

« 'Tappe' in che senso? » domandai.

« Una 'tappa' » disse « era il "luogo delle consegne", dove il canto cessava di essere di tua proprietà; da lì in poi non spettava più a te prenderтене cura né darlo in prestito. Tu cantavi i tuoi versi fino all'ultimo, e quello era il confine ».

« Capisco » dissi. « Una specie di frontiera internazionale. I segnali stradali sono in un'altra lingua, ma la strada è sempre la stessa ».

« Più o meno » disse Flynn. « Ma così non si coglie la bellezza del sistema. Qui non ci sono frontiere, solo strade e 'tappe' ».

Prendiamo una zona tribale come quella degli Aranda centrali; mettiamo che ci fosse un intreccio di seicento Sogni che entravano e uscivano dai suoi confini. Questo significa che sul suo perimetro erano disseminati milleduecento « luoghi delle consegne ». La posizione di ogni 'tappa' era stata determinata dal canto di un Antenato del Tempo del Sogno: sulla mappa del canto occupava quindi una posizione immutabile. Ma poiché ognuna era opera di un Antenato *diverso*, era impossibile metterle tutte in fila a formare una frontiera politica moderna.

In una famiglia aborigena, disse, ci potevano essere cinque fratelli germani che appartenevano ciascuno a un clan totemico diverso, con diversi doveri di obbedienza all'interno e all'esterno della tribù. Certo, anche tra gli aborigeni c'erano scontri, vendette e faide – ma sempre per correggere qualche scompenso o riparare a un sacrilegio. L'idea di invadere la terra dei loro vicini non li avrebbe mai sfiorati.

« Alla fin fine » dissi esitando « è qualcosa di molto simile al canto degli uccelli. Anche gli uccelli stabiliscono i confini del loro territorio per mezzo del canto ».

Arkady, che era rimasto ad ascoltare con la fronte appoggiata sulle ginocchia, alzò lo sguardo e mi lanciò un'occhiata: « *Sapevo* che prima o poi l'avresti detto ».

Poi Flynn concluse la conversazione accennando

al problema che aveva angustiato tanti antropologi: la questione della doppia paternità.

I primi viaggiatori riferirono che gli aborigeni non collegavano il rapporto sessuale al concepimento: una prova, se prova mancava, della loro mentalità irrimediabilmente 'primitiva'.

Naturalmente questa era un'assurdità: un uomo sapeva benissimo chi era suo padre. Tuttavia esisteva in aggiunta una sorta di paternità parallela che legava la sua anima a un punto particolare del paesaggio.

Si credeva che ogni Antenato, mentre percorreva il paese cantando, avesse lasciato sulle proprie orme una scia di « cellule della vita », o « bambini-spirito ».

« Una specie di sperma musicale » disse Arkady facendo di nuovo ridere tutti, persino Flynn, stavolta.

Si pensava che il canto stesse sospeso sul terreno sotto forma di un'ininterrotta catena di distici: uno ogni due passi dell'Antenato, ciascuno composto dai nomi che egli « buttava fuori » mentre camminava.

« Un nome a destra e uno a sinistra? ».

« Sì » disse Flynn.

Bisognava immaginare una donna *già* incinta che va a fare il suo giro quotidiano in cerca di cibo. D'improvviso, pesta un distico e il bambino-spirito salta su, passa per l'unghia dell'alluce e sale nella vagina, o entra in un callo aperto del piede e si installa nel grembo dove feconda il feto con il canto.

« Il primo calcio del bambino » disse Flynn « corrisponde al momento del concepimento da parte dello spirito ».

Allora la futura madre contrassegna il luogo e va di corsa a cercare gli Anziani, i quali interpretano la configurazione del terreno e stabiliscono quale Antenato percorse quella via, e quali strofe saranno proprietà privata del bambino. Gli riservano un « luogo di concepimento » che coincide col punto più vicino della Via del Canto. Mettono da parte il suo *tjuringa* nel deposito dei *tjuringa*...

La voce di Flynn fu coperta dal rombo di un jet che volava basso sopra di noi.

« Americano » disse Marian con acredine. « Volano solo di notte ».

Gli americani hanno una stazione spaziale di inseguimento a Pine Gap, sui MacDonnell. Arrivando in aereo a Alice si vedono una grande sfera bianca e un coacervo di altre installazioni. Nessun australiano, nemmeno il Primo Ministro, sa che cosa si faccia davvero laggiù. Nessuno sa a che cosa serva Pine Gap.

« Dio, che cosa inquietante » Marian rabbrividì. « Vorrei tanto che se ne andassero ».

Sulla pista il pilota mise in funzione gli aerofreni e il jet rallentò.

« Se ne andranno » disse Flynn. « Un giorno dovranno farlo per forza ».

Il nostro ospite e sua moglie avevano riordinato ed erano andati a letto. Vidi Kidder che veniva verso di noi.

« Adesso è meglio che me ne vada » disse rivolto alla compagnia. « Devo fare il piano di volo ».

Il mattino dopo andava in aereo a Ayer's Rock, per la questione delle rivendicazioni territoriali.

« Salutamelo, il Rock » disse Flynn in tono sarcastico.

« Ciao, ci vediamo » disse Kidder rivolto a me.

« Sì » risposi.

La sua lucida Land Cruiser nera era parcheggiata nel viale d'accesso. Accese i fari e illuminò tutti quelli che erano in giardino. Mise in moto rumorosamente e partì in retromarcia.

« Il Grande Capo Bianco se ne va! » disse Flynn.

« Che imbecille! » aggiunse Marian.

« Non essere così severa » la rimproverò Arkady. « È una brava persona, sotto sotto ».

« Io così sotto non ci sono arrivata ».

Flynn nel frattempo si era chinato sulla ragazza e la stava baciando, coprendole il viso con le nere ali della barba.

Era ora di andare. Lo ringraziai e lui mi strinse la mano, poi gli dissi che padre Terence gli mandava i suoi saluti.

« Come sta? ».

« Bene » risposi.

« Sempre nella sua capanna? ».

« Sì. Ma dice che la lascerà ».

« È un brav'uomo, padre Terence » disse Flynn.

## 13

Tornato al motel, stavo giusto per addormentarmi quando sentii bussare alla porta.

« Bru? ».

« Sì ».

« Sono Bru ».

« Lo so ».

« Ah ».

Quest'altro Bruce aveva viaggiato seduto accanto a me sull'autobus che veniva da Katherine. Era partito da Darwin, dove aveva appena rotto con la moglie. Stava cercando lavoro in un cantiere stradale. Sentiva terribilmente la mancanza della moglie, aveva un gran pancione e non era molto sveglio.

A Tennant Creek mi aveva detto: « Io e te potremmo diventare amici, Bru. Potrei insegnarti a guidare un bulldozer ». Un'altra volta, con più calore, mi aveva detto: « Tu non sei un inglese con la puzza sotto il naso, Bru ». Ora, a mezzanotte passata da un pezzo, era fuori dalla porta che mi chiamava.

« Bru? ».

« Che c'è? ».

« Vuoi uscire a sbronzarti? ».

« No ».

« Ah ».

« Potremmo trovare qualche pupa » disse.

« Davvero? » risposi. « A quest'ora di notte? ».

« Hai ragione, Bru ».

« Va' a letto » dissi.

« Va bene, buona notte, Bru ».

« Buona notte! ».

« Bru? ».

« Che cosa c'è, ancora? ».

« Niente » rispose e se ne andò mogio mogio giù per il corridoio trascinando le ciabatte giapponesi.

In strada, davanti alla mia stanza, c'era un lampione, e sul marciapiede un ubriaco che farneticava. Mi voltai verso il muro e cercai di dormire, ma non riuscivo a non pensare a Flynn e alla sua ragazza.

Mi rividi seduto con padre Terence sulla sua spiaggia deserta mentre mi diceva: « Spero che sia dolce, la ragazza ».

Flynn, disse, era un uomo di violente passioni: « Se lei è dolce, lui starà bene. Un tipo duro potrebbe metterlo nei guai ».

« Che genere di guai? » domandai.

« Guai rivoluzionari, o qualcosa di simile. Flynn è stato vittima di un atto molto poco cristiano e anche questo soltanto potrebbe esacerbarlo. Ma se la donna è dolce, no... ».


Padre Terence aveva trovato la sua Tebaide sulle spiagge del Mare di Timor.

Viveva in un eremo rabberciato, fatto di lamiere ondulate e imbiancato a calce, in mezzo a gruppi di pandani su una duna di sabbia bianca fine come farina. Aveva assicurato le pareti con dei tiranti per impedire che i cicloni facessero volar via le lamiere. Sul tetto c'era una croce, due pezzi di remo rotto legati insieme. Viveva lì da sette anni, da quando Boongaree era stata chiusa.

Io arrivai dall'interno. Vidi la capanna da molto

lontano, attraverso gli alberi; spiccava sulla duna contro il sole. Nel prato sottostante pascolava uno zebù. Passai davanti a un altare di lastre di corallo e a un crocefisso appeso a un ramo.

Il vento aveva innalzato la duna al di sopra delle cime degli alberi; mentre mi arrampicavo su per la scarpata mi voltai a guardare l'entroterra: pianura uniforme e boscosa a perdita d'occhio. Verso il mare, le dune chiazzate di erbe marine sembravano colline; lungo il lato nord della baia c'era un'esile fila di mangrovie.

Padre Terence stava battendo a macchina. Lo chiamai, lui uscì in calzoni corti, poi rientrò e ricomparve con addosso una sporca tonaca bianca. Era curioso di sapere che cosa mi avesse spinto a fare tutta quella strada col caldo.

« Qui! » disse. « Venga a sedersi all'ombra, intanto che metto su un pentolino per il tè ».

Ci sedemmo su una panca all'ombra, dietro la capanna. Per terra c'erano un paio di pinne di gomma nera, un boccaglio e una maschera. Spezzò dei rami secchi, li accese, e sotto il treppiede divamparono le fiamme.

Era un uomo di bassa statura, coi capelli rossicci – quelli che gli rimanevano – e una scarsa quantità di denti anneriti e sfaldati, che nascose dietro un sorriso esitante. Presto, disse, sarebbe dovuto andare a Broome, dal medico, a farsi curare i tumori della pelle con la crioterapia.

Aveva passato l'infanzia, mi disse, nell'ambasciata irlandese di Berlino, dove il padre, un patriota, cospirava contro l'Impero britannico; il temperamento iracondo di quest'uomo aveva spinto il figlio a una vita di preghiera. Negli anni Sessanta era venuto in Australia per entrare in un nuovo convento cistercense nel Victoria.

Ogni sera a quell'ora scriveva a macchina: lettere, per lo più, agli amici sparsi in tutto il mondo. Intratteneva da molto tempo una corrispondenza con un monaco buddhista zen che viveva in Giappone. Dopodiché leggeva, accendeva il lume e continuava a leggere fino a notte fonda. Aveva appena finito di leggere *Forme elementari della vita religiosa* di Durkheim, che un altro amico gli aveva mandato dall'Inghilterra.

« Che follia! » disse. « Altro che forme elementari! Come può la religione avere una forma elementare? Chi era costui, un marxista o qualcosa di simile? ».

Stava lavorando a un libro suo. Sarebbe stato un « manuale di povertà ». Non aveva ancora deciso il titolo.

Oggi più che mai, disse, gli uomini dovevano imparare a vivere senza gli oggetti. Gli oggetti riempivano gli uomini di timore: più oggetti possedevano, più avevano da temere. Gli oggetti avevano la specialità di impiantarsi nell'anima, per poi dire all'anima che cosa fare.

Versò il tè in due boccali di smalto rosso. Era scuro e bollente. Dopo un paio di minuti ruppe improvvisamente il silenzio: « Non è meraviglioso? Vivere in questo meraviglioso Novecento? Per la prima volta nella storia non abbiamo bisogno di possedere nulla ».

Sì, nella sua capanna aveva alcuni beni materiali, ma presto li avrebbe abbandonati. Stava per partire. Si era troppo affezionato alla sua piccola capanna, e ne soffriva.

« C'è un tempo per il silenzio » disse « e un tempo per il rumore. Adesso un po' di rumore sarebbe ben accetto ».

Per sette anni le sue guide spirituali erano stati i Padri del Deserto: perdersi nel deserto significava trovare la strada che porta a Dio. Ma, adesso, più che la sua salvezza lo preoccupavano i bisogni degli altri. Sarebbe andato a Sydney ad assistere i derelitti.

« Anch'io del deserto ho un'idea simile » dissi. « L'uomo è nato in Africa, nel deserto. Ritornando nel deserto, riscopre se stesso ».

Padre Terence schioccò la lingua e sospirò: «Oh, povero me! Vedo che è un evoluzionista».

Quando gli raccontai la mia visita a padre Subiros e padre Villaverde, sospirò di nuovo e disse con un forte accento irlandese: «Quei due! Che coppia!». Gli chiesi di Flynn. Dopo una pausa rispose misurando le parole.

«Flynn dev'essere una specie di genio» disse. «Ha quello che si può definire un intelletto vergine; può imparare qualsiasi cosa. Conosce molto bene la teologia, ma non penso sia mai stato credente. Non ha mai saputo fare il salto nella fede. Non aveva sufficiente immaginazione, e questo, in un certo senso, lo rendeva davvero pericoloso. Si è messo in testa delle idee pericolose».

«Di che genere?».

«Il sincretismo» disse padre Terence. «Il viaggio a Roma è stato un errore».

Fu a Roma che Flynn cominciò a detestare la condiscendenza con cui lo trattavano i suoi superiori bianchi e a risentirsi per come erano derise le credenze del suo popolo. Quando arrivò a Boongaree pensava già con la propria testa.

La Chiesa, diceva a padre Terence, sbagliava a dipingere gli aborigeni come creature sperdute in uno spaventevole limbo: la loro condizione, piuttosto, era simile a quella di Adamo prima del peccato originale. Si divertiva a paragonare le «Orme degli Antenati» all'«Io sono la Via» di Gesù Cristo.

«Che cosa avrei dovuto fare?» mi domandò padre Terence. «Tenere a freno la lingua? Oppure dirgli ciò che pensavo? No. Dovevo dirgli che, ai miei occhi, il mondo mentale degli aborigeni era enormemente confuso, spietato e crudele. Con che cosa, se non con il messaggio cristiano, si potevano lenire le loro sofferenze? Come porre fine, altrimenti, allo spargimento di sangue? Uno dei loro posti nel Kimberley ha un nome che significa "Ammazzali tutti!", e "Ammazzali tutti!" è uno di quei luoghi sacri che oggi godono di gran considerazione! No! No! No! Questi poveri figli scuri hanno solo due alternative: il verbo di Cristo o la polizia! ».

Nessuno nega, continuò, che con il concetto di Tempo del Sogno gli aborigeni avessero percepito i primi barlumi della vita eterna – il che dimostrava che l'uomo era istintivamente religioso. Ma confondere la loro magia 'primitiva' col verbo di Cristo, questa sì che era confusione.

Gli indigeni non avevano colpa. Erano stati isolati per millenni dal flusso principale dell'umanità: come avrebbero potuto percepire il Grande Risveglio che percorse il Vecchio Mondo nei secoli prima di Cristo? Che cosa ne sapevano del Tao? O del Buddha? Degli insegnamenti delle Upaniṣad? O del Logos di Eraclito? Niente! E come avrebbero potuto saperne qualcosa? Ma quello che potevano fare, anche adesso, era il salto nella fede. Potevano seguire l'esempio dei tre Re Magi e adorare l'indifeso Bambino di Betlemme.

« Dev'essere stato a quel punto che l'ho perduto » disse padre Terence. « Non ha mai capito la storia della stalla ».

Adesso faceva più fresco e ci spostammo davanti alla capanna. Sul mare, al largo, una fila di nuvole temporalesche sembrava una processione di iceberg aerei. Sulla spiaggia si infrangevano lattiginosi cavalloni azzurri e stormi di rondini di mare volavano bassi sulla baia, lacerando il fragore delle onde con le loro strida metalliche. Non c'era un alito di vento.

Padre Terence parlò di computer e di ingegneria genetica. Gli domandai se avesse mai nostalgia dell'Irlanda.

« Mai! ». Alzò le braccia verso l'orizzonte. « Qui non potrei mai perderne il ricordo! ».

Inchiodata sulla porta della capanna c'era una

tavola di legno portata dal mare su cui padre Terence aveva inciso due righe in caratteri gaelici:

Le volpi han tane, gli uccelli dell'aria han nidi
Ma il Figlio dell'Uomo non ha dove posare il capo.

Il Signore, disse, aveva trascorso quaranta giorni e quaranta notti nel deserto e non si era costruito né una casa né una cella, ma aveva trovato riparo accanto a un pozzo.

« Venga » disse facendomi un cenno. « Le mostro una cosa ».

Mi guidò fra detriti di conchiglie rosate: i rifiuti della tribù che un tempo viveva lì. Dopo circa duecento metri, si fermò accanto a un masso color crema sotto cui gorgogliava una sorgente d'acqua limpida. Tirò su la tonaca e mise i piedi nell'acqua, sguazzando come un bambino.

« Che bella cosa l'acqua nel deserto! » gridò. « Questo posto l'ho battezzato Meribah ».

Mentre ritornavamo alla capanna, un wallaby fece capolino dagli alberi e saltellò verso di lui.

« Mio fratello il wallaby » disse con un sorriso.

Entrò alla ricerca di qualche crosta. Il wallaby gliele prese di mano e gli strofinò il muso contro la coscia. Padre Terence lo accarezzò dietro le orecchie.

Per me era ora di andare, dissi. Si offrì di accompagnarmi per un tratto di spiaggia.

Mi tolsi le scarpe, me le appesi al collo per le stringhe e la sabbia tiepida mi si pigiò tra le dita. Al nostro avvicinarsi i granchi schizzarono via camminando a sghimbescio e stormi di trampolieri si levarono in volo per andare a posarsi un po' più in là.

Quello che più gli sarebbe mancato, disse, era il nuoto. Quando il mare era calmo gli piaceva nuotare per ore con il boccaglio lungo la barriera. Un giorno la barca della finanza lo aveva avvistato scambiandolo per un cadavere alla deriva. « E io, purtroppo, ero in costume adamitico ».

Qui i pesci erano così mansueti, disse, che galleggiando in mezzo a un banco potevi toccarli. Conosceva tutti i loro colori e tutti i loro nomi: le razze, i labri, gli wobbegong, il pesce falcone, il pesce chirurgo, lo scorfano, la chimera mostruosa, la squatina. Ciascuno era un « personaggio » con sue caratteristiche personali: gli ricordavano i volti della folla di Dublino.

In mare aperto, dove finiva la barriera corallina, c'era una scogliera profonda e buia: là, dalle tenebre, un giorno era emerso uno squalo tigre e gli aveva girato intorno. Padre Terence aveva visto i suoi occhi, le fauci e le cinque fessure branchiali, ma poi la bestia si era allontanata ed era scomparsa. Raggiunta la riva, padre Terence si era sdraiato sulla sabbia tremando per lo choc a scoppio ritardato. La mattina dopo, come se gli avessero tolto un peso, seppe di non temere più la morte. Andò di nuovo a nuotare lungo lo stesso tratto di scogliera e di nuovo lo squalo gli girò intorno e scomparve.

« Non temere! ». Mi prese la mano e la strinse forte.

Le nuvole temporalesche si avvicinavano. Si levò un vento tiepido che appiattì le onde.

« Non temere! » gridò di nuovo.

Mi voltai a salutare le due figure nella penombra: un uomo con una veste bianca svolazzante e un wallaby con la coda a punto interrogativo.

« Non temere! ». Mi deve aver ripetuto le stesse parole in sogno, perché furono le prime a venirmi in mente al mattino quando mi svegliai.

## 14

Quando scesi a far colazione il cielo era grigio e
nuvoloso. Il sole sembrava una bolla bianca, e c'era
puzza di bruciato. I giornali riportavano la notizia di
incendi nel *bush* a nord di Adelaide. Allora capii che
le nuvole erano fumo. Telefonai a degli amici che,
secondo le mie stime, erano nella zona dell'incendio
o nelle vicinanze.

« No, tutto bene! ». Udii la voce allegra e spumeggiante di Nin all'altro capo del filo. « Il vento è
cambiato appena in tempo. È stata una notte da far
rizzare i capelli in testa, comunque ».

Erano stati a guardare la linea dell'orizzonte in
fiamme. L'incendio si muoveva a settantacinque chilometri all'ora e a separarli dal fuoco c'era solo la
foresta demaniale. Le cime degli eucalipti si stacca-
vano e diventavano palle di fuoco trascinate dalla
furia del vento.

« Da far rizzare i capelli sul serio! » dissi.

« Questa è l'Australia! » gridò lei, e poi cadde la
linea.

Fuori c'era un'afa tale che ritornai subito nella
mia stanza; accesi il condizionatore e rimasi quasi

tutto il giorno a leggere *Songs of Central Australia* di Strehlow.

Era un libro strambo, sconclusionato e incredibilmente lungo, e Strehlow, a detta di tutti, era un tipo strambo anche lui. Il padre, Karl Strehlow, era il pastore della missione luterana di Hermannsburg, a ovest di Alice Springs. Faceva parte di un piccolo gruppo di « tedeschi buoni » che, mettendo a disposizione un appezzamento di terra al riparo dai pericoli, avevano contribuito più di chiunque altro a salvare gli aborigeni dell'Australia centrale dall'estinzione per mano di gente di ceppo britannico. Il gesto non li rese popolari. Durante la prima guerra mondiale, la stampa lanciò una campagna contro questo « nido di spie teutoniche » e contro gli effetti perversi della « germanizzazione degli indigeni ».

Da bambino, Strehlow fu allattato da una balia aranda e crebbe parlando aranda correntemente. Più tardi, quando si fu laureato, ritornò dalla « sua gente » e per oltre trent'anni registrò pazientemente su taccuini, nastri e pellicole le canzoni e le cerimonie di un mondo che tramontava. Furono i suoi amici aborigeni a chiederglielo, affinché i loro canti non morissero del tutto con loro.

Non c'è da stupirsi, vista la sua formazione, che Strehlow diventasse un personaggio contestato: era un autodidatta che agognava sia la solitudine che i riconoscimenti, un 'idealista' tedesco non in linea con gli ideali dell'Australia.

Il suo libro precedente, *Aranda Traditions*, dove si sviluppava la tesi che l'intelligenza dei 'primitivi' non era affatto inferiore a quella dell'uomo moderno, era in grande anticipo sui tempi. Il messaggio, che i lettori anglosassoni recepirono in minima parte, fu invece raccolto da Lévi-Strauss che incluse le intuizioni di Strehlow nel *Pensiero selvaggio*.

Poi, già in età matura, Strehlow puntò tutto su un'idea grandiosa.

Voleva dimostrare che ogni aspetto del canto aborigeno aveva il suo corrispettivo in ebraico, in greco antico, in norvegese antico e in inglese antico: le letterature che noi riconosciamo come nostre. Aveva capito il nesso fra il canto e la terra e voleva trovare nel canto, andandone alle radici, la chiave per svelare i misteri della condizione umana. Era un'impresa impossibile, e nessuno lo ringraziò per la sua fatica.

Quando nel 1971 pubblicò i *Songs*, una cavillosa recensione del « Times Literary Supplement » lasciò intendere che l'autore avrebbe dovuto astenersi dal divulgare la sua « grandiosa teoria poetica ». Strehlow ne fu sconvolto, come lo fu degli attacchi degli « attivisti » che lo accusarono di aver rubato i canti agli Anziani ingenui e fiduciosi con l'intento di pubblicarli.

Strehlow morì alla sua scrivania nel 1978; era un uomo distrutto. Il benservito alla sua memoria lo diede una biografia che, quando la sfogliai al Desert Bookstore, non mi parve degna nemmeno di disprezzo. Egli fu, ne sono convinto, un pensatore molto originale. I suoi sono libri grandi e solitari.

Verso le cinque del pomeriggio passai dall'ufficio di Arkady.

« Ho buone notizie per te » mi disse.

Da Cullen, una *out-station* aborigena al confine con l'Australia occidentale, a quattrocento chilometri da Alice, era arrivato un messaggio radio. Due clan erano in lite per i diritti di sfruttamento di una miniera, e avevano convocato Arkady perché facesse da mediatore.

« Ti va di venire? ».

« Certo ».

« In un paio di giorni possiamo sbrigare la faccenda della ferrovia. Poi andremo a ovest ».

Aveva già provveduto a farmi avere un permesso per visitare una riserva aborigena. Per la serata aveva da tempo un impegno, così telefonai a Marian chiedendole se aveva voglia di cenare fuori.

« Non posso! » mi rispose tutta affannata.

Quando il telefono aveva squillato, stava chiudendo la porta di casa. Partiva in quell'istante per Tennant Creek, dove andava a prendere le donne che dovevano occuparsi della mappa.

« Ci vediamo domani » dissi.

« Ciao ».

Cenai in Todd Street, al Colonel Sanders. Sotto le fastidiose luci al neon, un uomo con un lucido vestito blu stava facendo la predica ad alcuni adolescenti, potenziali friggitori di pollo – come se fare il Kentucky Fried Chicken fosse una sorta di rito religioso.

Tornai nella mia stanza e trascorsi la serata con Strehlow e una bottiglia di 'borgogna'.

Strehlow una volta disse che studiare i miti aborigeni era come addentrarsi in « un labirinto dagli innumerevoli corridoi e passaggi » tutti misteriosamente collegati in modi complessi e sconcertanti. Dai *Songs* ricavai l'impressione di un uomo che in quel mondo segreto era entrato dalla porta di servizio; che aveva visto la costruzione mentale più sorprendente e intricata del mondo, una costruzione che faceva apparire le conquiste materiali dell'umanità come altrettante quisquilie, ma che, in qualche modo, non si lasciava descrivere.

Quello che rende così difficile capire il canto aborigeno è l'infinita accumulazione di dettagli. Tuttavia anche un lettore superficiale può intravedervi un universo morale – morale quanto il Nuovo Testamento – in cui le strutture di parentela comprendono tutti gli uomini e gli esseri viventi, i fiumi, le rocce e gli alberi.

Continuai a leggere. Le traslitterazioni di Strehlow dall'aranda avrebbero fatto diventar strabico chiunque. Quando mi stancai di leggere, chiusi il libro. Mi toccai le palpebre: sembravano carta vetrata. Finii la bottiglia di vino e scesi al bar a prendere un brandy.

Sul bordo della piscina era seduto un uomo grasso con la moglie.

« Buona sera a lei, signore! » disse lui.

« Buona sera » risposi.

Al bar ordinai un caffè e un doppio brandy, e portai un altro brandy su in camera. Leggere Strehlow mi aveva fatto venir voglia di scrivere qualcosa. Non ero ubriaco – non ancora –, ma erano anni che non ci andavo così vicino. Tirai fuori un blocco di carta gialla e cominciai a scrivere.

# IN PRINCIPIO...

In principio la Terra era una pianura sconfinata e tenebrosa, separata dal cielo e dal grigio mare salato, avvolta in un crepuscolo indistinto. Non c'erano né Sole né Luna né Stelle. Tuttavia, molto lontano, vivevano gli Abitanti del Cielo: esseri spensierati e indifferenti, dalle fattezze umane ma con zampe da emù, e capelli dorati lucenti come ragnatele al tramonto; erano senza età e perennemente giovani, poiché esistevano da sempre nel loro verde Paradiso lussureggiante al di là delle Nuvole occidentali.

Sulla superficie della Terra si vedevano soltanto le buche che un giorno sarebbero diventate i pozzi. Non c'erano né animali né piante, ma molli masse di materia concentrate intorno alle buche: grumi di minestra primordiale, silenziosi, ciechi, senza respiro né veglia né sonno: ciascuno aveva in sé l'essenza della vita o la possibilità di diventare umano.

Ma sotto la crosta della Terra brillavano le costellazioni, il Sole splendeva, la Luna cresceva e calava, e giacevano nel sonno tutte le forme di vita: il fiore scarlatto di un pisello del deserto, l'iridescenza di un'ala di farfalla, i vibranti baffi bianchi di Vecchio

Uomo Canguro – assopiti come i semi del deserto che devono aspettare un acquazzone di passaggio.

Il mattino del Primo Giorno, al Sole venne una gran voglia di nascere. (Quella sera le Stelle e la Luna lo avrebbero imitato). Il Sole squarciò improvvisamente la superficie e inondò la Terra di luce dorata, riscaldando le buche in cui dormiva ogni Antenato.

Questi Uomini dei Tempi Antichi, diversamente dagli Abitanti del Cielo, non erano mai stati giovani. Erano vecchi zoppi e stremati dalla barba grigia e le membra nodose, e per tutti i secoli avevano dormito in solitudine.

Accadde così che quel primo mattino ogni Antenato dormiente sentisse il calore del Sole premere sulle proprie palpebre e il proprio corpo che generava dei figli. L'Uomo Serpente sentì i serpenti strisciargli fuori dall'ombelico. L'Uomo Cacatua sentì le piume. L'Uomo Bruco sentì una contorsione, la Formica del Miele un prurito, il Caprifoglio sentì schiudersi foglie e fiori. L'Uomo Bandicoot sentì piccoli bandicoot che fremevano sotto le sue ascelle. Ogni « essere vivente », ciascuno nel suo diverso luogo di nascita, salì a raggiungere la luce del giorno.

In fondo alle loro buche (che ora si stavano riempiendo d'acqua) gli Antenati distesero una gamba, poi l'altra. Scrollarono le spalle e piegarono le braccia. Si alzarono facendo forza contro il fango. Le loro palpebre si aprirono di schianto: videro i figli che giocavano al sole.

Il fango si staccò dalle loro cosce, come la placenta da un neonato. Poi, come fosse il primo vagito, ogni Antenato aprì la bocca e gridò: « Io sono! ». « Sono il Serpente... il Cacatua... la Formica del Miele... il Caprifoglio... ». E questo primo « Io sono! », questo primordiale « dare nome », fu considerato, da allora e per sempre, il distico più sacro e segreto del Canto dell'Antenato.

Ogni Uomo del Tempo Antico (che ora si crogiolava al sole) mosse un passo col piede sinistro e gridò un secondo nome. Mosse un passo col piede destro e gridò un terzo nome. Diede nome al pozzo, ai canneti, agli eucalipti: si volse a destra e a sinistra, chiamò tutte le cose alla vita e coi loro nomi intessé dei versi.

Gli Uomini del Tempo Antico percorsero tutto il mondo cantando; cantarono i fiumi e le catene di montagne, le saline e le dune di sabbia. Andarono a caccia, mangiarono, fecero l'amore, danzarono, uccisero: in ogni punto delle loro piste lasciarono una scia di musica.

Avvolsero il mondo intero in una rete di canto; e infine, quando ebbero cantato la Terra, si sentirono stanchi. Di nuovo sentirono nelle membra la gelida immobilità dei secoli. Alcuni sprofondarono nel terreno, lì dov'erano. Altri strisciarono dentro le grotte. Altri ancora tornarono lentamente alle loro « Dimore Eterne », ai pozzi ancestrali che li avevano generati.

Tutti tornarono « dentro ».

## 15

La mattina dopo la nube era sparita, e siccome il motel non serviva la colazione prima delle otto andai a fare una corsa fino al Gap. Faceva già caldo; alla luce del mattino le colline erano marroni e grinzose.

Uscendo passai davanti all'uomo grasso che galleggiava in piscina a pancia in su. Aveva una cicatrice sullo stomaco, come se vi fosse rimasta impressa la lisca di un pesce.

« Buon giorno a lei, signore! ».

« Buon giorno » risposi.

Dall'altra parte della strada, alcune famiglie aborigene si erano messe nel giardino pubblico e si rinfrescavano sotto l'annaffiatore a girandola. Gli erano abbastanza vicini da ricevere lo spruzzo, ma non troppo, perché non si spegnessero le sigarette. Dei bambini col moccio al naso saltellavano intorno alla girandola, tutti luccicanti d'acqua.

Salutai un uomo barbuto e lui rispose: « Ciao, amico ». Feci un cenno alla sua donna e lei disse: « Va' a ciucciare le uova! », poi socchiuse le palpebre e rise.

Passai davanti alla ressa di giovani corpi che sollevavano pesi al Fun and Fitness Centre, poi girai a destra seguendo la riva del fiume e mi fermai a leggere un avviso vicino a un gruppo di eucalipti:

LUOGO UFFICIALMENTE SACRO
AL SOGNO INJALKA (BRUCO)
INGRESSO VIETATO AGLI AUTOVEICOLI
MULTA PER DANNI $ 2.000

Comunque non c'era molto da vedere, almeno per un bianco: una recinzione di filo spinato strappata, qualche pietra friabile qua e là, e tra l'erba ispida una quantità di bottiglie rotte.

Ripresi a correre e raggiunsi il Gap, ma avevo troppo caldo, così tornai indietro senza più correre. L'uomo grasso galleggiava ancora in piscina e accanto a lui galleggiava la sua grassa moglie: una cuffia rosa pieghettata le copriva i bigodini.

Feci una doccia e preparai lo zaino. Ci misi la pila dei miei vecchi taccuini neri. Erano quelli per il libro sui nomadi: avevo bruciato il manoscritto ma conservato i taccuini. Alcuni non li guardavo da almeno dieci anni. Contenevano un guazzabuglio di annotazioni quasi indecifrabili, «pensieri», citazioni, brevi incontri, appunti di viaggio, appunti per racconti... Me li ero portati in Australia perché avevo intenzione di rintanarmi in qualche punto del deserto, lontano da biblioteche e opere altrui, a esaminare il loro contenuto con occhi nuovi.

Appena uscito dalla mia stanza fui fermato da un ragazzo con una selva di capelli biondi e un paio di jeans stinti e rattoppati. Era rosso in viso e sembrava agitatissimo. Mi domandò se avevo visto un ragazzo aborigeno: «Un ragazzo con una pettinatura rasta?».

«No» risposi.

«Be', se per caso lo vedi, digli che Graham lo aspetta vicino al furgone».

«Senz'altro» dissi e andai a far colazione.

Avevo già bevuto due tazze di caffè perfido, quando entrò l'altro Bruce e sbatté l'elmetto sul mio tavolo. Gli dissi che stavo per lasciare la città.

« Be', non ti vedrò più, Bru » disse imbronciato.

« Forse no, Bru » risposi.

« Be', arrivederci, Bru! ».

« Arrivederci! ». Gli strinsi la mano, e lui andò a prendere il suo porridge.

Alle nove, su una Land Cruiser Toyota marrone, arrivò Arkady. Sul portapacchi aveva caricato quattro ruote di scorta e una sfilza di taniche per l'acqua. Indossava una camicia cachi lavata di fresco a cui aveva tolto le mostrine da caporale. Sapeva di sapone.

« Sei elegante » gli dissi.

« Ah, ma non dura, credimi! » rispose.

Buttai lo zaino sul sedile posteriore. Dietro erano accatastati casse di bibite e vari Esky (da « eschimese »), cioè dei contenitori termici di polistirolo senza i quali un viaggio nel deserto è inconcepibile.

Eravamo a metà di Todd Street quando Arkady frenò, entrò di corsa nel Desert Bookstore e uscì con l'edizione dei classici Penguin delle *Metamorfosi* di Ovidio. « Un regalo per te » disse. « Qualcosa da leggere in viaggio ».

Arrivati ai limiti della città, superato il « Bed Shed » e il « Territory Wrecking », ci fermammo a far provvista di carne da un macellaio libanese. Al nostro ingresso il figlio del macellaio alzò gli occhi e poi continuò ad affilare il coltello. Per dieci minuti di fila riempimmo le borse termiche di salsicce e bistecche fino a farle scoppiare.

« Da mangiare per i miei vecchi » disse Arkady.

« Sembra una quantità spropositata ».

« Aspetta e vedrai » disse. « Per cena sarebbero capaci di mangiare una vacca intera ».

Comprammo anche qualche bistecca per un vecchio *bushie*, un certo Hanlon, che viveva da solo oltre il pub di Glen Armond.

Proseguimmo, e superato il cartello che indicava

la vecchia stazione del telegrafo di Alice arrivammo nella regione brulla e sterposa della Burt Plain.

La strada era un nastro diritto di macadam; ai lati c'erano strisce di terriccio rosso dove crescevano i meloni selvatici, grandi come palle da cricket. In Australia li avevano introdotti gli afghani per sfamare i loro cammelli. Ogni tanto Arkady ci finiva in mezzo per scansare un *road-train* diretto a sud. I *road-trains* avevano tre rimorchi: sbucavano di continuo dal tremolio del calore e invadevano il centro della strada senza rallentare.

Ogni poche miglia incontravamo i recinti di un allevamento o una pompa a vento con il bestiame radunato intorno. C'erano molti animali morti, zampe all'aria, il ventre come un pallone, con i corvi sopra. Le piogge erano in ritardo di due mesi.

« Terreni di seconda classe » disse Arkady.

Quasi tutte le concessioni dei pascoli migliori se le erano accaparrate gli stranieri: Vestey, Bunker Hunt e così via. Nessuna meraviglia che i *Territorians* si sentissero gabbati!

« Hanno contro tutto il paese, » disse Arkady « i politici, le multinazionali e gli aborigeni. E in effetti questa è una regione buona soltanto per gli aborigeni ».

Raccontò che una volta, mentre stavano seguendo una Via del Canto nei pressi del Monte Wedge, era arrivato il proprietario agitando un fucile da caccia e si era messo a urlare: « Fuori dalla mia terra! Portate quei *coons* fuori dalla mia terra! ». Così Arkady, che gli aveva già scritto cinque lettere senza ricevere risposta, spiegò le disposizioni del Land Rights Act che autorizzavano i « proprietari tradizionali » a visitare le loro terre.

L'allevatore andò su tutte le furie: « Sulla mia terra non ce ne sono, di luoghi sacri! ».

« Sì che ci sono » disse uno degli aborigeni presenti.

« No che non ci sono ».

« Ci sei proprio sopra, amico ».

La strada deviava per attraversare il letto di un torrente, e sull'altra riva Arkady indicò a oriente un saliscendi di colline marroncine, che sorgevano dalla pianura come uno scenario di cartone.

« Vedi quella collinetta laggiù? » mi domandò.

« Sì ».

Era una collina più piccola, a forma di cono, unita alle altre da un basso sperone roccioso.

« Là » disse « quelli della ferrovia volevano aprire un varco. Avrebbero risparmiato tre chilometri di rotaie ».

Le colline sorgevano ai limiti settentrionali del territorio aranda, però quando Arkady aveva messo in giro la voce tramite i consueti canali, nessuno era venuto a reclamarle. Stava quasi per concludere che non erano di nessuno, quando un bellicoso gruppo di Aranda si presentò nel suo ufficio... dicendo che i proprietari erano loro. Arkady condusse alle colline cinque uomini: là girovagarono con aria infelice, gli occhi sbarrati dalla paura. Lui domandò e ridomandò: « Quali sono i canti di questo posto? » o « Qual è qui la storia del Sogno? ». Loro tennero la bocca chiusa e non vollero dire una parola.

« Non capivo che cosa avessero » disse. « Così li informai del varco che volevano aprire, e in effetti la notizia li riscosse. Tutti iniziarono a dire piagnucolando: "Gli aborigeni muoiono! I bianchi muoiono! Tutti gli uomini muoiono! Fine dell'Australia! Fine del mondo! Distrutto!" ».

« Be', doveva essere davvero qualcosa di grave » disse Arkady. « Così domando all'Anziano, che tremava dalla testa ai piedi: "Che cosa c'è lì sotto?". E lui, mettendomi le mani a coppa intorno all'orecchio, bisbiglia: "Potere della Larva!" ».

Il canto che seguiva il profilo delle colline raccontava che un Antenato del Tempo del Sogno non aveva eseguito correttamente il rituale per tenere sotto controllo il ciclo riproduttivo di una mosca del *bush*. Così orde di larve avevano invaso la Burt Plain spogliandola di tutta la vegetazione, e lasciandola così com'è oggi. L'Antenato aveva radunato le larve e le aveva stipate sotto lo sperone di roccia; lì, da allora, non hanno fatto che riprodursi. I vecchi dissero che se qualcuno apriva un varco nel fianco della collina ci sarebbe stata un'esplosione gigantesca. In cielo sarebbe scoppiata un nuvola di mosche che avrebbe coperto la terra intera e avvelenato tutti gli uomini e gli animali.

« La Bomba! » suggerii.

« La Bomba » disse Arkady cupamente. « Certi miei amici sapevano un sacco di cose sulla Bomba, *dopo* che era scoppiata ».

Prima dell'esperimento inglese di Maralinga con la bomba H, l'esercito aveva messo dei cartelli in inglese con la scritta « Vietato l'ingresso » per avvertire gli aborigeni, ma non tutti li avevano visti, e non tutti sapevano leggere l'inglese.

« Ci sono passati in mezzo » disse.

« Alla Nube? ».

« Alla Nube ».

« Quanti morti ci sono stati? ».

« Nessuno lo sa » rispose. « Hanno messo tutto a tacere. Potresti provare a domandarlo a Jim Hanlon ».

## 16

All'incirca un'ora dopo, superato il pub di Glen Armond, girammo a sinistra e lasciammo il macadam; procedemmo sobbalzando su una pista di terra battuta e ci fermammo vicino a un recinto per il bestiame ormai in disuso.

Lì accanto, riparata da una fila di tamerici, c'era una baracca di lamiera non dipinta, di un grigio arrugginito, con un camino di mattoni nel mezzo. Era la casa di Hanlon.

Nel piazzale di fronte c'erano un mucchio di fusti di petrolio vuoti e un altro mucchio di residuati dell'esercito. In fondo, sotto una cigolante pompa a vento, c'era una carcassa di Chevrolet da cui spuntavano lunghi fili d'erba. Sulla porta d'ingresso era incollato un manifesto scolorito con la scritta « Lavoratori di tutto il mondo unitevi ».

La porta scricchiolò e si aprì di pochi centimetri. Dietro c'era Hanlon.

« Be', che cosa avete? » disse con la sua voce gracchiante. « Mai visto un uomo nudo? Dài, ragazzi, entrate! ».

Per essere un settantenne Hanlon aveva un bel

fisico. Era scarno e muscoloso, con la testa corta e piatta e un collo da gru. I capelli bianchi erano tagliati a spazzola, e con la mano se li appiattiva di continuo. Aveva il naso rotto, portava occhiali cerchiati di metallo e parlava forte e con voce nasale.

Noi ci sedemmo e lui rimase in piedi. Si guardò con ponderazione i genitali, si grattò in mezzo alle gambe e si vantò di aver scopato una farmacista di Tennant Creek.

« Mica male per un uomo di settantatré anni! ». Abbassò gli occhi a guardarsi. « Coglioni efficienti! Dentatura passabile! Di che altro ha bisogno un vecchio? ».

« Di niente » disse Arkady.

« Proprio così » concluse Hanlon con un sorriso furbo.

Si legò un asciugamano intorno alla pancia e tirò fuori tre bottiglie di birra. Notai che aveva la mano destra rattrappita.

La casa era un forno. Il caldo gravava dal tetto e avevamo le camicie inzuppate di sudore. C'era un corridoio a forma di elle che dava sull'esterno, con in fondo una vecchia vasca da bagno di smalto. Poi c'era una cucina, e infine un tavolo con delle sedie.

Ci illustrò i ritagli di giornale alle pareti: uno sciopero a Kalgoorlie, il teschio di Lenin, i baffi di Stalin, le pin-up di « Playboy ». Si era stabilito lì trent'anni prima, con una donna che poi lo aveva lasciato. Lui aveva svenduto il terreno e adesso viveva grazie all'assistenza pubblica.

Sul tavolo c'era una tela cerata rosso lacca e un gatto tigrato che puliva un piatto con la lingua.

« Pussa via, bestiaccia! ». Lo minacciò col pugno e il gatto scappò via. « Allora ragazzi, che cosa combinate? ».

« Stiamo andando nel territorio kaititj » rispose Arkady. « Col gruppo di Alan Nakumurra ».

« Per la mappa, eh? ».

« Sì ».

111

« Luoghi sacri, eh? ».

« Sì ».

« Sacrosante cazzate! Organizzazione, ecco di che cosa hanno bisogno quelli! ».

Stappò le birre, poi si soffiò il naso con le dita e spalmò accuratamente il moccio sotto la sua sedia. Colse la mia occhiata e me la restituì.

Ci parlò di quando era a Kalgoorlie, prima della seconda guerra mondiale, come funzionario del Partito.

« Chiedi a lui! ». Indicò Arkady. « Chiedigli il mio curriculum! ».

Se ne andò pigramente nella stanza interna, dove c'era il letto, rovistò tra vecchi giornali e infine trovò un libro sbiadito, rilegato in tela rosso spento. Si sedette di nuovo, si sistemò gli occhiali e si appoggiò allo schienale.

« E adesso, » annunciò, fingendo di aprire il libro a caso « adesso leggeremo il Vangelo secondo Nostro Padre Marx. Perdonate le bestemmie di un vecchio! Per oggi – che cazzo di giorno è oggi? Giovedì... mi pareva! La data non ha importanza... pagina 256... Che cosa ci tocca...? ».

« In che cosa consiste dunque l'alienazione del lavoro? Innanzitutto nel fatto che il lavoro è esterno al lavoratore, cioè non appartiene al suo essere più profondo; che nel lavoro egli non afferma se stesso bensì nega se stesso, non si sente appagato bensì inappagato; non sviluppa la propria energia fisica e mentale ma mortifica il corpo e distrugge la mente... ».

« Niente di meglio che qualche riga di Marx prima di pranzo » disse con aria radiosa. « Tonifica la mente e corrobora la digestione! Avete mangiato, ragazzi? ».

« Sì » disse Arkady.

« Be', adesso mangiate qui con me ».

« No, Jim, davvero. Non possiamo ».

« Sì che potete, cazzo ».

« Arriveremo tardi ».

« Tardi? Che cos'è tardi e che cos'è presto? Notevole problema filosofico! ».

« Arriveremo tardi per una donna di nome Marian ».

« Allora non è un problema filosofico! » disse. « Chi diavolo è Marian? ».

« Una mia vecchia amica » rispose Arkady. « Lavora per il Land Council. È andata a prendere le donne kaititj. Abbiamo appuntamento con lei a Middle Bore ».

« Marian e Robin Hood! ». Hanlon schioccò le labbra. « La fanciulla se ne va a Middle Bore col suo seguito di belle damigelle. Possono aspettare, te lo dico io. Va' a prendere le bistecche, ragazzo! ».

« Solo se ci sbrighiamo, Jim » Arkady cedeva. « Abbiamo un'ora di tempo, non di più ».

« Regalami... regalami... un'ora... con te... ».

Hanlon conservava ancora le tracce di una discreta voce di baritono. Mi guardò. « Non guardarmi in quel modo! » sbottò. « Io ho cantato nei cori, sai? ».

Arkady andò a prendere le bistecche dalla Toyota.

« Così sei uno scrittore, eh? » mi domandò Hanlon.

« Una specie ».

« Mai fatto un giorno di lavoro onesto in vita tua? ».

I suoi occhi azzurri lacrimavano. I bulbi oculari galleggiavano in una rete di fili rossi.

« Ci provo » risposi.

La mano rattrappita scattò in avanti. Era violacea e cerea, senza il mignolo. Me la mise davanti agli occhi come un artiglio.

« Sai che cos'è questa? » mi chiese con aria di sfida.

« Una mano ».

« La mano di un lavoratore ».

« Io ho lavorato in una fattoria » dissi. « E come taglialegna ».

« Ah sì? E dove? ».

« In Scozia ».

« Che tipo di legna? ».

« Abete... larice... ».

« Molto convincente! Che tipo di sega? ».

« A motore ».

« Che marca, buffone? ».

« Non me lo ricordo ».

« Per nulla convincente » disse. « Sento odore di bugia ».

Arkady spinse la porta ed entrò con le bistecche. Il sacchetto di plastica bianca era macchiato di sangue. Hanlon prese il sacchetto, lo aprì e inspirò.

« Ah, ah! Così va meglio! » ridacchiò. « Bella carne fresca, tanto per cambiare ».

Si alzò, accese il fornello a gas, versò del grasso da un vecchio barattolo di vernice e sistemò nella padella tre grosse bistecche.

« Ehi, tu! » mi urlò. « Vieni a chiacchierare col cuoco ».

Il grasso cominciò a schizzare e lui prese una spatola per staccare la carne dal fondo.

« Così stai scrivendo un libro? ».

« Ci sto provando » risposi.

« Perché non lo scrivi qui? Tu e io potremmo fare conversazioni edificanti ».

« Certo » dissi poco convinto.

« Ark! » gridò Hanlon. « Da' un'occhiata tu alle bistecche, ti spiace? Io vado a far vedere allo scribacchino i suoi quartieri. Ehi, tu! Vieni con me! ».

Buttò l'asciugamano sul pavimento, si mise un paio di calzoni corti e infilò ai piedi le ciabatte di gomma. Lo seguii al sole. Il vento si era alzato di nuovo e sollevava mulinelli di polvere rossa lungo la pista. Passammo in mezzo alle tamerici e raggiungemmo un eucalipto scricchiolante sotto cui c'era una roulotte.

Lui aprì la porta. C'era odore di qualcosa di morto. Le finestre erano coperte di ragnatele; la biancheria del letto era macchiata e strappata. Sul tavolo qualcuno aveva rovesciato della salsa di pomodoro che brulicava di formiche.

« Un grazioso nido! » disse Hanlon allegramente. « Affitto modico! E se lo scricchiolio ti innervosisce potresti oliare un po' l'albero ».

« Molto grazioso » dissi.

« Ma non abbastanza, eh? ».

« Non ho detto questo ».

« Ma l'hai pensato » disse tra i denti. « Certo potremmo fumigarlo. E già che ci siamo possiamo fumigare anche te, magari! ».

Sbatté la porta e tornò impettito in casa.

Io restai un attimo nel piazzale, e quando entrai le bistecche erano cotte. Hanlon aveva fritto sei uova ed era pronto a servire.

« Prima Sua Signoria! » disse a Arkady.

Tagliò tre tocchi di pane e mise sul tavolo una bottiglia di salsa. Aspettai che si sedesse. Il caldo era insopportabile; guardai le bistecche e i tuorli d'uovo.

Hanlon mi guardò per quello che mi parve un minuto intero, poi disse: « Te la vuoi mettere 'sta carne in quella bocca di merda, o no?! ».

Mangiammo in silenzio.

Hanlon teneva ferma la bistecca con la mano rattrappita e con quella sana la tagliava a quadratini. Aveva un coltello seghettato con in punta due rebbi ricurvi.

« Chi diavolo si crede di essere? » disse rivolto a Arkady. « Chi glielo ha chiesto di venire qui a ficcare quel suo naso altezzoso e altolocato? ».

« Tu » disse Arkady.

« Davvero? Be', ho fatto male ».

« Non sono altolocato » dissi.

« Ma sei un po' troppo su per il mio modesto rinfresco! Rinfresco! Così lo chiamano in Inghilterra! Rinfresco con la Regina! No? ».

« Piantala, Jim » disse Arkady. Era molto imbarazzato.

« Non ce l'ho mica con lui » disse Hanlon.

« È già qualcosa » dissi.

« Eccome » assentì lui.

« Raccontagli di Maralinga » disse Arkady tentando di cambiare discorso. « Raccontagli della Nube ».

Hanlon alzò la mano sana e schioccò le dita come nacchere.

« La Nube! Sissignore! La Nube! La Nube di Sua Maestà. Sir Anthony Eden con la sua puzza sotto il naso! Povero Sir Anthony! La voleva così tanto la sua Nube! Così a Ginevra poté dire al Russo: "Guarda, caro mio, che ce l'abbiamo anche noi la Nube!". Dimenticando, naturalmente, che in tutti i climi ci sono quelle che si chiamano variabili...! Perfino in Australia! Dimenticando che magari il vento avrebbe soffiato nella direzione sbagliata! Così telefona a Bob Menzies e dice: "Bob, voglio la mia Nube, e subito!". "Ma il vento..." dice Sir Bob. "Non tirare in ballo il vento" dice Sir Anthony. "Ho detto *subito*!". Così fecero esplodere l'ordigno – che bella parola, "ordigno"! – e la Nube, invece di prendere la via del mare e contaminare i pesci, prese la via dell'interno e contaminò *noi*. E così la persero. Persero quella porcheria sopra il Queensland! Però Sir Anthony poté finalmente fare una bella chiacchieratina col compagno Nikita! "Sì, compagno, è vero. Sì, anche noi abbiamo la Nube. Be', lassù i miei uomini l'hanno persa un attimo di vista! Lungo la strada ha disintegrato qualche aborigeno..." ».

« Basta così » disse Arkady con fermezza.

Hanlon abbassò il capo.

« Merda! » esclamò, poi infilzò un altro pezzetto di carne e se lo mise in bocca.

Nessuno parlò finché Hanlon fece un rutto e disse: « Scusate! ».

Spinse il piatto lontano.

« Non riesco a mangiare, porca miseria ».

116

Il suo viso era diventato color gesso. La mano gli tremava.

« Non ti senti bene? » domandò Arkady.

« Ho l'intestino malandato, Ark ».

« Dovresti andare da un medico ».

« Ci sono già stato. Mi vogliono tagliare a pezzi, Ark ».

« Mi dispiace » dissi.

« Ma io non mi lascio tagliare. Faccio bene, vero? ».

« No » disse Arkady. « Forse ci dovresti andare ».

« Be', forse ci andrò ». Tirò su col naso, avvilito.

Dopo altri cinque minuti, Arkady si alzò e mise il braccio intorno alle spalle del vecchio con fare protettivo.

« Jim, » disse a bassa voce « mi spiace, dobbiamo proprio andare. Possiamo portarti da qualche parte? ».

« No » rispose. « Io resto qui ».

Facemmo per andarcene.

« Restate ancora un po' » disse Hanlon.

« No, dobbiamo davvero andare ».

« Vorrei che restaste ancora un po', ragazzi. Ci potremmo divertire ».

« Ritorneremo » dissi io.

« Davvero? ». Hanlon trattenne il fiato. « Quando? ».

« Tra un paio di giorni » disse Arkady. « In due giorni ce la caviamo. Poi andiamo a Cullen ».

« Scusa se ti ho aggredito » mi disse. Gli tremavano le labbra. « Aggredisco sempre gli inglesi! ».

« Non ti preoccupare » dissi.

Fuori faceva più caldo che mai, e il vento stava calando. Un'aquila volava seguendo i pali dello steccato. Era un bell'uccello lucente, con le piume color bronzo; appena ci vide se ne andò.

Tentai di stringere la mano a Hanlon, ma lui se la teneva premuta sull'addome. Salimmo sulla Land Cruiser.

«Avreste almeno potuto ringraziare delle bistecche» ci urlò dietro.

Cercava di recuperare i suoi modi caustici, ma aveva un'aria spaurita. Le guance erano rigate di lacrime. Ci voltò le spalle. Non sopportava di vederci andar via.

## 17

Al cancello del campo di Skull Creek un cartello annunciava una multa di 2.000 dollari per chiunque portasse bevande alcoliche in un campo aborigeno; col gesso bianco qualcuno ci aveva scarabocchiato sopra « Balle! ». Eravamo andati a prendere un Anziano kaititj di nome Timmy. Era parente di Alan Nakumurra per parte di madre e conosceva i Sogni della zona di Middle Bore.

Tolsi la catena dal cancello e proseguimmo verso i tetti di lamiera luccicante che si intravedevano qua e là tra l'erba scolorita. Ai margini del campo dei ragazzi rimbalzavano su un trampolino; poco lontano c'era una grande scatola di metallo marrone senza finestre che, disse Arkady, era l'ambulatorio.

« Poi qualcuno l'ha battezzato "la macchina della morte" » disse. « Adesso nessuno ci va mai vicino ».

Parcheggiammo sotto una coppia di eucalipti, di fianco a una casetta imbiancata a calce. Sui rami cinguettavano gli uccelli. Due donne prosperose, una con un ampio grembiale verde, dormivano sotto il portico.

« Mavis » chiamò Arkady.

Nessuna delle due grassone si mosse.

Oltre gli eucalipti, disposte in cerchio intorno a una spianata di terra rossa, c'erano una ventina di baracche: mezzi cilindri di lamiera ondulata con un lato aperto, come i porcili, dove la gente stava distesa o accovacciata all'ombra.

Il vento faceva volare scatole di cartone e brandelli di plastica, e su tutto il campo c'era un luccichio di vetri. Lustri corvi neri saltellavano qua e là, battendo gli occhi giallastri e becchettando scatolette di carne arrugginite finché i cani non li scacciavano.

Un bambino riconobbe Arkady, gridò: « Ark! Ark! » e in pochi secondi fummo circondati da una banda di bambini nudi e schiamazzanti: « Ark! Ark! Ark! ». I loro capelli biondi sembravano stoppie in un campo di terra nera. Le mosche si sfamavano agli angoli dei loro occhi.

Arkady ne prese in braccio due, un terzo gli saltò a cavalcioni sulla schiena e gli altri gli si aggrapparono alle gambe. Lui li carezzava sulla testa, stringeva i palmi protesi; poi aprì il portellone della Land Cruiser e cominciò a distribuire bibite e lecca lecca.

Una delle donne grasse si tirò su, spinse da parte i capelli arruffati, sbadigliò, si stropicciò gli occhi e disse: « Sei tu, Ark? ».

« Ciao, Mavis! » disse lui. « Come stai? ».

« Bene ». Sbadigliò di nuovo e si stiracchiò.

« Dov'è Timmy? ».

« A dormire ».

« Voglio portarlo a fare un giro nel *bush* ».

« Oggi? ».

« Subito, Mavis, subito! ».

Mavis si alzò a fatica e con passo pesante andò a svegliare il marito. Poteva anche farne a meno: Timmy aveva sentito la baraonda ed era in piedi sulla soglia.

Era un vecchio pallido e magro, con un'espressione birichina, la barba rada e un occhio velato dal tracoma. Aveva un cappello di feltro marrone messo sulle ventitré e un fazzoletto rosso annodato al collo. Era così magro che doveva continuamente tirarsi su i calzoni. Minacciò Arkady col dito, ridendo sotto i baffi.

Arkady si tolse i bambini di dosso e tirò fuori dall'automobile un album di fotografie, con le istantanee di una recente spedizione. Poi si sedette sugli scalini con Timmy, che si mise a voltare le pagine con l'accanita concentrazione di un bambino immerso in un libro di fiabe.

Mi sedetti dietro di loro per vedere. Una cagna bianca con la mastite si ostinava a infilarmi il naso in mezzo alle gambe.

Arkady abbracciò il vecchio e gli domandò: « Allora oggi vieni con noi? ».

« C'è da mangiare? » domandò Timmy.

« Sì ».

« Bene ».

Mavis venne a rannicchiarsi accanto a noi. Si era tirata i capelli di nuovo sulla faccia e le si vedeva solo il labbro inferiore, screpolato e imbronciato.

Arkady si protese verso di lei e le domandò: « Vieni anche tu, Mavis? Ci sono anche Topsy e Gladys di Curtis Springs ».

« No » sbottò Mavis, risentita. « Ormai non vado più in nessun posto. Me ne sto sempre qua ».

« E non ci vai mai in vacanza? ».

Mavis tirò su col naso: « Certe volte andiamo a Tennant Creek. Ho dei parenti, là. Mia madre è di quei posti, viene dal grande pozzo vicino al ruscello. Lo conosci? ».

« Mi pare di sì » disse Arkady, titubante.

« È la regione del gruppo di Billy Boy » disse Mavis, accalorandosi con sfinita dignità, come se così definisse il proprio diritto all'esistenza. « Proprio sopra l'allevamento di McCluhan ».

« E non vuoi venire a Middle Bore con noi? ».

« Non posso » rispose sbuffando.

« E perché? ».

« Non ho le ciabatte ». Allungò il piede e invitò Arkady a esaminare la pianta, spaccata e callosa. « Non posso andare in nessun posto, se non le ho ».

« Prendi le mie! » le proposi. « Ne ho un paio in più ».

Andai alla macchina, disfeci lo zaino e tirai fuori l'unico paio di giapponesi di gomma verde che avevo. Mavis me le tolse di mano come se fossi stato io a rubarle le sue. Le infilò, alzò orgogliosamente la testa e andò ciabattando a prendere il pentolino e la coperta di Timmy. « Ve ne venga merito, Sir Walter » disse Arkady con un sorrisetto.

Timmy intanto stava succhiando il suo succo di mela dal cartone. Poi lo posò, si raddrizzò il cappello, ricominciò a succhiare e disse in tono pensoso: « E Big Tom? ».

« C'è? ».

« Certo che c'è ».

« E verrebbe? ».

« Certo che verrebbe ».

Ci avviammo verso la baracca col pergolato di meloni selvatici sotto cui dormiva Big Tom. Era a torso nudo. La pancia, coperta di spire di peli, si gonfiava e sgonfiava ritmicamente. Quando il suo cane cominciò a abbaiare si svegliò.

« Tom, » disse Arkady « noi andiamo a Middle Bore. Vuoi venire? ».

« Certo che voglio » disse sorridendo.

Sgusciò fuori, acchiappò una camicia e un cappello marroni e si dichiarò pronto a partire. Allora sua moglie Ruby, una spilungona con un sorriso imbambolato, sgusciò fuori dalla sua parte, si coprì il capo con un fazzoletto verde tutto macchiato e dichiarò che era pronta anche lei.

Non ho mai visto due coniugi fare preparativi così veloci.

Adesso eravamo in sei, e dentro la Land Cruiser c'era un odore penetrante e insolito.

Uscendo passammo davanti a un giovanotto biondo dalle gambe lunghe, i capelli biondi a treccine e la barba rossiccia. Era sdraiato nella polvere, lungo disteso. Aveva addosso una maglietta arancione, jeans rossi scoloriti e un rosario di Rajneesh intorno al collo. Era attorniato da quattro o cinque donne nere accovacciate che sembrava gli stessero massaggiando le gambe.

Arkady suonò il clacson e salutò con la mano. L'uomo fece a stento un cenno con la testa.

« Chi è quel tipo? » domandai.

« È Craig » rispose. « Ha sposato una delle donne ».

## 18

Ci fermammo a prendere una tanica di benzina al Burnt Flat Hotel; un poliziotto stava raccogliendo testimonianze su un uomo che era stato trovato morto sulla strada.

La vittima, ci disse, era un bianco sulla ventina, uno sbandato. Negli ultimi tre giorni dei motociclisti lo avevano visto più volte in diversi punti dell'autostrada. «E adesso è ridotto in poltiglia. Abbiamo dovuto raschiarlo dall'asfalto con la pala. Il camionista l'aveva scambiato per un canguro morto».

L'«incidente» era avvenuto alle cinque del mattino, ma il corpo – quel che il *road-train* ne aveva lasciato – era freddo da circa sei ore.

«Tutto fa pensare che qualcuno l'abbia scaricato» disse il poliziotto.

Era di una gentilezza invadente, e il pomo d'Adamo gli andava su e giù nella V della camicia cachi. Era suo dovere farci qualche domanda, non dovevamo avercene a male. Se metti sotto un indigeno a Alice Springs nessuno ci bada. Ma un *bianco*...!

«Allora, ragazzi, dov'eravate ieri sera alle undici?».

« A Alice » rispose Arkady con voce piatta.

« Molte grazie ». L'agente si toccò la visiera. « Mi basta questo, non vi trattengo oltre ».

Mentre parlava, non staccò un attimo gli occhi dai nostri passeggeri. Questi, dal canto loro, fecero finta che lui non esistesse e fissarono impassibili la pianura.

Il poliziotto si avviò verso la sua auto con aria condizionata. Arkady suonò il campanello per chiamare il benzinaio. Suonò di nuovo. Suonò una terza volta, ma non arrivò nessuno.

« A quanto pare ci sarà da aspettare » disse stringendosi nelle spalle.

« Eh, sì » annuii.

Erano le tre del pomeriggio e gli edifici nuotavano nel caldo. L'albergo era dipinto di color caramello e le parole BURNT FLAT, scritte a lettere cubitali sul tetto di lamiera ondulata, si stavano scrostando. In un'uccelliera sotto la veranda c'erano *budgerigars* e parrocchetti rosa. Le camere da letto erano sbarrate con delle assi e un cartello diceva: « Questo esercizio è in vendita ».

Il proprietario si chiamava Bruce.

« I profitti sono calati quando gli hanno ritirato la licenza per gli alcolici » disse Arkady.

Finché le leggi sugli alcolici non erano cambiate, Bruce aveva fatto un sacco di soldi vendendo agli aborigeni del vino con la gradazione alcolica aumentata artificialmente.

Aspettammo.

Arrivò una coppia anziana su un camper, e quando il marito suonò il campanello di servizio, dalla porta del bar uscì un uomo in calzoni corti con un bull-terrier ansante al guinzaglio.

Bruce aveva piedi all'infuori, capelli rossi, natiche flaccide e mascelle ovali. Sulle braccia aveva delle sirene tatuate. Legò il cane, che uggiolò rivolto ai nostri passeggeri, poi guardò Arkady dritto negli occhi e andò a servire la coppia col camper.

Dopo che l'uomo ebbe pagato, Arkady chiese molto gentilmente a Bruce: « Potresti darci una tanica, per favore? ».

Bruce slegò il cane e se ne tornò al bar.

« Stronzo » disse Arkady.

Aspettammo.

Dalla sua auto il poliziotto osservava la scena.

« Ci devono servire, alla fine » disse Arkady. « Per legge ».

Dieci minuti dopo, la porta si aprì di nuovo e dai gradini scese una donna con una gonna blu e i capelli corti, grigi anzitempo. Aveva appena finito di fare una torta e aveva ancora le dita impiastricciate.

« Non badate a Bruce » sospirò. « Oggi ha la luna storta ».

« Strano, eh? » disse Arkady con un sorriso; lei si strinse nelle spalle e fece un gran sospiro.

« Se ti va di vedere un po' di colore locale » mi disse « fa' un salto dentro ».

« Su, va' » mi esortò la donna mentre appendeva la pompa.

« Abbiamo tempo? ».

« Lo troveremo » disse. « Per la tua istruzione ».

La donna si irrigidì e fece una risatina impacciata.

« Magari compro qualcosa da bere per loro? » proposi.

« Sì, bravo » disse Arkady. « Per me una birra ».

Infilai la testa nel finestrino e domandai che cosa volevano. Mavis disse succo d'arancia ma poi decise d'arancia e mango. Ruby disse succo di mela. Big Tom di pompelmo e Timmy coca-cola.

« E un Violet Crumble » aggiunse. Il Violet Crumble è una barretta ricoperta di cioccolato.

Arkady pagò la donna e io la seguii nel bar.

« E quando esci » mi gridò dietro Arkady « guarda a destra dell'interruttore della luce ».

All'interno, gli operai di un cantiere stradale stavano giocando a freccette e un garzone di fattoria, in tenuta da Far West, stava rimpinzando un jukebox di monetine. Alle pareti erano attaccate con le puntine molte polaroid di gente grassa e nuda con tanti palloncini oblunghi. Un avviso diceva: «Il credito è come il sesso. Con certi si fa, con certi no». Su una pergamena 'medioevale' c'era la caricatura di un fusto con un'iscrizione in *Olde Englishe*:

> Il mio cammino attraversa
> la Valle dell'Ombra della Morte
> ma non temo nulla di male
> perché sono Bruce
> il più lurido figlio di puttana della Valle.

Accanto alle bottiglie di Southern Comfort, c'era una vecchia bottiglia piena di liquido giallo con una scritta sull'etichetta: «Autentica pipì di aborigena del Northern Territory».

Rimasi ad aspettare.

Sentii Bruce dire a uno degli avventori che aveva comprato un locale nel Queensland dove «un *Boong* puoi ancora chiamarlo *Boong*».

Entrò un tecnico del telegrafo, grondante di sudore, e ordinò due birre.

«Ho sentito che un pirata della strada ha fatto fuori qualcuno qui davanti» disse.

«Sìì!». Bruce mise in mostra i denti. «Un altro po' di carne!».

«Come?».

«Ho detto un altro po' di carne buona da mangiare».

«Da mangiare?».

«Era un bianco!». Bruce tirò fuori la lingua e rise sguaiatamente. Vidi con piacere che il tecnico si accigliò e non replicò.

In quel momento entrò il collega del tecnico e si sedette su uno sgabello davanti al banco. Era un mezzosangue, giovane e dinoccolato, con un sorriso cordiale e umile.

«Niente *coons*, qui dentro!». La voce di Bruce

sovrastò il baccano dei tiratori di freccette. « Mi hai sentito? Ho detto: "Niente *coons*, qui dentro!" ».

« Io non sono un *coon* » rispose il mezzosangue. « Ho solo qualche problema di pelle ».

Bruce rise, gli operai risero e il mezzosangue continuò a sorridere a denti stretti. Vidi le sue dita contratte intorno alla lattina di birra.

Poi Bruce, con voce esageratamente cortese, mi disse: « Sei molto lontano dalla tua patria. Che ti servo? ».

Ordinai.

« E un Violet Crumble » aggiunsi.

« E un Violet Crumble per il signore inglese! ».

Pagai senza replicare.

Uscendo guardai a destra dell'interruttore della luce e nella tappezzeria vidi il foro di un proiettile. Aveva intorno una cornice dorata con una targhetta d'ottone – il genere che si attacca sotto le corna di cervo o i pesci imbalsamati – su cui era scritto: « Mike, 1982 ».

Distribuii le bibite e gli aborigeni le presero senza dire una parola.

« Allora, chi era Mike? » domandai mentre andavamo via.

« Chi *è* Mike » precisò Arkady. « Era il barista di Bruce ».

Era un pomeriggio torrido come questo, e quattro ragazzi pintupi che tornavano dalla Missione di Balgo si erano fermati a far benzina e a bere. Erano molto stanchi e nervosi, e quando il ragazzo più vecchio vide la bottiglia di « Pipì d'aborigena » disse una frase piuttosto offensiva. Mike si rifiutò di servirli. Il ragazzo tirò un bicchiere di birra contro la bottiglia e sbagliò la mira. Mike prese il fucile calibro 22 di Bruce – che Bruce teneva a portata di mano sotto il bancone – e sparò sopra le loro teste.

« Questa, comunque, è la versione che Mike diede al processo » disse Arkady.

Il primo colpo trapassò il cranio del ragazzo. Il

secondo andò a centrare il muro, a destra dell'interruttore della luce. Un terzo si conficcò nel soffitto.

« Naturalmente » proseguì Arkady con lo stesso tono distaccato « i vicini vollero contribuire alle spese legali dello sfortunato barista. Organizzarono un galà, con uno spettacolo di ragazze in topless fatte venire da Adelaide ».

« E Mike se la cavò? ».

« Legittima difesa ».

« E i testimoni? ».

« Coi testimoni aborigeni è una cosa un po' complicata. Per esempio, si rifiutano di sentir pronunciare il nome del morto ».

« Ossia non vogliono testimoniare? ».

« Per l'accusa diventa una causa difficile ».

## 19

All'indicazione per Middle Bore girammo a destra e prendemmo una strada polverosa che andava verso est costeggiando una scarpata rocciosa. La strada saliva e scendeva tra una distesa di arbusti dalle foglie grigie, e sui pali delle staccionate erano appollaiati dei falchi sbiaditi. Per evitare i solchi più profondi Arkady sterzava di continuo.

Poco oltre, sulla destra, oltrepassammo un affioramento di arenaria sgretolata, con pinnacoli isolati e alti circa sei metri. Sapevo che doveva essere un luogo del Sogno. Diedi una gomitata nelle costole a Big Tom.

« E quello chi è? » domandai.

« È uno piccolo ». Piegò il dito per imitare i contorcimenti di un verme.

« Larva? ».

Scosse energicamente il capo e col gesto di mettersi qualcosa in bocca disse: « Più piccolo ».

« Bruco? ».

« Sì! ». Fece un largo sorriso e mi restituì la gomitata.

La strada proseguiva verso un gruppo di alberi

con una casa bianca e, più in là, qualche altro edificio. Era l'allevamento di Middle Bore. In un campo d'erba bianca come ossa pascolavano dei cavalli bai.

Noi imboccammo una pista più piccola a sinistra, attraversammo un corso d'acqua e ci fermammo davanti al cancello del mio secondo campo aborigeno. Sembrava un posto meno desolato di Skull Creek. C'erano meno bottiglie rotte, meno cani rognosi, e i bambini sembravano molto più sani.

Era pomeriggio inoltrato, ma quasi tutti dormivano ancora. Una donna era seduta sotto un albero a selezionare il cibo del *bush*, e quando Arkady la salutò abbassò gli occhi e si fissò la punta dei piedi.

Procedemmo con prudenza oltre le baracche, a zig zag fra ciuffi di spinifex, verso un pulmino Volkswagen senza ruote. Sulla porta era tesa una cerata verde e in un orticello di angurie gocciolava un tubo di plastica. Legato al pulmino c'era il solito cane col muso appuntito.

« Alan? ». La voce di Arkady sovrastò i latrati.

Nessuna risposta.

« Alan, ci sei?... Cristo! » disse a bassa voce. « Speriamo che non se ne sia di nuovo andato ».

Aspettammo ancora un po' e sul bordo della tela cerata comparve una lunga mano nera. Dopo un momento apparve un uomo magro, con la barba argentea, uno Stetson verde chiaro in testa, pantaloni bianchi sporchi e una camicia viola stampata a chitarre. Era scalzo. Mosse qualche passo al sole, squadrò Arkady dalla testa ai piedi, poi chinò maestosamente il capo.

Il cane non smetteva di abbaiare e lui lo picchiò.

Arkady gli parlò in walbiri. Il vecchio ascoltò ciò che aveva da dirgli, chinò il capo per la seconda volta e si ritirò di nuovo dietro la tela cerata.

« Mi ricorda Hailè Selassiè » dissi mentre ce ne andavamo.

« Più solenne, però ».

« Molto più solenne » convenni. « Verrà, vero? ».

« Penso di sì ».

« Parla un po' d'inglese? ».

« Sì, ma non vuole. Non è la sua lingua preferita ».

I Kaititj, mi disse Arkady, avevano avuto la sfortuna di vivere sul percorso della linea telegrafica, e perciò erano entrati presto in contatto con i bianchi. Avevano anche imparato a ricavare coltelli e punte di lancia dagli isolatori di vetro, e per tog025 loro quest'abitudine fu ritenuta necessaria una lezione. Allora i Kaititj si vendicarono dei loro assassini.

Nel primo pomeriggio avevamo visto sul ciglio della strada la tomba di un telegrafista che, nel 1874, era riuscito a trasmettere a Adelaide un messaggio di addio alla moglie, prima di morire per un colpo di lancia. Le rappresaglie della polizia si erano protratte fino agli anni Venti.

Quand'era giovane, Alan aveva visto uccidere con una fucilata il padre e i fratelli.

« E lui è l'ultimo superstite, hai detto? ».

« Del suo clan » disse. « In questa zona ».

Eravamo seduti con la schiena appoggiata a un tronco d'eucalipto, e guardavamo il campo animarsi. Mavis e Ruby erano andate dalle loro amiche. Big Tom si era assopito, e Timmy sedeva sorridente a gambe incrociate. Il terreno era riarso e spaccato, e a pochi centimetri dalle mie scarpe sfilava una schiera compatta e perseverante di formiche.

« E Marian dove diavolo è? » sbottò Arkady. « Dovrebbe esser qui da ore. Facciamoci un tè, comunque ».

Tornai dal boschetto trascinando qualche sterpo, e mentre Arkady tirava fuori l'occorrente per il tè accesi il fuoco. Lui passò un panino al prosciutto a Timmy che lo tranguggiò in un boccone, ne chiese un altro e, con l'aria di chi è abituato a essere attorniato da servitori, mi porse il suo pentolino da riempire.

L'acqua stava per bollire quando, tutt'a un tratto, nel campo si udì un baccano assordante. Le donne strillavano, i cani e i bambini scappavano al riparo, e

vedemmo una colonna di polvere marrone violaceo
che ci stava piombando addosso.

Il ciclone avanzava tra boati e scoppiettii: risuc-
chiò foglie, rami, plastica, carta e brandelli di lamiera che mulinarono nel cielo, sfrecciarono attraverso
il campo e poi verso la strada.

Pochi secondi di panico, poi tutto ritornò alla
normalità.

Dopo un po' ci raggiunse un uomo di mezz'età
con una camicia celeste, senza cappello. Aveva ispidi
capelli grigi, corti come la barba mal rasata. La sua
faccia franca e sorridente mi ricordò quella di mio
padre. Si accovacciò sui talloni e mise una quantità
di zucchero nel suo boccale. Arkady parlava. L'uomo attese che lui finisse e rispose con un basso
mormorio, scarabocchiando col dito diagrammi nella sabbia.

Poi se ne andò in direzione della casa-pulmino di
Alan.

« Chi era? » domandai.

« Il nipote del vecchio » disse. « E anche il suo
"direttore rituale" ».

« Che cosa voleva? ».

« Esaminarci ».

« Siamo stati promossi? ».

« Credo che avremo una visita ».

« Quando? ».

« Presto ».

« Vorrei riuscire a capire questa storia del "direttore rituale" ».

« Non è facile ».

Il fumo del fuoco ci soffiava sulla faccia, ma almeno teneva lontane le mosche.

Tirai fuori il mio taccuino e lo appoggiai sulle
ginocchia.

Il primo passo, disse Arkady, era familiarizzarsi
con altri due termini aborigeni: *kirda* e *kutungurlu*.

Il vecchio Alan era il *kirda*: cioè il « proprietario »
o il « padrone » della terra di cui andavamo a fare la

mappa. Era responsabile della sua conservazione, doveva assicurarsi che i suoi canti venissero cantati e che i suoi rituali venissero puntualmente celebrati.

L'uomo in celeste, d'altro canto, era il *kutungurlu* di Alan, il suo « direttore » o « assistente ». Apparteneva a un diverso clan totemico ed era un nipote di Alan – non importa se reale o « classificatorio » – da parte della madre di quest'ultimo. La parola *kutungurlu*, del resto, voleva dire « parente uterino ».

« Perciò il "direttore" ha sempre un Sogno diverso da quello del padrone? » domandai.

« Sì ».

Ciascuno dei due poteva partecipare ai riti celebrati nella regione dell'altro, e insieme lavoravano per preservarli. Il fatto che il « padrone » e il « direttore » fossero raramente coetanei significava che la conoscenza rituale veniva trasmessa di generazione in generazione a brevi intervalli.

Ai vecchi tempi, gli europei credevano che il « padrone » fosse realmente il « padrone » e che il « direttore » fosse una specie di assistente-amico; poi si scoprì che la situazione era meno rosea. Talvolta gli aborigeni traducevano *kutungurlu* con « poliziotto », dando così un'idea molto più precisa del rapporto.

« Senza il permesso del "poliziotto" » disse Arkady « il "padrone" non può quasi muovere un passo. Vedi, per esempio, il caso di Alan. Tutti e due, mi dice il nipote, sono molto preoccupati che la ferrovia distrugga un importante luogo del Sogno: il luogo dell'eterno riposo di un Antenato Lucertola. Ma decidere se devono o non devono venire con noi spetta a lui, non a Alan ».

La cosa strabiliante, aggiunse, era che in definitiva la responsabilità della terra non è del « proprietario » ma di un membro del clan confinante.

« E viceversa? » domandai.

« Certo ».

« Quindi una guerra sarebbe piuttosto difficile ».

« È come uno scacco matto ».

« Sarebbe come se l'America e la Russia accettassero di affidarsi reciprocamente la loro politica interna... ».

« Ssh! » sussurrò Arkady. « Eccoli che arrivano ».

## 20

L'uomo con la camicia celeste stava avvicinando-
si lentamente tra lo spinifex. Alan si teneva due
passi indietro e aveva lo Stetson calcato sulla
fronte. Il suo volto era una maschera di furore e
autocontrollo. Si sedette vicino a Arkady, incrociò
le gambe e posò il calibro 22 di traverso su un
ginocchio.

Arkady srotolò la mappa della zona e fermò gli
angoli con delle pietre per impedire alle raffiche
di vento di sollevarli. Indicò colline, strade, pozzi,
recinzioni e il probabile tracciato della ferrovia.

Alan stava a guardare con la padronanza di un
generale a una riunione dello stato maggiore.
Talvolta chiedeva spiegazioni indicando col dito
un punto della mappa, poi lo ritraeva.

Io credevo che facesse solo finta: l'idea che il
vecchio sapesse leggere una mappa non mi aveva
nemmeno sfiorato. Ma poi divaricò l'indice e il
medio a V, mentre le labbra si muovevano rapide
e silenziose, e li spostò su e giù per il foglio come
le aste di un compasso. Stava misurando, mi disse
poi Arkady, una Via del Canto.

Alan accettò una sigaretta da Big Tom e fumando continuò a tacere.

Dopo qualche minuto arrivò un furgone sgangherato, con due bianchi seduti davanti e un lavorante indigeno accovacciato contro la ribalta posteriore. L'autista, un uomo magro e segnato, con le basette e il cappello marrone tutto unto, scese e strinse la mano a Arkady. Era Frank Olson, il proprietario dell'allevamento di Middle Bore.

« Lui è Jack, il mio socio » disse indicando il suo compagno più giovane.

Entrambi gli uomini indossavano calzoni corti con canottiere sudicie e scarpe alte di camoscio senza né stringhe né calze. Avevano le gambe piene di croste, per le punture degli insetti e i graffi dei rovi, e un'aria così decisa e risoluta che Arkady si mise sulla difensiva. Ma non era il caso di preoccuparsi: Olson voleva solo sapere dove sarebbe passata la ferrovia.

Mise la mappa per terra e si accovacciò. « Vediamo che cosa combinano quei bastardi » disse astiosamente.

Nelle ultime due settimane, ci disse, i bulldozer avevano spianato un bel tratto di *bush* e si erano fermati davanti alla recinzione meridionale. Se proseguivano lungo lo spartiacque, gli avrebbero buttato all'aria il sistema di raccolta delle acque.

In ogni caso, vedemmo sulla mappa che il tracciato deviava verso oriente.

« Meno male » esclamò Olson, spingendosi il cappello indietro sulla testa e asciugandosi il sudore col palmo della mano. « Naturalmente nessuno ha pensato di informarmi ».

Parlò del crollo del prezzo della carne, della siccità e della moria di bestiame. Nelle annate buone cadevano trentacinque centimetri di pioggia. Quest'anno, finora, ne erano caduti venticinque. Tre in meno e per lui sarebbe stato il fallimento.

Arkady chiese a Olson il permesso di campeggiare accanto a uno dei suoi bacini d'acqua.

« Niente in contrario! » disse lanciando un'occhiata a Alan e ammiccando. « Ma è meglio se chiedi al Padrone ».

Il vecchio non batté ciglio, ma tra le onde della sua barba affiorò un vago sorriso.

Olson si alzò in piedi. « Ci vediamo » disse. « Passate domani a prendere una tazza di tè ».

« Certo » disse Arkady. « Grazie ».

La sera era sprofondata in una quiete dorata, quando vedemmo una striscia di polvere che avanzava sulla strada: era Marian.

Arrivò al volante della sua vecchia Land Rover grigia, passando tra le baracche, e parcheggiò a cinquanta metri dal nostro fuoco. Due donne robuste, Topsy e Gladys, sgusciarono a fatica dal davanti, e dietro c'erano quattro donne più magre. Saltarono giù, si scossero la polvere di dosso e si sgranchirono le braccia e le gambe.

« Sei in ritardo » la rimproverò scherzosamente Arkady.

Aveva le guance tirate dalla stanchezza.

« Saresti arrivato in ritardo anche tu » rispose ridendo.

Da Alice Springs a lì aveva guidato per quattrocentocinquanta chilometri, medicato un ragazzo che era stato punto da uno scorpione, curato un bambino con la dissenteria, estratto a un anziano un dente con un ascesso, ricucito una donna picchiata dal marito, ricucito il marito picchiato dal cognato.

« E adesso » disse « ho una fame da lupo ».

Arkady andò a prenderle un panino e un boccale di tè. Era preoccupato che lei fosse troppo stanca per proseguire. « Possiamo fermarci qui, stanotte » disse.

« No, *grazie* » ribatté lei. « È meglio che ce ne andiamo ».

Aveva il solito vestito a fiori striminzito. Si sedette sul paraurti anteriore, allargò le gambe e addentò il panino. Cercai di parlarle, ma mi guardò come se non mi vedesse, sorridendo col sorriso di una donna tutta presa da faccende femminili.

Scolò il boccale e lo restituì a Arkady. « Dammi dieci minuti, » disse « poi andiamo ».

Andò a far quattro passi nella sezione femminile del campo e si bagnò sotto un idrante. Poi tornò indietro, con il sole alle spalle, tutta luccicante d'acqua, il vestito bagnato che aderiva al petto e ai fianchi, e i capelli sciolti che ricadevano in serpenti dorati. Il paragone con una Madonna di Piero della Francesca non era esagerato; la lieve goffaggine dei suoi movimenti la rendeva ancora più attraente.

Un gruppo di giovani madri si affollò in cerchio intorno a lei. Marian coccolò i loro figli, asciugò nasi mocciosi e pulì sederi sporchi. Li accarezzò, li prese in braccio e li restituì.

Ma qual era, insomma, il segreto di queste donne australiane? Perché erano così forti e soddisfatte, mentre tanti uomini erano così svuotati? Cercai di nuovo di parlarle, ma quel suo sorriso trasognato mi respinse di nuovo.

« Ma che cos'ha? » domandai a Arkady mentre caricavamo la roba. « Forse si è offesa ».

« Non preoccuparti » rispose lui. « Quando è con le donne si comporta sempre così ».

Vedendola dar confidenza a un estraneo, le donne avrebbero pensato che era una chiacchierona e non le avrebbero detto niente.

« Sì, » convenni « potrebbe essere una spiegazione ».

« Su, gente ». Arkady chiamò gli uomini che si trattenevano accanto al fuoco. « Si parte ».

## 21

La Land Cruiser procedeva a scossoni su due solchi di polvere, con gli arbusti che raschiavano il telaio. Alan, il fucile dritto fra le ginocchia, era seduto davanti con Timmy. Marian e le donne seguivano a ruota. Attraversammo un canalone sabbioso e dovemmo innestare le quattro ruote motrici. Un cavallo nero si impennò, nitrì e corse via al galoppo.

La regione che si stendeva davanti a noi era una pianura aperta. Gli alberi proiettavano sull'erba scure strisce d'ombra e in quest'ora aranciata della sera gli eucalipti sembravano fluttuare sul terreno come mongolfiere ancorate agli ormeggi.

Alan fece cenno a Arkady di fermarsi, puntò il fucile fuori dal finestrino e sparò in un cespuglio. Una femmina di canguro e il suo piccolo uscirono allo scoperto e si allontanarono con grandi balzi scomposti; le loro cosce bianche spiccavano contro il grigio degli arbusti.

Alan sparò un altro colpo, e un altro ancora. Poi lui e l'uomo con la camicia celeste saltarono giù e rincorsero gli animali.

« Canguri rossi giganti » disse Arkady. « Escono al tramonto in cerca d'acqua ».

« L'ha colpita? ».

« Non mi pare » disse. « No, guarda, stanno tornando indietro ».

Per primo, sbucando dai ciuffi d'erba, comparve il cappello di Alan. L'altro aveva la camicia strappata sulla spalla e sanguinava; si era graffiato con un rovo.

« Scalogna, vecchio mio » disse Arkady a Alan.

Alan rialzò il cane del fucile e guardò furente fuori dal finestrino.

Quando ormai il sole toccava le cime degli alberi arrivammo a una pompa a vento e ad alcuni recinti abbandonati. Un tempo quel posto era abitato: c'erano cataste grigie di legna marcia e il rudere di una casa colonica. La pompa a vento faceva sgorgare un getto continuo in due cisterne rotonde zincate.

Intorno al bordo delle cisterne era appollaiato uno stormo di cacatua, centinaia di uccelli con la cresta rosa che al nostro avvicinarsi spiccarono il volo e volteggiarono su nel cielo: l'interno delle ali aveva il colore delle rose selvatiche.

Tutti ci radunammo intorno a un abbeveratoio, ci lavammo la faccia e riempimmo i recipienti per l'acqua.

Mi ero ripromesso di evitare Marian, ma lei mi arrivò alle spalle e mi pizzicò il sedere.

« Vedo che cominci a imparare le regole » disse ridacchiando.

« Che matta ».

A est la regione era una distesa piatta e brulla, priva di qualsiasi riparo. Alan continuava a puntare un dito verso un rilievo isolato all'orizzonte. Dopo il tramonto raggiungemmo una collinetta rocciosa tutta coperta dai pennacchi bianchi dello spinifex in fiore e dal nerume dei *mallee* coi loro rami senza foglie.

La collina, disse Arkady, era il luogo dove riposava l'Antenato Lucertola.

Il gruppo si divise in due campi, ciascuno a portata d'orecchio dell'altro. Gli uomini si disposero in cerchio coi loro fagotti e cominciarono a chiacchierare a bassa voce. Mentre Arkady scaricava i bagagli, andai a spaccare un po' di legna.

Avevo appena acceso il fuoco, usando corteccia e erba secca per farlo attecchire, quando udimmo scoppiare un pandemonio nel campo delle donne. Strillavano e ululavano tutte, e alla luce dei loro fuochi scorsi Mavis che saltellava qua e là indicando qualcosa per terra.

« Cosa c'è? » urlò Arkady a Marian.

« Un serpente! » urlò allegramente lei in risposta.

Era solo una traccia nella sabbia, abbastanza serpentesca, comunque, da scatenare l'isterismo delle donne.

Anche gli uomini cominciarono a innervosirsi. Capeggiati da Big Tom scattarono in piedi. Alan rialzò il cane del calibro 22, gli altri due si armarono di sterpi, ispezionarono la sabbia, parlarono con bisbigli rochi e concitati e brandirono le armi come attori shakespeariani molto gigioni.

« Non farci caso, » disse Arkady « è tutta scena. Comunque credo che dormirò sul tetto della Land Cruiser ».

« Fifone! » dissi.

Quanto a me, mi preparai un giaciglio a prova di serpente con un telo da campeggio, di cui sollevai le sponde di mezzo metro da terra legando ogni angolo a un cespuglio. Poi iniziai a cucinare la cena.

Il fuoco era troppo forte per arrostire le bistecche senza bruciacchiarle, anzi, per poco non mi bruciacchiai anch'io. Alan stava a guardare con sovrana indifferenza. Nessuno degli altri ringraziò della cena – non una parola –, ma tutti continuavano a restituire il piatto per il bis. Alla fine, quando furono sazi, ripresero il loro conciliabolo.

« Sai cosa sembrano? » dissi a Arkady. « Dei banchieri in consiglio d'amministrazione ».

« E lo sono » mi rispose lui. « Stanno decidendo quanto poco concederci ».

La bistecca era dura e bruciacchiata, e dopo il pranzo da Hanlon non avevamo molto appetito. Riordinammo, e ci unimmo al cerchio dei vecchi. La luce del fuoco lambiva i loro volti. Sorse la luna; il profilo della collina si distingueva appena.

Sedemmo in silenzio finché Arkady, scegliendo il momento, si rivolse a Alan e domandò pacatamente, in inglese: « Allora, qual è la storia di questo posto, vecchio mio? ».

Alan fissava il fuoco, assolutamente immobile. Aveva la pelle luccicante, molto tesa sugli zigomi. Poi fece un cenno, piegando quasi impercettibilmente il capo, all'uomo in celeste che si alzò e cominciò a mimare (con l'aggiunta di parole mezzo inglesi e mezzo indigene) i viaggi dell'Antenato Lucertola.

Il canto era la storia della lucertola e della sua bella e giovane moglie: dal nord dell'Australia erano arrivati a piedi al mare meridionale e lì un abitante del sud aveva sedotto la moglie e rispedito lui a casa con una sostituta.

Non so di quale genere di sauri si trattasse, se fosse uno di quelli grossi, muniti di creste e spine, o barbuti, oppure di quelli rugosi, con l'occhio cattivo e il collo grinzoso. Ma so che l'uomo impersonò il lucertolone più realistico che si possa immaginare.

Era maschio e femmina, seduttore e sedotta. Era via via l'ingordo, il tradito, l'esausto viaggiatore. Camminava coi piedi lucertoleschi di traverso, poi divenne di marmo e drizzò la testa. Copriva l'iride sollevando la palpebra inferiore e faceva guizzare la lingua. Gonfiò il collo e il gozzo gli pulsò per il

143

furore; alla fine, quando venne la sua ora, si contorse e si dibatté con movimenti sempre più deboli, come una ballerina nella *Morte del cigno*.

Poi chiuse di scatto la mascella, e tutto finì.

L'uomo in celeste indicò la collina e col tono trionfante di chi ha appena raccontato la storia più bella del mondo, esclamò: « Ed eccola là! ».

Lo spettacolo non era durato più di tre minuti.

La morte della lucertola ci commosse e ci addolorò. Invece Big Tom e Timmy non avevano smesso di ridere dall'episodio dello scambio di moglie, e dopo che l'uomo in celeste si fu seduto continuarono a rumoreggiare per un pezzo. Perfino il bel volto rassegnato del vecchio Alan si spianò in un sorriso. Poi, a uno a uno, sbadigliarono, stesero i fagotti e si misero a dormire.

« Devono averti preso in simpatia » disse Arkady. « È il loro modo di ringraziarti della cena ».

Accendemmo una lanterna controvento e ci sedemmo lontano dal fuoco, su un paio di sedie da campeggio. Naturalmente, mi disse, quello che avevamo visto non era il *vero* canto della Lucertola, ma un « falso fronte », una scenetta recitata per i forestieri. Il canto vero avrebbe enumerato ogni pozzo a cui bevve l'Uomo Lucertola, ogni albero da cui tagliò una lancia, ogni caverna in cui dormì durante tutto il suo lungo cammino.

Arkady aveva capito le parole molto meglio di me. Questa è la versione che annotai:

La Lucertola e sua moglie partirono a piedi per il mare meridionale. La moglie era giovane e bella e aveva la pelle molto più chiara di suo marito. Attraversarono paludi e fiumi finché si fermarono su una collina – la collina di Middle Bore –, e quella notte dormirono lì. Al mattino passarono davanti al campo di alcuni dingo, dove una madre stava allattando una cucciolata. « Ah! » esclamò la Lucertola. « Terrò a mente questi cuccioli e più tardi li mangerò ».

La coppia proseguì, superò Oodnadatta, superò il lago Eyre e a Port Augusta arrivò al mare. Soffiava un vento tempestoso e la Lucertola si mise a tremare per il freddo. Su un promontorio vicino vide alcuni abitanti del sud intorno al fuoco e disse alla moglie: «Va' da quelli là e fatti prestare un legnetto acceso».

Lei andò. Ma uno degli abitanti del sud, che concupiva la sua pelle più chiara, le fece la corte, e lei acconsentì a rimanere con lui. Allora costui schiarì la propria moglie spalmandola di ocra gialla da capo a piedi e la mandò col legnetto dal viaggiatore solitario. La Lucertola capì di aver perduto la propria moglie soltanto quando l'ocra sbiadì. Pestò i piedi e si gonfiò di rabbia, ma poiché era un forestiero in un paese lontano non poté far nulla per vendicarsi. Con la morte nel cuore si incamminò verso casa con quella moglie sostituita e più brutta. Lungo la strada si fermò a uccidere i cuccioli di dingo e li mangiò: gli rimasero sullo stomaco e lo fecero star male. Quando raggiunse la collina di Middle Bore, si stese per terra e morì...

Ed eccola là, come disse l'uomo in celeste.

Arkady e io restammo a meditare su questa storia di un'Elena degli antipodi. Da lì a Port Augusta, in linea d'aria, c'erano pressappoco milleseicento chilometri, circa il doppio – secondo i nostri calcoli – che da Troia a Itaca. Provammo a immaginare un'*Odissea* con un verso per ogni svolta che l'eroe ha fatto nel corso del suo viaggio decennale.

Guardando la Via Lattea dissi: «Sarebbe come contare le stelle».

Quasi ogni tribù, proseguì Arkady, parlava la lingua delle tribù vicine, perciò non esistevano le difficoltà di comunicazione caratteristiche delle frontiere. Ma come facesse un uomo della tribù A, che viveva a un'estremità di una Via del Canto, a dire esattamente quale regione venisse cantata nelle poche battute che udiva dalla tribù Q di cui non sapeva la lingua, era un mistero.

« Cristo! » esclamai. « Mi stai dicendo che magari il vecchio Alan conosce i canti di una regione lontana duemila chilometri? ».

« È molto probabile ».

« Senza esserci mai stato? ».

« Sì ».

C'erano un paio di etnomusicologi, disse, che stavano studiando la questione. Nel frattempo la cosa migliore era immaginare un piccolo esperimento tutto nostro.

Supponiamo di trovare, dalle parti di Port Augusta, un uomo-del-canto che conosca il canto della Lucertola. Supponiamo di fargli cantare le sue strofe al registratore e poi di far sentire il nastro a Alan, che è della regione kaititj. Può darsi che egli riconosca immediatamente la melodia – come noi riconosceremmo la sonata *Chiaro di luna* –, ma che gli sfugga il significato delle parole. Tuttavia, ascolterebbe molto attentamente la struttura melodica; forse ci chiederebbe anche di riascoltare qualche battuta. Poi, di colpo, si sincronizzerebbe e, al posto delle parole 'senza senso', sarebbe in grado di cantare le proprie.

« Le proprie parole per la regione attorno a Port Augusta? ».

« Sì » rispose Arkady.

« Succede proprio così? ».

« Sì ».

« Come diavolo fa? ».

Nessuno, disse, lo sapeva con certezza. C'era chi sosteneva che era per telepatia. Gli aborigeni raccontavano di uomini-del-canto che in stato di trance sfrecciavano con un sibilo su e giù per la Via. Ma c'era anche un'altra ipotesi, ancora più stupefacente.

A quanto pare, è l'andamento melodico, indipendentemente dalle parole, a descrivere il tipo di terreno su cui passa il canto. Perciò, se l'Uomo Lucertola stava tribolando nelle saline del lago Eyre, ci si poteva aspettare una successione di lunghi bemolle, come nella *Marcia funebre* di Chopin. Se stava saltabeccando sulle scarpate dei MacDonnell, si aveva invece una serie di arpeggi e di glissando, come nelle *Rapsodie ungheresi* di Liszt.

Si crede che certe frasi musicali, certe combinazioni di note, descrivano che cosa fanno i *piedi* dell'Antenato. Una frase dirà: « Salina », un'altra « Letto di Torrente », « Spinifex », « Duna », « Boscaglia di Mulga », « Parete di Roccia » e così via. Dall'ordine in cui si succedono, un esperto uomo-del-canto saprà dire quante volte il suo eroe ha attraversato un fiume o valicato una catena di montagne, e sarà anche in grado di calcolare in che punto di una Via del Canto si trovasse e quanta ne avesse percorsa.

« L'uomo-del-canto potrà sentire qualche battuta e dire: "Questa è Middle Bore", oppure "Questa è Oodnadatta" – dove l'Antenato fece X, Y o Z » disse Arkady.

« Quindi una frase musicale è un riferimento geografico? ».

« La musica » rispose Arkady « è una banca dati per trovare la strada quando si è in giro per il mondo ».

« Mi ci vorrà un po' per raccapezzarmici ».

« Hai tutta la notte » sorrise. « Con i serpenti! ».

Nell'altro campo il fuoco era ancora acceso, e udimmo le risate gorgoglianti delle donne.

« Dormi bene » disse.

« Anche tu ».

« Non mi sono mai divertito tanto come con i miei vecchi » disse.

Cercai inutilmente di dormire. Il terreno sotto il mio sacco a pelo era duro e accidentato. Provai a contare le stelle attorno alla Croce del Sud, ma i miei pensieri continuavano a riandare all'uomo con la camicia celeste. Mi faceva venire in mente qualcuno; avevo in testa il ricordo di un altro uomo che con lo stesso tipo di gestualità animalesca mimava una storia quasi identica. Una volta, nel Sahel, ero stato a guardare dei danzatori che mimavano con movimenti grotteschi le antilopi e le cicogne. Ma il ricordo che cercavo non era quello.

Poi lo trovai.

« Lorenz! ».

## 22

Conobbi Konrad Lorenz un pomeriggio in cui era al lavoro nel suo giardino di Altenberg, una cittadina sul Danubio nei pressi di Vienna; un caldo vento di levante soffiava dalla steppa. Dovevo intervistarlo per conto di un giornale.

Il « padre dell'etologia » era un uomo cartilaginoso dal pizzo argenteo, gli occhi azzurri e gelidi e il viso di un rosa da scottatura solare. Il suo libro *Il cosiddetto male* aveva scandalizzato i pensatori liberali delle due sponde dell'Atlantico, e per i 'conservatori' era stato una manna. Allora i suoi nemici avevano riesumato un saggio, quasi caduto nell'oblio, del 1942, l'anno della Soluzione Finale, in cui Lorenz aveva asservito la sua teoria dell'istinto alle necessità della biologia razziale. Nel 1973 aveva ricevuto il Premio Nobel.

Mi presentò alla moglie, e lei, posata la cesta per le erbacce, fece un sorriso distante sotto l'ala del cappello di paglia. Parlammo educatamente di come sia difficile far propagare le violette.

« Mia moglie e io » disse Lorenz « ci conosciamo

sin da bambini. In giardino giocavamo sempre agli iguanodonti».

Mi invitò a seguirlo in casa – un imponente palazzo neobarocco costruito ai bei vecchi tempi di Francesco Giuseppe dal padre chirurgo. Appena aprì la porta, si precipitò fuori una muta di cani di razza incerta, marroni e slanciati, che mettendomi le zampe sulle spalle mi leccarono la faccia.

«Che cani sono?» domandai.

«Cani paria!» borbottò con aria cupa. «*Aach!* Io avrei ucciso tutta la cucciolata. Vede quella femmina di chow chow laggiù? Magnifico esemplare! Il nonno era un lupo! Per cercarle marito, mia moglie l'ha accompagnata in tutti i migliori allevamenti di chow chow della Baviera. Ha rifiutato tutti i cani... e poi si è accoppiata con uno schnauzer!».

Ci sedemmo nel suo studio, dove c'erano una stufa di ceramica bianca, un acquario, un trenino giocattolo e una gabbia con dentro uno storno schiamazzante. Per cominciare ripercorremmo le tappe della sua biografia.

A sei anni aveva letto dei libri sull'evoluzione ed era diventato un darwiniano convinto. Più tardi, quando era studente di zoologia a Vienna, si era specializzato nell'anatomia comparata delle anatre e delle oche, e ne aveva tratto la conclusione che, come tutti gli altri animali, anche loro ereditavano nei loro geni «blocchi» o «paradigmi» di comportamento istintivo. Il rituale di corteggiamento di un germano reale era un «numero fisso». L'uccello dimenava la coda, scuoteva la testa, si chinava in avanti, allungava il collo: una sequenza di movimenti che, una volta innescati, avevano un corso prevedibile e facevano parte della sua natura come i piedi palmati o la lucida testa verde.

Lorenz inoltre scoprì che durante il processo di selezione naturale questi «moduli motòri fissi» si sono trasformati, e che devono aver avuto un ruolo vitale per la sopravvivenza della specie. Si potevano misurare scientificamente, come si misurano i mutamenti anatomici tra una specie e la successiva.

« Fu così che scoprii l'etologia » disse. « Non ho avuto maestri. Poiché ero un bambino e avevo molto rispetto per gli altri, pensavo che per tutti gli psicologi fosse una cosa scontata. Non mi ero reso conto di essere uno dei pionieri ».

L'« aggressività », come la definì Lorenz, era l'istinto degli animali e dell'uomo a cercare e a combattere – anche, ma non necessariamente, per uccidere – un rivale della stessa specie. La sua funzione era di assicurare la distribuzione uniforme di una specie nel suo habitat, e di trasmettere alla generazione successiva i geni del « meglio adattato ». Il comportamento del combattere non era una reazione, ma un « impulso » o appetito che, come l'impulso della fame o quello sessuale, si faceva urgente ed esigeva di essere sfogato sull'oggetto « naturale », oppure, se non ce n'era nessuno a disposizione, su un capro espiatorio.

Diversamente dall'uomo, gli animali selvatici combattevano raramente fino alla morte. Piuttosto, « ritualizzavano » le loro dispute con sfoggi di denti e di piumaggio, grattamenti vari ed emissioni vocali. L'intruso – ammesso, naturalmente, che l'intruso fosse il più debole – riconosceva questi segnali di « vietato l'ingresso! » e si ritirava in buon ordine.

Se per esempio un lupo sconfitto offriva la gola, il vincitore *non poteva* approfittare del proprio vantaggio.

Lorenz presentò *Il cosiddetto male* come un insieme di scoperte di un naturalista esperto che sapeva molte cose sul combattimento negli animali e ne aveva viste altrettante negli uomini. Sotto le armi era stato soldato semplice sul fronte russo; durante la guerra aveva trascorso anni in un campo di prigionia sovietico e ne aveva concluso che l'uomo era una specie « pericolosamente aggressiva ». La guerra, come tale, era lo sfogo collettivo dei suoi impulsi aggressivi frustrati: un comportamento che nella foresta primordiale l'aveva aiutato a superare i tempi duri, ma che nell'èra della bomba H era deleterio.

La nostra pecca fatale, o peccato originale, asseriva Lorenz, era di aver potenziato «armi artificiali» anziché naturali. Alla nostra specie mancavano perciò le inibizioni istintive che impedivano ai «predatori professionisti» di uccidere i loro simili.

Mi ero aspettato che Lorenz fosse un uomo dalla cortesia d'altri tempi, uno scienziato coi paraocchi che, incantato dall'ordine e dalla varietà del regno animale, aveva deciso di chiudere fuori dalla porta il mondo doloroso e caotico dei rapporti umani. Non avrei potuto farmi un'idea più sbagliata: davanti a me c'era un uomo con i dubbi di chiunque altro; quali che fossero le sue precedenti convinzioni, aveva una coazione quasi infantile a far partecipi gli altri dell'entusiasmo delle sue scoperte e a correggere errori fattuali e di valutazione.

Era un mimo abilissimo. Sapeva calarsi nella pelle di qualunque uccello, mammifero o pesce. Quando imitò la taccola che era stata relegata all'ultimo posto dell'«ordine di beccata», Lorenz *era davvero* la sfortunata taccola; *era davvero* i due maschi di oca selvatica che intrecciavano i colli eseguendo il «rito del trionfo». E quando illustrò l'altalena sessuale dei ciclidi del suo acquario – un «pesce Brunilde» che rifiutava i timidi approcci del suo compagno, per poi trasformarsi in una smorfiosa fin troppo remissiva appena un vero maschio entrò nella vasca – Lorenz divenne di volta in volta «Brunilde», il debole e il despota.

Si lamentò di esser frainteso da chi nella sua teoria dell'aggressività vedeva una giustificazione per la guerra perpetua. «Questa è calunnia bella e buona. "Aggressività" non è necessariamente far male al tuo prossimo; può essere un comportamento atto "a tenere lontano". Si possono ottenere gli stessi risultati limitandosi a mostrare la propria antipatia. Possiamo fare un versaccio, e quando l'altro risponde per le rime basta che ce ne andiamo, come fanno le rane».

Due rane che gracidano, proseguì, si allontanano il più possibile l'una dall'altra, tranne nel periodo di deposizione delle uova. La stessa cosa vale per gli orsi polari che, per loro fortuna, sono una popolazione esigua.

«Un orso polare non ha problemi a tenere a distanza un suo simile» disse.

Analogamente, nella regione dell'Orinoco, c'erano indios che eliminavano la guerra tribale con scambi 'rituali' di doni.

«Ma questo scambio di doni» obiettai «non è un rituale per *eliminare* l'aggressività: è esso stesso aggressività ritualizzata. La violenza esplode solo quando viene meno la parità di questi scambi».

«Sì, sì» rispose con entusiasmo. «Naturalmente, naturalmente».

Prese una penna dalla scrivania e la agitò. «Se io le faccio questo regalo» disse «significa: "Qui sono nel mio territorio". Ma significa anche: "Io ho un territorio e non sono una minaccia per il tuo". Non facciamo altro che stabilire la frontiera. Io le dico: "Metto qui il mio regalo. Non farò un passo di più". Mettere il mio regalo troppo lontano sarebbe un affronto.

«Vede,» aggiunse «il territorio non è necessariamente il posto in cui ci si nutre. È il posto dove *si sta*... dove si conosce ogni angolo e ogni buco... dove si sanno a memoria tutti i rifugi... dove per l'inseguitore si è invincibili. Con gli spinarelli l'ho perfino misurato».

Diede allora una rappresentazione memorabile di due spinarelli maschi infuriati. Al centro del loro territorio erano entrambi imbattibili. Man mano che se ne allontanavano, diventarono sempre più timorosi e vulnerabili. Dopo ripetute zuffe, trovarono un equilibrio e mantennero le distanze. Mentre raccontava la storia, Lorenz incrociò le mani sotto il mento con le dita allargate per imitare gli aculei degli spinarelli. Si colorò sotto il mento, in corrispondenza delle branchie. Sbiancò. Poi si gonfiò e si sgonfiò, e con un guizzo in avanti fuggì.

A Middle Bore associai l'imitazione dello spinarello che batteva impotente in ritirata con l'Uomo Lucertola cornuto che, allontanatosi dal suo paese natale, perdette a causa di uno straniero la moglie giovane e bella.

## 23

Quando il mattino dopo mi svegliai ero nel bel mezzo del telo da campeggio blu brillante e il sole era alto. Per colazione i vecchi vollero di nuovo carne. Durante la notte il ghiaccio delle borse termiche si era sciolto e le bistecche nuotavano nell'acqua sanguigna. Decidemmo di cuocerle prima che andassero a male.

Riattizzai la brace mentre Arkady parlamentava con Alan e l'uomo in celeste. Mostrò loro sulla carta topografica che la ferrovia sarebbe passata ad almeno tre chilometri dalla Rocca della Lucertola e li convinse ad approvare, con riluttanza, il progetto. Poi indicò i quaranta chilometri che avremmo percorso.

Per gran parte della mattina le macchine avanzarono lentamente verso nord su un terreno accidentato. Il sole era accecante e la vegetazione bruciata e deprimente. A est la terra si abbassava e poi si sollevava verso una catena di pallide dune. La valle nel mezzo era ricoperta di una fitta distesa di mulga; in quella stagione gli arbusti avevano i rami nudi, grigio-argentei come una coltre di nebbiolina bassa.

Nessun movimento tranne il tremolio delle onde di calore.

Passavamo e ripassavamo per il tragitto degli incendi. In alcune zone gli arbusti erano ridotti a spuntoni induriti dal fuoco che ci si conficcavano nelle gomme. Noi ne forammo tre, Marian con la Land Rover due. Quando ci fermavamo a cambiare una ruota, il vento ci soffiava negli occhi polvere e cenere. Le donne saltavano giù, tutte contente, e se ne andavano nel *bush* in cerca di cibo.

Mavis era sovreccitata e voleva ricompensarmi per le ciabatte. Mi prese per mano e mi trascinò verso un cespuglio verde e striminzito

« Ehi! Dove andate, voi due? » gridò Arkady.

« A prendere qualche banana del *bush* per lui » gridò lei. « Non le conosce, le banane del *bush* ». Ma quando le raggiungemmo erano tutte rinsecchite.

Un'altra volta, lei e Topsy cercarono di acchiappare un goanna, ma il rettile correva troppo veloce. Alla fine scovò delle bacche mature e me ne diede manciate su manciate. Avevano l'aspetto e il gusto di piccoli pomodori acerbi. Ne mangiai qualcuna per farle piacere e lei disse: « Ecco, caro », allungò la mano paffuta e mi carezzò la guancia.

Quando nel paesaggio c'era un particolare che somigliava anche lontanamente a 'qualcosa', Arkady frenava e domandava al vecchio Alan: « Che cos'è quello? », oppure: « Questa regione è sgombra? ».

Dal finestrino Alan scrutava imbronciato la sua « proprietà ».

Verso mezzogiorno arrivammo a un gruppo di eucalipti: l'unico tratto di verde in vista. Vicino c'era un affioramento di arenaria, lungo circa dieci metri e così poco rilevato che non lo si vedeva quasi. L'avevano individuato durante le ricognizioni aeree, e lungo il crinale ce n'erano altri due identici.

Arkady disse a Alan che forse l'ingegnere avrebbe estratto da lì le pietre per la massicciata. Forse l'avrebbe fatta saltare in aria con la dinamite.

« Tu che cosa ne pensi, vecchio mio? » gli domandò.

Alan tacque.

« Non c'è nessuna storia, qui? Niente? ».

Alan continuava a tacere.

« Allora la regione è sgombra? ».

« No ». Alan trasse un profondo sospiro. « I figli piccoli ».

« I figli di chi? ».

« I figli » ripeté Alan – e con la stessa voce affaticata iniziò a raccontare la storia dei Figli.

Al Tempo del Sogno, Akuka, l'Uomo Bandicoot, e suo fratello andavano a caccia lungo questo crinale. Poiché era la stagione asciutta, avevano molta fame e molta sete. Tutti gli animali e gli uccelli erano fuggiti. Gli alberi erano spogli e nel *bush* imperversavano gli incendi.

I cacciatori cercarono ovunque un animale da uccidere, finché Akuka, che stava quasi per morire, vide un bandicoot che si lanciava verso la sua tana. Il fratello lo avvertì di non ucciderlo, perché uccidere uno della propria razza era tabù. Akuka ignorò l'avvertimento.

Tirò fuori il bandicoot dalla tana, lo trafisse, lo scuoiò e lo mangiò, e gli vennero immediatamente i crampi allo stomaco. Lo stomaco si gonfiò sempre di più e infine scoppiò buttando fuori una miriade di piccoli Figli che cominciarono a piangere per la sete.

Mezzo morti di sete, i Figli viaggiarono verso nord, fino a Singleton, e di nuovo verso sud, fino a Taylor Creek, dove ora c'è l'argine. Trovarono la polla, ma bevvero tutta l'acqua e ritornarono ai tre affioramenti di roccia. Le rocce erano i Figli, rannicchiati l'uno contro l'altro, così come si erano stesi per morire... ma accadde che ancora non morirono.

Lo zio, il fratello di Akuka, li sentì piangere e chiese ai suoi vicini d'Occidente di far piovere. Sospinta dal vento, la pioggia arrivò da ovest (la grigia distesa di mulga era il temporale tramutato in alberi). I Figli ripresero le loro piste e di nuovo si misero a errare verso sud. Non lontano dalla Rocca della Lucertola, mentre attraversavano un fiumicello, caddero nelle acque in piena e « si sciolsero ».

Il posto in cui i Figli « tornarono dentro » si chiamava *Akwerkepentye*, che significa « bambini che fanno un lungo viaggio ».

Quando Alan arrivò alla fine della storia, Arkady disse dolcemente: « Non preoccuparti, vecchio mio. Andrà tutto bene. Nessuno toccherà i Figli ».

Alan, sconsolato, scosse il capo.

« Allora, sei contento? » domandò Arkady.

No, non era contento. Niente di quella malefica ferrovia l'avrebbe fatto contento, ma forse almeno i Figli erano salvi.

Riprendemmo il viaggio.

« L'Australia » disse lentamente Arkady « è il paese dei figli perduti ».

Dopo un'ora raggiungemmo il confine settentrionale dell'allevamento di Middle Bore. Alla Land Cruiser era rimasta un'unica gomma di scorta, e piuttosto che ripercorrere la strada da cui eravamo venuti, avevamo deciso che era meno rischioso fare una deviazione. C'era una vecchia strada di terra battuta che, puntando prima a est e poi a sud, arrivava dietro il campo di Alan. Nell'ultimo tratto ci imbattemmo in quelli della ferrovia.

Stavano sgombrando il terreno sul tracciato delle rotaie previsto dal progetto. Le scavatrici si erano fatte un varco nella mulga e adesso c'era una striscia di terra smossa larga un centinaio di metri che si perdeva in lontananza.

I vecchi guardarono affranti le cataste di arbusti distrutti.

Ci fermammo a parlare con un titano dalla barba nera. Era alto più di due metri e sembrava fatto di bronzo. Era nudo fino alla cintola, col cappello di paglia e i calzoni corti, e stava piantando pali segnaletici con un martello. Dopo un paio d'ore sarebbe partito per Adelaide, in ferie. «Ragazzi,» disse «sapeste con che piacere me ne vado da qui!».

La strada era sparita. Le nostre macchine arrancavano slittando sulle zolle rossicce; dovemmo scendere tre volte a spingere. Arkady era sfinito. Proposi una sosta, e andammo a metterci all'ombra incerta di alcuni alberi. Dappertutto c'erano i coni dei formicai, chiazzati di cacche d'uccello. Arkady scaricò qualcosa da mangiare e da bere e fece una tenda con il telo da campeggio.

Avevamo immaginato che i vecchi avessero fame, come sempre. Invece sedevano rannicchiati l'uno contro l'altro, avviliti, rifiutandosi sia di mangiare che di parlare: a giudicare dalle loro facce sembrava che stessero davvero male.

Marian e le donne avevano parcheggiato sotto un albero, e anche loro erano taciturne e tristi.

Un bulldozer giallo passò in una nuvola di polvere.

Arkady si sdraiò, si coprì la testa con un asciugamano e cominciò a russare. Usando il mio zaino come cuscino mi appoggiai contro un tronco d'albero a sfogliare le *Metamorfosi* di Ovidio.

La storia di Licaone trasformato in lupo mi riportò a una tempestosa giornata di primavera in Arcadia e a rivedere, celate nel cappuccio del Monte Licaone, le sembianze del re-bestia accucciato. Lessi di Giacinto e di Adone; di Deucalione e del Diluvio; degli «esseri viventi» plasmati col tiepido fango del Nilo. Poi, pensando a ciò che ora sapevo delle Vie dei Canti, mi venne in mente che la mitologia classica, nel suo insieme, potrebbe rappresentare le vestigia di una gigantesca «mappa del canto», e che tutte le scorribande degli dèi e delle dee, tutte le caverne e le sorgenti sacre, le sfingi e le chimere, e tutti gli uomini e le donne che divennero usignoli o corvi, echi o narcisi, pietre o stelle, potrebbero essere tutti interpretati in termini di geografia totemica.

Probabilmente mi appisolai anch'io, perché quando mi svegliai avevo la faccia coperta di mosche e Arkady stava dicendo: « Su, andiamo ».

Arrivammo a Middle Bore un'ora prima del tramonto. Prima che la Land Cruiser fosse ferma del tutto, Alan e l'uomo in celeste aprirono gli sportelli e se ne andarono senza un saluto. Big Tom borbottò qualcosa sulla ferrovia, che era « cattiva ».

Arkady sembrava a pezzi. « Accidenti! » esclamò. « A che serve? ».

Si rimproverava di avergli fatto vedere le scavatrici.

« Non dovresti » dissi io.

« Eppure... ».

« Prima o poi le avrebbero viste comunque ».

« Avrei preferito non essere con loro ».

Ci rinfrescammo sotto una pompa e io ravvivai il focolare del giorno prima. Marian ci raggiunse e si sedette su un ceppo a districarsi i capelli aggrovigliati. Poi lei e Arkady si scambiarono le loro impressioni. A lei le donne avevano parlato di una Via del Canto intitolata « Due donne che danzano », che però non toccava il tracciato della ferrovia.

Alzando gli occhi vedemmo una fila di donne e bambini che ritornavano dalla raccolta del cibo. I più piccoli dondolavano tranquilli tra le pieghe dei vestiti delle madri.

« Finché le madri si muovono » disse Marian « non li senti mai piangere ».

Senza volerlo aveva toccato uno dei miei temi preferiti. « E se i bambini non sopportano di star fermi » dissi « come ci sarà possibile, più tardi, fermarci? ».

Marian balzò in piedi. « A proposito, devo andare ».

« Subito? ».

« Subito. Ho promesso a Gladys e Topsy che stanotte sarebbero state a casa ».

« Non possono fermarsi qui? » domandai. « Non potremmo passare tutti la notte qui? ».

« Tu puoi » disse Marian scherzosamente, tirando fuori la lingua. « Io no ».

Guardai Arkady che si strinse nelle spalle, come a dire: « Quando si mette un'idea in testa, niente al mondo la ferma più ». Cinque minuti dopo, Marian aveva radunato le donne e partiva, salutandoci allegramente.

« Quella donna è il Pifferaio Magico! » dissi.

« Dannazione! » esclamò Arkady.

Si era ricordato che avevamo promesso a Frank Olson di passare da lui.

Alla casa colonica, un donnone con la pelle segnata dal caldo venne ciabattando alla porta, sbirciò dalla zanzariera e ci aprì.

« Frank è andato a Glen Armond » disse. « Un'emergenza! Jim Hanlon si è sentito male ».

« Quando è successo? » domandò Arkady.

« Ieri notte » rispose la donna. « Ha avuto una crisi al pub ».

« Dovremmo prendere gli altri e andare » disse lui.

« Sì » assentii. « Penso che sia meglio ».

## 24

Il barista del motel di Glen Armond disse che Hanlon era arrivato la notte prima verso le nove vantandosi di aver affittato la sua roulotte a un « letterato » inglese. Ringalluzzito dall'affare, aveva buttato giù cinque scotch doppi, poi era caduto per terra battendo la testa. Pensando che il mattino dopo sarebbe stato sobrio, lo avevano portato in una stanza nel retro. Là, di prima mattina, un camionista l'aveva sentito lamentarsi: lo avevano trovato di nuovo per terra con la camicia stracciata, che si premeva l'addome con le mani.

Avevano chiamato il suo amico, Frank Olson, che lo aveva portato a Alice. Alle undici era sul tavolo operatorio.

« Qualcuno parla di occlusione » disse il barista in tono saccente. « Di solito vuol dire una cosa sola ».

Il bar aveva un telefono a scatti. Arkady fece una telefonata all'ospedale; l'infermiera di turno disse che Hanlon era tranquillo e dormiva.

« Allora che cos'ha? » domandai.

« Non ha voluto dirmelo ».

Il bancone del bar era fatto con vecchie traversine

ferroviarie e in alto era appeso un avviso: GLI ALCO-
LICI SI CONSUMANO SOLO NEL LOCALE.

Guardai un quadro alla parete. Era una visione
artistica del progettato Glen Armond Memorial
Dingo Complex. La parola «commemorativo» riguardava il dingo che aveva o non aveva mangiato la
piccola Azaria Chamberlain. Il progetto contempla-
va un dingo in fiberglass alto una ventina di metri,
con una scala a chiocciola che saliva su per le zampe
davanti e un ristorante rosso scuro nella pancia.

«Incredibile» dissi.

«No» disse Arkady. «Comico».

Fuori si fermò l'autobus notturno per Darwin e i
passeggeri riempirono il bar. C'erano tedeschi,
giapponesi, un inglese con le ginocchia rosee e la
solita compagnia di *Territorians*. Mangiarono torta e
gelato, bevvero, uscirono a far pipì e rientrarono a
bere. La sosta durò un quarto d'ora. Poi l'autista li
chiamò e uscirono tutti in massa lasciando il bar al
suo nucleo di clienti abituali.

In fondo alla stanza un libanese grasso giocava a
biliardo con un ragazzo biondo e macilento, che
aveva un occhio strabico e stava cercando di spiegare, balbettando, quanto erano «ma-ma... maledetta-
mente... co-com... plicati» i sistemi di parentela aborigeni. Al banco, un grassone con una voglia violacea sul collo e i denti marci tracannava metodi-
camente uno scotch dopo l'altro, e intanto chiacchierava con l'agente della stradale che avevamo incontrato il giorno prima al Burnt Flat.

Si era cambiato: aveva messo i jeans, una catenina
d'oro e una maglietta bianca pulita. Senza la divisa
sembrava rimpicciolito. Le braccia erano magre,
bianchissime sopra il segno del polsino. Il suo pastore alsaziano, legato col guinzaglio allo sgabello del
bar, era accucciato tranquillo; quando vedeva un
aborigeno drizzava le orecchie e spenzolava fuori la
lingua.

Il poliziotto si girò dalla mia parte: «Allora?».

Esitai.

« Che cosa bevi? ».

« Scotch e soda » dissi. « Grazie ».

« Ghiaccio? ».

« Ghiaccio ».

« Allora sei uno scrittore, eh? ».

« Si sa tutto, qui, eh? ».

« Che cosa scrivi? ».

« Libri » dissi.

« Pubblicati? ».

« Sì ».

« Fantascienza? ».

« No! ».

« Mai scritto un best-seller? ».

« No ».

« Io ho in mente di scriverne uno ».

« Buon per te ».

« Non crederesti alle storie che sento ».

« Ci crederei sì ».

« Storie incredibili » disse con la sua vocetta petulante. « Ce le ho tutte qui ».

« Dove? ».

« In testa ».

« Dicono che il bello sia metterle per iscritto ».

« Ho un titolo fantastico ».

« Bene ».

« Vuoi che te lo dica? ».

« Se ti va ».

Spalancò la mascella e mi fissò a bocca aperta: « Stai scherzando, bello. Non crederai mica che direi il mio titolo così, al primo venuto? Potresti usarlo tu! È un titolo che vale soldi ».

« Allora ti conviene tenertelo stretto ».

« Un titolo » disse infervorato « può fare la fortuna o la rovina di un libro. Pensa a Ed McBain! *Killer's Pay-Off!* Pensa a *Shark City*! O a *Eden's Burning*! Pensa a *The Day of the Dog*! Titoli fantastici. Il suo titolo, secondo lui, valeva 50.000 dollari americani. Con un titolo così si potrebbe fare un film fantastico. Anche senza il libro! ».

« Anche senza la storia? » suggerii.

« Be', magari » annuì.

Negli Stati Uniti, disse, i titoli passavano di mano a suon di milioni. Ma lui non voleva certo vendere il suo a quelli del cinema: il titolo e la storia erano fatti l'uno per l'altra.

« No » disse scuotendo pensosamente la testa. « Non vorrei mai dividerli ».

« Meglio di no ».

« Magari potremmo lavorare insieme? ».

Prospettò una collaborazione artistica e commerciale. Lui avrebbe fornito il titolo e la storia. Io avrei scritto il libro perché lui, facendo il poliziotto, non ne aveva la possibilità.

« A scrivere ci vuole tempo » convenni.

« Ti interesserebbe? ».

« No ».

Sembrò deluso. Non era ancora disposto a dirmi il titolo, ma per solleticare la mia curiosità si decise a rivelarmi la trama. Questa incredibile storia iniziava con un aborigeno schiacciato da un *road-train*.

« E poi? ».

« Tanto vale dirtelo ».

Si umettò le labbra. Aveva preso una grossa decisione.

« *Body Bag* » disse.

« *Body Bag*? ».

Chiuse gli occhi e sorrise.

« Non l'ho mai detto a nessuno » disse.

« Ma... *Body Bag*? ».

« È il sacco dentro cui si mette il cadavere. Te l'ho detto che la storia inizia con un *coon* che muore sull'autostrada ».

« Già ».

« Ti piace? » domandò ansiosamente.

« No ».

« Il titolo, dico ».

« Ho capito che dici il titolo ».

Mi girai verso l'uomo con la voglia violacea seduto alla mia sinistra. Durante la guerra era stato di stanza in Inghilterra, nei dintorni di Leicester. Aveva combattuto in Francia e poi aveva sposato una ragazza di Leicester. Lei era venuta a vivere in Australia, ma era tornata a Leicester col loro figlio.

Aveva sentito che stavamo facendo la mappa dei luoghi sacri.

« Sa cos'è meglio per un luogo sacro? » biascicò.

« Cosa? ».

« La dinamite! ».

Sogghignò e brindò agli aborigeni. Mentre beveva la voglia oscillava.

Uno degli aborigeni, un tipo molto magro con l'aria del rude boscaiolo e una selva di capelli arruffati, ascoltava coi gomiti appoggiati sul banco.

« Luoghi sacri! » disse il grassone in tono beffardo. « Se tutti quelli che dicono loro fossero luoghi sacri, in Australia ce ne sarebbero trecento miliardi, porco cane! ».

« Non ci sei molto lontano, amico! » rispose l'aborigeno magro.

Alla mia destra sentivo Arkady parlare col poliziotto. Avevano vissuto tutti e due a Adelaide, nel sobborgo di St. Peters, avevano frequentato la stessa scuola, avevano avuto lo stesso insegnante di matematica, ma il poliziotto aveva cinque anni di più.

« Il mondo è piccolo » disse.

« Davvero » disse Arkady.

« Perché ti occupi di loro? ». Il poliziotto indicò col pollice gli aborigeni.

« Perché mi piacciono ».

« Anche a me piacciono » disse. « Sì, davvero, e mi piace comportarmi correttamente con loro. Però sono diversi ».

« Diversi in che senso? ».

Il poliziotto si umettò di nuovo le labbra, e aspirò aria tra i denti.

« Sono fatti diversi » disse alla fine. « Hanno l'apparato urinario diverso da quello dei bianchi! Ecco perché non reggono l'alcol! ».

« Come lo sai? ».

« È stato dimostrato » disse il poliziotto. « Scientificamente ».

« Da chi? ».

« Non ricordo ».

Insomma, continuò, sugli alcolici avrebbero dovuto esserci due leggi diverse, una per i bianchi e una per i neri.

« Tu credi? ».

« Penalizzare un uomo perché ha un apparato urinario migliore? » disse il poliziotto, alzando indignato la voce. « Non è giusto. È incostituzionale ».

Il pastore alsaziano uggiolò e lui gli carezzò la testa.

Dall'apparato urinario diverso alla materia grigia diversa il passo fu breve. Il cervello di un aborigeno, disse, era diverso da quello dei bianchi. I lobi frontali erano più schiacciati.

Gli occhi di Arkady erano diventati due fessure tartare. Era irritatissimo.

« Anche a me piacciono » ripeté il poliziotto. « Non dico di no. Ma sono come i bambini; hanno una mentalità infantile ».

« Che cosa te lo fa pensare? ».

« Sono incapaci di progresso » disse. « Ed ecco perché voi del Land Rights Movement sbagliate: voi intralciate il cammino del progresso. Voi li state aiutando a distruggere l'Australia bianca »

« Posso offrirti da bere? » lo interruppi.

« No, grazie » rispose seccamente il poliziotto. Aveva la faccia stravolta dall'ira. Notai le unghie rosicchiate fino alla carne viva.

Arkady tacque per qualche secondo, poi, quando ebbe ripreso il controllo di sé, cominciò a spiegargli con calma e buon senso che il modo più sicuro di valutare l'intelligenza di un uomo era la sua capacità di usare le parole.

Secondo i nostri standard, molti aborigeni andrebbero considerati dei genii della lingua. La differenza stava nel modo di vedere le cose. I bianchi, per adattare il mondo alla loro incerta visione del futuro, continuavano a cambiarlo; gli aborigeni dedicavano tutta la loro energia mentale a mantenerlo com'era prima. Perché parlare di inferiorità?

Il poliziotto storse la bocca all'ingiù.

« Tu non sei australiano » disse a Arkady.

« Sì che sono australiano, porca miseria ».

« No che non lo sei. Sono sicuro che non sei australiano ».

« Sono nato in Australia ».

« Non basta per essere australiani » disse l'altro con sarcasmo. « La mia famiglia abita in Australia da cinque generazioni; tuo padre dov'è nato? ».

Arkady esitò, poi con pacata dignità rispose: « Mio padre è nato in Russia ».

« Ehi! ». Il poliziotto tese il labbro superiore e si girò verso il grassone. « Che cosa ti dicevo, Bert? Un inglese e un comunista! ».

## 25

Nella notte erano arrivate le nuvole; era una mattinata afosa, col cielo coperto. A colazione mangiammo pancetta e uova nel bar del motel. La moglie del proprietario ci preparò dei panini per un picnic, e ci diede del ghiaccio per la borsa termica. Arkady telefonò di nuovo all'ospedale.

« Non vogliono ancora dire che cos'ha » disse riagganciando. « Credo che sia grave ».

Ci chiedemmo se fosse il caso di ritornare a Alice, ma la nostra presenza là era inutile, così decidemmo di proseguire in fretta per Cullen. Arkady spiegò la mappa sul tavolo; ci sarebbero voluti due giorni di viaggio. Avremmo lasciato la strada per raggiungere Popanji, e lì avremmo trascorso la notte proseguendo poi per Cullen.

La donna che beveva il caffè sullo sgabello accanto sentì la nostra conversazione e ci domandò timidamente se saremmo per caso passati da Lombardy Downs.

Arkady consultò la mappa.

« È sulla strada » disse. « Possiamo darle un passaggio? ».

« Oh, no! » rispose impaurita la donna. « No. No. Non ci voglio andare. Mi chiedevo se potreste consegnare una lettera ».

Era una donna giovane, goffa e sciupata, con i capelli opachi e gli occhi franchi e ambrati. Indossava un vestito beige con le maniche lunghe e si esprimeva con garbo.

« L'ho già scritta » disse. « Non è un disturbo, vero? Vado a prenderla, se... ».

« Certo che la portiamo » disse Arkady.

Lei se ne andò di corsa e di corsa ritornò, col fiato corto e la lettera. La mise sul tavolo con veemenza, spingendola lontano da sé. Poi cominciò a giocherellare con un piccolo crocifisso d'oro che portava al collo.

« È per Bill Muldoon » disse, fissando il nome sulla busta con occhi vacui. « È l'amministratore dell'allevamento di Lombardy. È mio marito. Potete chiedere a qualcuno di dargliela. Ma se lo vedete... se vi domanda se mi avete visto... ditegli che sto bene ».

Aveva un'aria fragile, infelice e malata.

« Senz'altro » dissi. « Non si preoccupi ».

« Grazie » disse con un filo di voce, e si sedette a finire il caffè.

Per tre ore attraversammo una pianura desolata. Nella notte era piovuto a dirotto e la strada era chiazzata di terriccio. In lontananza avvistammo qualche emù. Si stava alzando il vento. Vedemmo qualcosa che dondolava appeso a un albero isolato: era un grosso orsacchiotto fatto a maglia, coi calzoni blu di Prussia e il cappello scarlatto. Qualcuno gli aveva fatto uno squarcio sul collo da cui usciva l'imbottitura di capoc. In terra c'era una croce di rametti spalmati d'ocra e tenuti insieme da legacci fatti di capelli.

Raccolsi la croce e la mostrai a Arkady.

« Cose aborigene » disse. « Fossi in te non la toccherei ».

La buttai per terra e risalii in macchina. Davanti a noi il cielo si stava scurendo.

« Mi sa che ci prenderemo un temporale » disse Arkady.

Al cartello per Lombardy Downs svoltammo. Dopo circa un chilometro e mezzo deviammo per evitare l'estremità di una pista d'atterraggio. Con le folate una manica a vento arancione si tendeva orizzontalmente; in lontananza c'era un aereo da turismo.

Il proprietario dell'allevamento era anche proprietario di una piccola linea aerea.

La casa era bianca, in disparte; aveva una struttura disordinata ed era circondata da alberi rachitici. Più vicino alla pista d'atterraggio c'era una casa più piccola, di mattoni, accanto a un hangar aperto. L'hangar ospitava la collezione di automobili e di aerei d'epoca del proprietario. Parcheggiati accanto a un Tiger Moth c'erano una Ford Modello T e un camioncino Rolls-Royce con le fiancate di legno dipinte di marrone e bordate di nero.

Raccontai a Arkady la storiella di mio padre sull'allevatore miliardario e la Rolls-Royce.

« Non era così campata in aria, dopotutto » dissi.

Si affacciò alla porta una donna sciatta con un grembiule a pallini verdi. Aveva i capelli biondi e i bigodini.

« Cercate qualcuno? » gridò.

« Bill Muldoon » gridai controvento. « Abbiamo una lettera per lui ».

« Muldoon non è in casa » rispose. « Accomodatevi, che vi faccio un caffè ».

Entrammo in una cucina disordinata. Arkady posò la lettera sul tavolo, sopra l'incerata a quadretti rossi, accanto a qualche rivista femminile. Ci sedemmo. Alla parete era appeso di sghembo un dipinto a olio di Ayer's Rock. La donna sbirciò la scrittura sulla busta e alzò le spalle. Lei era l'altra.

Mise l'acqua a bollire, scartò una barretta di cioccolato mangiucchiata, ne addentò un pezzetto, la incartò di nuovo e si leccò via il cioccolato dalle labbra.

« Oddio, come mi annoio! » esclamò.

Il padrone dell'allevamento, ci disse, era venuto in aereo da Sydney per il week-end, così Muldoon era in servizio. Ci versò il caffè e ripeté che si annoiava.

Stavamo per andarcene quando entrò Muldoon; era un uomo atletico, con la faccia rossa, vestito di nero dalla testa ai piedi: cappello nero, scarpe nere, jeans neri e una camicia nera aperta fino all'ombelico. Pensò che fossimo venuti per affari e ci strinse la mano. Appena vide la lettera impallidì e strinse la mascella.

« Fuori di qui » disse.

Ce ne andammo subito.

« Non molto cordiale » commentai.

« Etica rurale » disse Arkady. « Uguale in tutto il mondo ».

Mezz'ora dopo attraversammo una fossa coperta da una griglia e uscimmo dai confini di Lombardy Downs. Per un pelo avevamo evitato un nubifragio; guardammo la pioggia che cadeva in una cascata sghemba su una fila di colline. Poi imboccammo la strada che da Alice porta a Popanji.

Ai lati c'erano automobili abbandonate, di solito ribaltate tra mucchi di vetri rotti. Ci fermammo all'altezza di una Ford blu arrugginita; accanto era accovacciata una donna nera. Il cofano era aperto e un ragazzino nudo stava di vedetta sul tetto.

« Che succede? » domandò Arkady sporgendosi dal finestrino.

« Le candele » rispose la donna. « È andato a prenderne di nuove ».

« Chi? ».

« Lui ».

« Fin dove? ».

« Alice ».

« Da quanto tempo è partito? ».

« Tre giorni ».

« State bene qui? ».

« Sì » rispose la donna tirando su col naso.

« Avete acqua e tutto? ».

« Sì ».

« Volete un panino? ».

« Sì ».

Consegnammo loro tre panini; li afferrarono avidamente e li divorarono.

« Allora siete sicuri di star bene? » insistette Arkady.

« Sì » annuì la donna.

« Vi possiamo riportare a Popanji ».

Lei scosse la testa con espressione scontrosa e ci fece segno di andarcene.

Verso l'ora di pranzo attraversammo il letto quasi asciutto di un fiumicello su cui crescevano grandi eucalipti: un buon posto per un picnic. Avanzammo cautamente sui massi levigati dall'acqua e sulle pozze di acqua gialla su cui galleggiavano le foglie cadute. A ovest la regione era grigia e brulla, percorsa da ombre di nubi. Non un animale, né uno steccato, né una pompa a vento: per il pascolo era una regione troppo arida. Lo sterco di vacca ce lo eravamo lasciati dietro le spalle: non c'erano più nemmeno le mosche.

Mentre ci avvicinavamo a piedi a un eucalipto, si alzò in volo uno stormo di cacatua neri che stridettero come cardini arrugginiti e andarono a posarsi più in là, su un eucalipto morto. Mi levai gli occhiali e sotto la loro coda vidi un lampo di penne scarlatte.

Ci mettemmo all'ombra e tirammo fuori le cose per il picnic. I panini erano immangiabili e li gettammo ai corvi. Però avevamo biscotti e formaggio, olive, una scatola di sardine e cinque birre fresche.

Discutemmo di politica, di libri e di libri russi. Arkady disse che era strano sentirsi russo in un paese di pregiudizi anglosassoni. Se passi una serata in una stanza piena di 'intellettuali' di Sydney va a finire che si mettono tutti a sviscerare qualche oscuro avvenimento della prima Colonia Penale.

Abbracciò con lo sguardo l'immensa distesa che ci circondava.

« È un peccato non esserci arrivati noi per primi » disse.

« Noi russi? ».

« Non solo i russi » rispose scrollando la testa. « Gli slavi, gli ungheresi, anche i tedeschi. Qualunque popolo che sapesse vivere tra vasti orizzonti. Troppa di questa terra è andata agli isolani. Loro non l'hanno mai capita; lo spazio li spaventa.

« Noi ne saremmo stati fieri » aggiunse. « L'avremmo amata per quello che era. Non credo che l'avremmo svenduta così facilmente ».

« Già » dissi. « Questo paese dalle sconfinate risorse... Perché gli australiani continuano a svenderle agli stranieri? ».

« Quelli svenderebbero qualunque cosa » disse con una scrollata di spalle.

Poi cambiò argomento e mi domandò se durante i miei viaggi ero mai stato con un popolo di cacciatori.

« Sì, una volta » risposi. « In Mauritania ».

« Dov'è? ».

« Nel Sahara occidentale. Più che una tribù di cacciatori erano una casta di cacciatori. Si chiamavano Nemadi ».

« E cacciavano? ».

« Antilopi: orici e addax » risposi. « Con i cani ».

A Walata, l'antica capitale dell'impero almoravide, ora ridotta a un intrico di cortili color sangue, trascorsi tre giorni interi assillando il Governatore con la mia richiesta di incontrare i Nemadi.

Il Governatore, un ipocondriaco immusonito, aveva sempre sognato qualcuno con cui rievocare i tempi in cui era studente a Parigi o con cui discutere particolari dottrinali della *pensée maotsetungienne*.

Le sue parole preferite erano *tactique* e *technique*, ma ogni volta che io tiravo in ballo i Nemadi lui faceva una risatina fugace e mormorava: « È vietato ».

Mentre mangiavamo il cuscùs accompagnati dalle serenate di un liutista con le dita rosee, il Governatore ricostruiva col mio aiuto la cartina del Quartier Latin. Dal suo palazzo – ammesso che quattro stanze in mattoni d'argilla fossero un palazzo – vedevo una minuscola tenda bianca dei Nemadi che ammiccava dall'altra parte della collina.

« Ma perché vuole vedere questa gente? » mi domandava il Governatore alzando la voce. « Per Walata passi, è un luogo storico. Ma questi Nemadi non sono nessuno, è un popolo sporco! ».

Non solo erano sporchi, erano una piaga nazionale. Erano infedeli, stupidi, ladri, parassiti, bugiardi. Mangiavano il cibo proibito.

« E le loro donne » aggiunse « sono prostitute! ».

« Ma belle? » lo incalzai, se non altro per irritarlo.

Tirò fuori la mano di scatto dalle pieghe della sua tunica blu.

« Ah! » disse ammonendomi col dito. « Ora capisco! Ora capisco! Ma se lo lasci dire, caro il mio inglese, che quelle donne hanno malattie terribili. Malattie incurabili! ».

« Questa non l'avevo mai sentita » risposi.

La terza sera che passammo insieme, dopo aver nominato il Ministro dell'Interno per intimorirlo, vidi che stava cominciando a cedere. Il giorno dopo, a pranzo, mi disse che ero libero di andare, a patto che fossi accompagnato da un poliziotto e che non facessi nulla per incitarli alla caccia.

« *Non devono* cacciare! » tuonò. « Intesi? ».

« Intesi » risposi. « Ma loro *sono* cacciatori. Cacciavano già prima che nascesse il Profeta. Che altro possono fare se non cacciare? ».

« La caccia » disse con fare sentenzioso, intrecciando le dita « nella nostra Repubblica è vietata dalla legge ».

Qualche settimana prima, mentre frugavo tra le pubblicazioni sui nomadi del Sahara, mi era caduta sotto gli occhi una descrizione dei Nemadi ricavata dalle scoperte di un etnologo svizzero che li aveva classificati « tra i popoli più poveri della terra ».

Si pensava che fossero rimasti pressappoco in trecento, a girovagare in bande di una trentina di persone ai margini di el-Giùf, la regione più desertica del Sahara. Secondo le notizie, avevano la pelle chiara e gli occhi azzurri e occupavano l'ottavo e ultimo gradino della società dei Mauri, quello dei « Paria del deserto »: un posto inferiore a quello degli Harratin, che erano come dei servi della gleba, negri.

I Nemadi non professavano tabù alimentari né venerazione per l'Islam. Mangiavano locuste e miele selvatico, e, quando potevano, carne di cinghiale selvatico. Talvolta guadagnavano una miseria vendendo ai nomadi il *tichtar*, carne secca di antilope che, sbriciolata sul cuscùs, gli dà un gusto di selvaggina.

Gli uomini guadagnavano qualche soldo in più intagliando pomi da sella e recipienti per il latte nel legno d'acacia. Sostenevano con veemenza di essere i legittimi proprietari della terra, e che i Mauri glie-l'avevano rubata. Siccome i Mauri li trattavano come paria, erano costretti ad accamparsi lontano dalla città.

Quanto alle loro origini, erano probabilmente i superstiti di un popolo di cacciatori mesolitici, quasi sicuramente i « Messufiti », e nel 1357 fu uno di loro – cieco da un occhio, mezzo cieco dall'altro – a guidare Ibn Battuta sulle sabbie del Sahara. « Questo deserto » scrisse il viaggiatore del mondo « è bello e luminoso, e l'anima trova la serenità. Le antilopi abbondano. Spesso un branco passa così vicino alla nostra carovana che i Messufiti le prendono con le frecce e i cani ».

Agli inizi degli anni Settanta orde di cacciatori muniti di Land Rover e di fucili a lunga portata si erano già assicurati che l'orice e l'addax, lungi dall'abbondare, arrivassero vicini all'estinzione. Il governo impose un divieto di caccia generalizzato che fu esteso anche ai Nemadi.

I Nemadi, sapendosi miti quanto i Mauri erano violenti e vendicativi, e sapendo anche che a originare la violenza era l'aggregazione, si ribellarono al divieto. I loro canti preferiti parlavano di fughe nel deserto, dove avrebbero aspettato tempi migliori.

Il Governatore mi disse che tra lui e i suoi colleghi avevano comprato ai Nemadi mille capre. «Mille capre!» sbraitò. «Sa quante sono mille capre? Tante, tantissime! E loro che cosa ne hanno fatto? Le hanno munte? No! Se le sono mangiate! Tutte quante! *Ils sont im-bé-ciles!*».

Al poliziotto, sono contento di dirlo, i Nemadi erano simpatici. Mi disse che erano *braves gens* e, di soppiatto, che il Governatore era pazzo da legare.

Camminando verso la tenda bianca, per prima cosa udimmo il trillo di una risata, e poi ci trovammo di fronte dodici Nemadi, adulti e bambini, che riposavano in gruppo all'ombra di un'acacia. Nessuno di loro era malato né sporco; erano tutti immacolati.

Il capo si alzò a riceverci.

«Mahfould» dissi io stringendogli la mano.

Conoscevo la sua faccia, l'avevo vista nella foto dell'etnografo svizzero: una faccia piatta e radiosa che spuntava da un turbante color fiordaliso. In vent'anni non era quasi invecchiato.

Nel gruppo c'erano numerose donne vestite di cotone indaco, un negro con un piede deforme e un vecchio storpio con gli occhi azzurri che si spostava usando le mani. Il capo cacciatore era un uomo con le spalle quadrate e un'espressione che denotava rigore e noncurante gaiezza. Mentre il suo cane favorito – un lucente terrier nero pezzato, affine al Jack Russell – si strusciava contro le sue ginocchia, lui intagliava un pomo da sella in un pezzo di legno.

Nemadi significa «padrone di cani». Si dice che

per i cani ci sia da mangiare anche quando i loro padroni fanno la fame; qualunque circo sarebbe orgoglioso di averli ammaestrati così. Una muta consiste di cinque cani, il « re » e quattro compagni.

Il cacciatore segue le tracce di un branco di antilopi fino al pascolo, poi si apposta sulla china di una duna con i suoi cani e segnala loro l'animale da attaccare. A un suo cenno, il « re« si slancia giù dalla discesa e addenta il muso dell'antilope, mentre ciascuno degli altri le blocca una zampa. Un'unica coltellata, una rapida preghiera per chieder perdono all'antilope... e la caccia è conclusa.

I Nemadi disprezzano le armi da fuoco, usarle per loro è un sacrilegio. E siccome credono che l'anima dell'animale morto risieda nelle ossa, le seppelliscono con reverenza, per evitare che i cani le profanino.

« Le antilopi erano nostre amiche » disse una delle donne con un sorriso smagliante. « Ora sono andate molto lontano. Ora non abbiamo niente, niente da fare se non ridere ».

Quando domandai notizie delle capre del Governatore, tutti si sbellicarono dalle risa.

« E se tu ci compri una capra » disse il cacciatore capo « noi ammazziamo anche quella e ce la mangiamo ».

« Giusto » dissi al poliziotto. « Andiamo a comprare una capra ».

Attraversammo lo uadi e andammo da un pastore che stava abbeverando il suo gregge. Comprai un capretto pagandolo un po' più del prezzo richiesto e con qualche moina il cacciatore lo portò al campo. Un gorgoglìo dietro un cespuglio annunciò che aveva finito di vivere e che per cena ci sarebbe stata carne.

Le donne risero, e usando qualche vecchia tinozza come tam-tam iniziarono un canto borbottante e sommesso per ringraziare lo straniero della carne offerta in dono.

Si racconta che un emiro mauro, infiammato dal sorriso di una Nemadi, la rapì, la vestì di seta, ma non rivide mai il suo sorriso fino al giorno in cui ella non scorse dalla grata della sua prigione un Nemadi che passeggiava per il mercato. L'emiro, con lodevole gesto, la lasciò libera.

Qual era, domandai alle donne, il segreto del loro famoso sorriso?

« La carne! » gridarono allegramente, e digrignarono all'unisono i denti. « È la carne che ci dà un bel sorriso. Masticando la carne non possiamo fare a meno di sorridere! ».

Nella piccola tenda bianca, fatta di strisce di cotone sudanese cucite insieme, viveva una vecchia con due cani e un gatto. Si chiamava Lemina. Quando era arrivato lo svizzero, una ventina d'anni prima, era già molto vecchia. Il poliziotto disse che aveva più di cent'anni.

Alta e dritta come un fuso, vestita di blu, si fece strada tra gli alberi spinosi e si diresse verso il luogo del trambusto.

Mahfould si alzò a salutarla. Era sorda e muta. Rimasero in piedi sullo sfondo del cielo che si incupiva, parlando a gesti con rapidi movimenti delle dita. La vecchia aveva la pelle bianca come carta velina. Gli occhi erano socchiusi e velati. Sorridendo alzò le braccia rinsecchite verso di me e dalla bocca le uscì una serie di note gorgheggianti.

Sorrise per tre minuti filati, poi si girò, spezzò un rametto d'acacia e ritornò alla sua tenda.

In mezzo a questa gente di pelle chiara, il negro era un intruso. Domandai come mai si era unito alla compagnia.

« Era solo » rispose Mahfould. « Così è venuto con noi ».

Venni poi a sapere dal poliziotto che un uomo si poteva unire ai Nemadi, una donna mai. Tuttavia, siccome erano così pochi, e siccome nessun estraneo dotato di amor proprio si umilierebbe sposando

« un'inferiore », queste donne erano sempre all'erta, in caccia di « nuovo sangue bianco ».

Una delle giovani madri, una ragazza seria e graziosa con in testa un copricapo di cotone blu, stava allattando un bambino. Era sposata col cacciatore. Dimostrava su per giù venticinque anni, ma quando nominai l'etnologo svizzero il marito accennò con un sorriso alla moglie e disse: « Uno dei nostri figli è suo ».

Mise da parte il suo lavoro di falegnameria e fischiò in direzione del secondo campo. Un paio di minuti dopo, un giovane flessuoso con la pelle bronzea e gli occhi verdi sbucò con passo sicuro dai cespugli, con una coppia di cani e una lancia da caccia. Indossava un perizoma di pelle. Aveva i capelli di un biondo rossiccio, tagliati a cresta di gallo. Appena vide un europeo abbassò le palpebre.

Si sedette in silenzio tra la madre e il patrigno. Chiunque li avrebbe potuti scambiare per la Sacra Famiglia.

Quando arrivai alla fine della storia Arkady non fece commenti, ma si alzò e disse: « Ci conviene andare ». Seppellimmo gli avanzi e tornammo alla macchina.

« Forse ti sembrerà una sciocchezza, » dissi cercando di provocare una sua reazione « ma il sorriso di quella vecchia è sempre con me ».

Quel sorriso, dissi, per me era un messaggio dall'Età dell'Oro. Mi aveva insegnato a respingere senza esitare tutti gli argomenti a sostegno della malvagità della natura umana. L'idea di ritornare a una « semplicità originaria » non era ingenua, antiscientifica né fuori dalla realtà.

« La rinuncia » dissi « può essere una soluzione anche di questi tempi ».

« Forse hai ragione » disse Arkady. « Se il mondo ha un futuro, è un futuro ascetico ».

## 26

Al posto di polizia di Popanji due ragazze aborigene col vestito a fiori tutto sporco erano in piedi davanti alla scrivania e facevano giuramento di fronte al poliziotto di turno. Per potersi iscrivere all'assistenza sociale avevano bisogno del suo timbro ufficiale. Lo avevano interrotto mentre si allenava con i pesi.

Il poliziotto prese la mano della ragazza più alta e la premette sulla Bibbia.

« Bene, » disse « ora ripeti ciò che dico, dopo di me. Io, Rosie... ».

« Io, Rosie... ».

« Giuro su Dio Onnipotente... ».

« Giuro su Dio Onnipotente... ».

« Basta così » disse. « Adesso tocca a te, Myrtle ».

Il poliziotto cercò di afferrare la mano dell'altra ragazza, ma lei si ritrasse e la liberò dalla stretta.

« Su, carina » disse lui con voce suadente. « Non è il caso di fare la sciocca ».

« Dài, Myrtle » la esortò la sorella.

Ma Myrtle scosse energicamente la testa e strinse le mani dietro la schiena. Rosie allora liberò dolcemente l'indice della sorella e lo appoggiò sul volume.

« Io, Myrtle... » disse il poliziotto.

« Io, Myrtle... » ripeté lei come se le parole la soffocassero.

« Va bene » disse lui. « Siamo a posto ».

Timbrò i loro moduli e su tutti e due scarabocchiò una firma di traverso. Appesi alla parete dietro di lui c'erano i ritratti della Regina e del Duca di Edimburgo. Myrtle si succhiò il pollice e fissò i diamanti della Regina con gli occhi sgranati.

« Che cosa vuoi, adesso? » domandò il poliziotto.

« Niente » rispose Rosie per la sorella.

Le ragazze saltellarono via, oltrepassarono l'asta della bandiera e attraversarono il prato zuppo di pioggia. Era tutto il giorno che pioveva. Sguazzando nelle pozzanghere si diressero verso un gruppo di ragazzi che tirava calci a un pallone.

Il poliziotto era piccolo, con la faccia rossa, le gambe tozze e muscoli incredibili. Era in un bagno di sudore, e aveva i riccioli color carota appiccicati alla fronte. Indossava un costume da ginnasta blu ghiaccio, lucente come raso. Aveva pettorali smisurati, tanto che le spalline della canottiera erano scivolate nel solco dei seni scoprendogli i capezzoli.

« Salve, Ark » disse.

« Red, » disse Arkady « ti presento il mio amico Bruce ».

« Salve, Bruce » disse Red.

Eravamo in piedi dietro la vetrata a guardare l'orizzonte piatto. Il terreno era allagato e in numerose capanne aborigene c'era più di un palmo d'acqua; i loro proprietari avevano ammucchiato le masserizie sui tetti. Sull'acqua affiorava la spazzatura.

A ovest, poco lontano, c'era la casa a due piani del vecchio amministratore, poi ceduta alla comunità. Il tetto era ancora in piedi e c'erano pavimenti e caminetti. Ma i muri, i telai delle finestre e la scala erano stati usati come legna da ardere.

Attraverso quella casa ai raggi X guardammo il giallo del tramonto. Figure scure erano sedute in cerchio, sia al pianterreno che al primo piano, e si riscaldavano intorno a un fuoco fumoso.

« Dei muri se ne fregano, » disse Red « ma un tetto per la pioggia sì che lo apprezzano ».

Arkady gli disse che stavamo andando a Cullen. « Un piccolo contrasto tra Titus e il gruppo di Amadeus ».

« Già » annuì Red. « L'ho sentito dire ».

« Chi è Titus? » domandai.

« Vedrai » rispose Arkady. « Vedrai ».

« La prossima settimana ci sarò anch'io da quelle parti » disse Red. « Devo andare a cercare la livellatrice ».

Clarence Japaljarrayi, il presidente del Consiglio di Cullen, si era fatto prestare la livellatrice di Popanji per fare una strada che portasse dal campo a una polla d'acqua.

« Sono passati nove mesi » disse Red. « Adesso quello stronzo dice che l'ha persa ».

« Persa? » rise Arkady. « Ma come si fa a perdere una livellatrice, santo cielo? ».

« Be', » disse Red « a Clarence può succedere questo e altro ».

Arkady si informò delle condizioni della strada. Red giocherellò con la fibbia della fascia contenitiva.

« Non avrete problemi » disse. « Durante il grande temporale di giovedì Stumpy Jones è quasi rimasto impantanato. Ma ieri ci sono passati Rolf e Wendy, e stamattina mi hanno informato per radio che sono arrivati ».

Era irrequieto e continuava a spostare il peso da un piede all'altro. Si capiva che non vedeva l'ora di tornare ai suoi esercizi.

« Ancora una cosa » disse Arkady. « Hai per caso visto il vecchio Stan Tjakamarra? Pensavo di portarlo con noi. Con Titus è in buoni rapporti ».

« Credo che Stan sia andato in *walkabout* » rispose

Red. « È tutta la settimana che fanno iniziazioni; non ti dico che casino c'è stato, fatti dire da Lydia! ».

Lydia era una delle insegnanti che lavoravano lì. Le avevamo annunciato il nostro arrivo per radio.

« Ci vediamo tra un po' » disse Red. « Stasera prepara lei da mangiare ».

Il posto di polizia di Popanji era un edificio di cemento diviso in tre parti uguali: un ufficio aperto al pubblico, l'alloggio dell'agente e la stanza che Red usava per allenarsi con i pesi. In fondo al cortile c'era la prigione.

La stanza dei pesi aveva una finestra grande come tutta la parete, e i pesi erano blu elettrico, lo stesso colore della tenuta di Red. Lo guardammo entrare: si sdraiò sulla panca e impugnò la sbarra. Un ragazzino fischiò ai suoi compagni che, abbandonato il pallone, si precipitarono alla finestra, nudi, a strillare e a fare smorfie con il naso schiacciato contro il vetro.

« Uno degli spettacoli che offre il Territory » commentò Arkady.

« Vedo » dissi.

« Red non è cattivo » disse. « Gli piace un po' di disciplina. Parla aranda e pintupi come un indigeno. Un po' balzano, in effetti. Indovina qual è il suo libro preferito? ».

« Detesto indovinare ».

« Dài! ».

« *Pumping Iron* » risposi.

« Acqua! ».

« Dimmelo tu ».

« L'*Etica* di Spinoza ».

## 27

Nell'aula della scuola trovammo Lydia che cercava di ridare una parvenza d'ordine ai fogli, ai vasi
dipinti, agli alfabeti di plastica e ai libri illustrati
sparpagliati sui banchi o calpestati da piedi infangati. Venne sulla soglia.
«Oddio!» gridò. «Come farò?».
Era una donna sulla quarantina, brava e intelligente, divorziata e con due figli. Aveva la frangia
grigia che quasi copriva due fermi occhi marroni.
Era così brava ed evidentemente così abituata a superare ogni crisi che rifiutava di ammettere, con se
stessa e con gli altri, di avere i nervi a pezzi.
A metà mattina era andata a rispondere a una
chiamata radio della madre, che era a Melbourne
ammalata. Quando era ritornata in classe aveva trovato i ragazzini con le mani in una latta di vernice
verde con cui stavano spalmando le pareti.
«Be', almeno non hanno fatto la cacca sui banchi» disse. «Per questa volta».
I suoi figli, Nicky e David, stavano giocando in
mutande coi loro amici indigeni nel cortile della
scuola; infangati da capo a piedi, si dondolavano

come scimmie dalle radici aeree di un fico. Nicky, scalmanatissimo, urlò parolacce alla madre e tirò fuori la lingua.

«Una volta o l'altra ti affogo!» urlò lei di rimando.

Aveva sbarrato la soglia con le braccia, come a impedirci di entrare, ma poi disse: «Venite, venite. Mi sto comportando da sciocca».

Rimase in piedi in mezzo alla stanza, impietrita dal caos.

«Facciamo un falò» disse. «Non mi resta che accendere un falò e bruciare tutto. Bruciare tutto e ricominciare daccapo».

Arkady la consolò con la vibrante voce russa che riservava di solito alle donne, per tranquillizzarle. Poi Lydia ci portò davanti a un pannello su cui appuntava i frutti della lezione di disegno.

«I ragazzi dipingono cavalli e elicotteri» disse. «Ma credete che riesca a convincerli a fare una casa? Mai! Solo le ragazze disegnano case... e fiori».

«Interessante» disse Arkady.

«Guardate questi» continuò Lydia sorridendo. «Questi sono buffi».

C'erano un paio di disegni a pastello, uno di un Mostro Emù con becco e artigli spaventevoli, l'altro di un peloso «Uomo Scimmia» con le fauci piene di zanne e scintillanti occhi gialli che sembravano fari.

«Dov'è Graham?» domandò all'improvviso Arkady.

Graham era l'assistente di Lydia. Era il ragazzo che avevo visto a Alice mentre partivo dal motel.

«Ti prego di non parlarmi di Graham» disse lei con un brivido. «Non voglio sapere nulla. Se qualcuno pronuncia ancora la parola "Graham" do in escandescenze».

Fece un altro snervato tentativo di sgombrare uno dei banchi, ma si fermò... e fece un gran sospiro.

«No» disse. «Non ne vale la pena. Preferisco occuparmene domattina».

Chiuse la porta a chiave, chiamò i figli e gli fece infilare le magliette con gli Space Invaders. Erano a piedi nudi. Si misero a malincuore dietro di noi, ma c'erano tante spine e pezzetti di vetro che decidemmo di caricarceli sulle spalle.

Passammo davanti alla cappella luterana, che da tre anni era sbarrata con delle assi, e poi al Centro sociale: un hangar di metallo blu ornato da una processione di formiche del miele dipinte semplicemente, come in un fumetto. Dall'interno si sentiva arrivare musica country e western: era in corso una riunione evangelica. Misi giù David e infilai dentro la testa.

Un pallido mezzosangue coi pantaloni bianchi scampanati e una lucida camicia scarlatta era in piedi sul palco. Aveva il petto villoso inghirlandato di catene d'oro e una gran pancia che sembrava esser stata aggiunta dopo un ripensamento; dondolando sui tacchi alti stava facendo del suo meglio per animare una comunità piuttosto recalcitrante.

« Bene » disse in tono accattivante. « Adesso tutti insieme... date voce a Ge-e-esù! ».

I versi erano su diapositive e venivano proiettati sullo schermo a uno a uno:

> Gesù è il nome più dolce che c'è
> e lui come il suo nome è
> ed ecco perché lo amo così...

« Adesso capisci contro che cosa devono lottare alcuni di noi » disse Arkady.

« Il pathos da quattro soldi » risposi.

Lydia e i ragazzi abitavano in una squallida casa prefabbricata di tre stanze, ombreggiata dalle fronde di un carpine. Lei buttò la cartella su una poltrona.

« E adesso » disse « devo occuparmi dell'acquaio ».

« Ce ne occupiamo noi » disse Arkady. « Tu devi stenderti un po' ».

Dopo aver tolto qualche giocattolo, Arkady guidò

con fermezza i suoi passi verso il divano letto. In cucina c'erano i piatti sporchi di tre giorni e formiche dappertutto. Sfregammo via l'unto dalle pentole di alluminio e mettemmo l'acqua a bollire. Tagliai a pezzi qualche bistecca e qualche cipolla per fare uno stufato. Alla fine della seconda tazza di tè Lydia cominciò a rilassarsi e a parlare abbastanza razionalmente di Graham.

Quando era arrivato a Popanji, Graham aveva appena preso la laurea in pedagogia a Canberra. Aveva ventidue anni. Era ingenuo, intollerante, e il fascino del suo sorriso era irresistibile. Se qualcuno lo definiva 'angelico' sapeva diventare perfido.

Viveva per la musica, e i ragazzi pintupi erano musicisti nati. Una delle prime cose che fece, appena arrivato, fu di fondare la Popanji Band, scroccando l'attrezzatura musicale a una stazione radio agonizzante di Alice. Il complesso si esercitava nell'ambulatorio in disuso, che aveva ancora l'impianto elettrico integro.

Graham scelse la batteria; i due chitarristi erano i figli di Albert Tjakamarra, e alla tastiera c'era un ragazzo grasso che si faceva chiamare « Danny Roon ». Il cantante e divo era un sedicenne flessuoso, Mick « Ditalunghe ».

Mick aveva una pettinatura rasta e faceva delle imitazioni da lasciare a bocca aperta. Gli bastava guardare un video cinque minuti per 'fare' Bob Marley, Hendrix o Zappa. Ma il suo numero migliore era roteare gli occhi sciropposi, atteggiare a un sorriso l'enorme bocca imbronciata e 'diventare' il suo omonimo, Jagger in persona.

La Band andò in tournée negli insediamenti aborigeni da Yuendumu a Ernabella, e anche in campi lontani come Balgo, viaggiando e dormendo nel vecchio pulmino Volkswagen di Graham.

Cantavano una canzone luttuosa sugli eccidi della polizia, intitolata *La ballata di Barrow Creek*. Poi avevano un pezzo leggero, *Abo Rasta*, e un altro più edificante contro l'uso dei vapori di benzina come stupefacente. Prima fecero una cassetta, poi un quarantacinque giri, e infine azzeccarono un successo.

*Grandfather's Country* diventò la canzone dell'Out-Station Movement. Cantava un tema eterno: «Va' a ovest, ragazzo! Va' a ovest!». Fuggi le città e i campi governativi. Fuggi l'alcol, l'hascisch, la colla al petrolio, l'eroina, la prigione. Va'! Torna nel deserto da cui tuo nonno fu cacciato. Il ritornello: «Voi del popolo... Voi del popolo...» aveva un tono vagamente liturgico, come «Pane del cielo... Pane del cielo...», e mandava il pubblico in delirio. Al festival rock di Alice, dove la suonarono, si erano visti dei vecchi aborigeni dalla barba grigia che si dimenavano e saltellavano coi ragazzini.

Un organizzatore di Sydney prese Graham in disparte e lo sedusse con le chiacchiere dell'industria dello spettacolo.

Graham tornò a lavorare a Popanji, ma con la testa era altrove. Fantasticava sulla sua musica che avrebbe conquistato l'Australia e il resto del mondo. Si vedeva protagonista di un *road movie*. Presto si mise a fare a Lydia conferenze sugli agenti e le loro percentuali, sui diritti discografici e quelli cinematografici. Lei lo ascoltava in silenzio, tenendo per sé i suoi timori.

Era gelosa, e troppo onesta per non ammetterlo. A Graham aveva fatto da madre, l'aveva sfamato, gli aveva cucito le toppe sui jeans e pulito la casa, e aveva ascoltato i suoi ardenti discorsi idealistici.

Quello che più le piaceva di lui era la sua serietà. Al contrario di suo marito, che era partito con l'idea di «lavorare per gli aborigeni» e poi era scappato a Bondai, Graham si dava da fare. La terrorizzava soprattutto il pensiero che potesse andarsene.

L'angosciava essere sola, senza casa né soldi, con due figli da crescere e la preoccupazione che il governo riducesse i finanziamenti e la mettesse in sovrannumero: ma finché c'era Graham nulla aveva importanza.

Ma aveva paura anche per Graham. Lui e i suoi amici indigeni passavano giorni e giorni nel *bush*. Non gli chiedeva mai di raccontarle quello che faceva, ma sospettava, proprio come aveva sospettato che il marito si bucasse, che Graham fosse coinvolto in « faccende » aborigene.

Alla fine lui non seppe resistere e si confidò con lei. Descrisse le danze e i canti, le offerte di sangue e i diagrammi sacri; le raccontò che era stato dipinto a strisce bianche e ocra su tutto il corpo.

Lei lo avvertì che l'amicizia degli aborigeni non era mai 'pura'. Per loro i bianchi erano sempre una 'risorsa'. Quando fosse stato 'uno di loro' avrebbe dovuto dividere tutto.

« Si prenderanno il tuo Volkswagen » gli disse.

Lui si girò a guardarla con un sorriso tra il divertito e lo sprezzante e disse: « Pensi che me ne importerebbe? ».

I suoi ulteriori timori se li tenne per sé. Quello che le faceva paura era che quando sei dentro, sei dentro: da quel momento la tua vita è segnata, che si tratti di una società segreta o di un'accolita di spie. A Groote Eylandt, dove lavorava prima, un giovane antropologo era stato messo a parte di segreti rituali, ma da quando li aveva pubblicati nella sua tesi soffriva di emicranie e depressioni – e adesso poteva vivere solo fuori dall'Australia.

Lydia si imponeva di non credere alle storie del malocchio e degli stregoni che 'cantando' potevano far morire un uomo. Tuttavia aveva la sensazione che gli aborigeni, con la loro spaventosa immobilità, tenessero in qualche modo l'Australia per la gola. In quel popolo apparentemente passivo, che stava seduto a guardare e ad aspettare manipolando il senso di colpa dell'uomo bianco, c'era un potere terrificante.

Un giorno, dopo che Graham era stato via una

settimana, lei gli domandò a bruciapelo: « Insomma, vuoi insegnare oppure no? ».

Lui incrociò le braccia. « Sì che voglio. Ma non in una scuola diretta da razzisti » rispose con incredibile insolenza.

Lei rimase senza fiato, le venne voglia di tapparsi le orecchie, ma lui continuò, implacabile. Il programma scolastico, disse, cercava di distruggere sistematicamente la cultura degli aborigeni e di invischiarli nella civiltà dei consumi. Quello di cui gli aborigeni avevano bisogno era terra, terra e ancora terra – su cui nessun europeo non autorizzato potesse mai metter piede.

Continuò a concionare. Lei sentì la risposta affiorarle alle labbra. Sapeva che non avrebbe dovuto dire quelle parole, ma le uscirono di bocca da sole: « In Sudafrica tutto questo ha un nome: *apartheid*! ».

Graham girò i tacchi e da quel momento la rottura fu totale. La sera, nel ritmico frastuono della Band, lei avvertiva qualcosa di funesto e minaccioso.

Avrebbe potuto deferirlo all'autorità scolastica. Avrebbe potuto farlo licenziare. Invece si sobbarcò tutto il lavoro e insegnò da sola in entrambe le classi. Talvolta entrava nell'aula e trovava uno scarabocchio sulla lavagna: « Lydia ama Graham ».

Una mattina di buon'ora, mentre guardava il sole inondare le lenzuola, sentì la sua voce nella prima stanza: stava ridendo con Nicky e David. Chiuse gli occhi, sorrise e si riappisolò.

Più tardi lo sentì trafficare in cucina. Graham entrò con una tazza di tè, si sedette in fondo al letto e le diede la notizia.

« Ce l'abbiamo fatta » disse.

*Grandfather's Country* era al terzo posto della hit-parade nazionale. La Band aveva il nome in primo piano sui manifesti per un concerto al Place di Sydney, e le spese di aereo e di albergo pagate.

« Oh! » esclamò lei lasciando ricadere la testa sul

guanciale. « Sono contenta. Te lo meriti. Davvero, sai. Fino all'ultima goccia ».

Graham aveva accettato di dare il primo concerto a Sydney il 15 febbraio, e nella fretta di firmare il contratto aveva tralasciato ogni altra considerazione.

Dimenticò – o finse di dimenticare – che a febbraio arrivavano le piogge, e che febbraio era il mese delle iniziazioni. Dimenticò che il suo amico Mick doveva essere iniziato al clan del Bandicoot. E gli passò di mente anche di aver acconsentito, in un momento di spavalderia, a essere iniziato con lui.

In tutto il mondo le cerimonie di iniziazione inscenano una battaglia simbolica nella quale il giovane – per dimostrare la sua virilità e la sua 'idoneità' al matrimonio – deve denudare gli organi sessuali davanti alle fauci di un orco sanguinario. Il coltello del circoncisore fa le veci delle zanne della belva. Nei riti di pubertà dell'Australia aborigena è incluso anche « il morso della testa » – durante il quale gli Anziani rodono il cranio dei ragazzi o lo punzecchiano con lame affilate. A volte i ragazzi si strappano le unghie dalle dita e se le riattaccano col loro stesso sangue.

La cerimonia si compie in segreto, in un Luogo del Sogno lontano da occhi estranei. Poi, durante una riunione che il dolore rende indimenticabile, i distici sacri vengono martellati nella testa degli iniziati, i quali nel frattempo stanno accovacciati su braci di sandalo. Pare che il fumo abbia proprietà anestetiche e cicatrizzanti.

Un ragazzo che rimanda l'iniziazione rischia di arenarsi in un limbo asessuato e senza vita; evitarla del tutto, fino a poco tempo fa, era inaudito. Portarla a compimento può richiedere settimane, se non mesi.

Lydia ricostruì sommariamente gli avvenimenti. Sembra che Graham fosse ossessionato dalla preoccupazione che il primo concerto andasse a monte: Mick gli fece una scenata terribile accusandolo di abbandonarlo.

Alla fine arrivarono tutti a un compromesso: Graham si sarebbe sottoposto soltanto a 'tagli' simbolici, e Mick avrebbe avuto il permesso di abbreviare il suo periodo di isolamento. Sarebbe ritornato a Popanji a far le prove con la Band, ma sarebbe rimasto in conciliabolo con gli Anziani parecchie ore al giorno. Promise anche di partire soltanto due giorni prima del concerto.

Da principio tutto andò liscio, e il 7 febbraio, appena Mick fu in grado di camminare, tornò con Graham al campo. Il tempo era umido e afoso e Mick volle a tutti i costi far le prove con un paio di jeans aderentissimi. La notte del 9 febbraio si svegliò per un incubo e scoprì che la ferita si era paurosamente infettata.

Allora Graham, in preda al panico, cacciò strumenti e musicisti nel Volkswagen e prima dell'alba partì per Alice.

Quel mattino, svegliandosi, Lydia trovò la casa circondata da una folla inferocita – con qualche lancia che spuntava qua e là – che la accusò di tener nascosti i fuggitivi o di averli aiutati a fuggire. Per riacciuffare Mick riempirono due macchine di uomini e partirono all'inseguimento.

Dissi a Lydia di aver visto Graham che sembrava più o meno fuori di sé davanti al motel.

« Che si può fare » disse lei « se non vedere il lato comico? ».

## 28

Alle otto eravamo in viaggio sotto una cappa di nuvole basse. La strada davanti a noi era ridotta a due solchi paralleli colmi d'acqua rossiccia. In alcuni punti dovemmo attraversare grandi pozze alluvionali dalla cui superficie spuntavano bassi cespugli. Più in là si alzò in volo un cormorano, battendo le ali sull'acqua. Passammo in mezzo a un gruppo di querce del deserto, che sono della famiglia delle casuarinacee e più che querce sembrano cactus; anche loro erano immerse nell'acqua. Arkady disse che proseguire era una follia, però proseguimmo. L'acqua fangosa schizzava dentro l'automobile. Ogni volta che le ruote cominciavano a slittare mi innervosivo, ma poi avanzavamo di nuovo a strattoni.

« La volta che più ho rischiato di annegare » dissi « fu nel Sahara, durante un'inondazione improvvisa ».

Verso mezzogiorno avvistammo il camion di Stumpy Jones. Stava tornando da Cullen, dopo aver consegnato i rifornimenti settimanali.

Frenò e si sporse fuori dal finestrino.

« Ciao, Ark! » gridò. « Vuoi un goccio di scotch? ».

« Non dico di no ».

Ci passò la bottiglia. Bevemmo tutti e due un paio di sorsate, poi la restituimmo.

« È vero che hai appuntamento con Titus? » domandò Stumpy.

« Sì ».

« La fortuna ti assista ».

« C'è, spero? ».

« Oh, ci sarà, ci sarà... ».

Stumpy Jones era un uomo brizzolato con gli occhi verdi, enormi bicipiti e « qualcosina di aborigeno ». Indossava una camicia scozzese rossa. La metà sinistra del volto era un reticolo di cicatrici giallastre. Sul rimorchio trasportava una roulotte che qualcuno spediva a Alice perché fosse rimodernata. Per scendere a controllare i tiranti, si calò pian piano a terra reggendosi con una mano alla portiera, tanto aveva le gambe corte.

« Buon proseguimento » ci salutò. « Il peggio l'avete passato ».

Ci rimettemmo in viaggio per quella sorta di lago sconfinato.

« Che cosa gli è successo alla faccia? » domandai.

« Un morso di serpente mulga » disse Arkady. « All'incirca quattro anni fa. Era sceso a cambiare una ruota e la bestiaccia era arrotolata intorno all'asse. Se l'è cavata, ma poi proprio lì gli è venuto un tumore ».

« Cristo! » esclamai.

« Stumpy è una roccia ».

Dopo un paio d'ore vedemmo un branco di cammelli bagnati fradici. Poi, nella foschia, cominciammo a vedere la gobba rotonda del Monte Cullen che si ergeva sulla pianura. Mentre ci avvicinammo la montagna grigia divenne violacea: il colore dell'arenaria rossa inzuppata d'acqua. A due o tre chilometri c'era un dirupo di pareti scoscese e sfaccettate, che da un lato culminavano in un picco per poi digradare verso nord.

Quello, disse Arkady, era il Monte Liebler.

Il campo di Cullen sorgeva su una sella tra questi due monti.

Prendemmo la pista aerea, oltrepassammo le roulotte dei consiglieri bianchi e puntammo su un edificio di lamiera zincata con una pompa di benzina davanti. Era spuntato il sole, faceva caldo e c'era afa. Un branco di cani si stava azzuffando per una manciata di avanzi. In giro non c'era nessuno.

Sparse fra i cespugli c'erano molte baracche, ma quasi tutti i Pintupi preferivano vivere sotto ripari di rovo. Qua e là c'erano panni stesi ad asciugare.

« Chi lo direbbe » disse Arkady « che questa è una fiorente comunità di quattrocento anime? ».

« Io no » risposi.

L'emporio era chiuso.

« Ci conviene andare a buttar giù Rolf dal letto ».

« E chi è? ».

« Rolf Niehart » rispose. « Vedrai ».

Diresse la Land Cruiser verso una roulotte in mezzo agli alberi. Di fianco c'era una tettoia sotto cui ronzava un generatore. Arkady schivò le pozzanghere e bussò alla porta.

« Rolf? » chiamò.

« Chi è? » rispose una voce assonnata.

« Ark! ».

« Ah, il grande benefattore in persona! ».

« Piantala ».

« Tuo umile servo ».

« Apri, dài ».

« Vestito o svestito? ».

« Vestito, sciagurato! ».

Dopo qualche minuto di tramestio, Rolf venne sulla porta della roulotte tutto strigliato e immacolato, con dei jeans tagliati corti e una maglietta a righe da marinaio francese, come se fosse appena arrivato dalla spiaggia di St. Tropez. Era un uomo in miniatura, non più alto di un metro e mezzo. Sul naso aveva una gobba pronunciata, ma ad attrarre l'attenzione era il suo colore uniforme, una tonalità di ambra dorata come sabbia: dagli occhi fermi e beffardi, ai capelli *en brosse*, molto francesi, alla pelle abbronzata, unta, liscia, senza un foruncolo né un neo. E quando aprì bocca mise in mostra una sfilza di smaglianti denti triangolari, simili a quelli di uno squaletto.

Era il gestore dell'emporio.

« Entrate » disse cerimoniosamente.

Dentro la roulotte ci si muoveva a stento fra i libri: romanzi, soprattutto, sugli scaffali e accatastati per terra; rilegati e in brossura; romanzi inglesi e romanzi americani; romanzi in francese e romanzi in tedesco; romanzi di cecoslovacchi, spagnoli, russi; pacchi del Gotham Book Mart ancora da aprire; pile della « Nouvelle Revue Française » e della « New York Review »; riviste letterarie, dossier, casellari, schedari...

« Sedetevi » disse, come se prima di aver fatto spazio ci fosse un posto dove sedersi.

Il tempo di sistemarci e Rolf ci aveva fatto tre espressi con la macchina per il caffè, si era acceso una Gauloise e stava sparando, come una mitragliatrice, contro l'intera letteratura contemporanea. Uno dopo l'altro i grossi nomi furono fatti sfilare sotto la mannaia di questo giustiziere letterario, ridicolizzati e liquidati con una sola parola: « Merda! ».

Gli americani erano « noiosi ». Gli australiani erano « infantili ». I sudamericani erano « sorpassati ». Londra era una « fogna », Parigi non meglio. Gli unici scrittori quasi decenti erano quelli dell'Europa orientale.

« Purché rimangano dove sono! » disse acidamente.

Poi scaricò il suo veleno su editori e agenti finché Arkady si stufò.

« Senti, peste, noi siamo stanchi ».

« Si vede » disse. « E siete anche sporchi ».

« Dove dormiamo? ».

« In una grossa roulotte con l'aria condizionata ».

« Di chi è? ».

« Messa appositamente a vostra disposizione dalla comunità di Cullen. Letti con lenzuola pulite, frigorifero con bevande fresche... ».

« Di chi è, ti ho chiesto? ».

« Di Glen » rispose. « Non è ancora andato a starci ».

Glen era un consigliere.

« E Glen dov'è? ».

« A Canberra » disse Rolf. « Per un convegno, quello stupido damerino! ».

Uscì come un razzo, saltò dentro la Land Cruiser e ci guidò un centinaio di metri più in là, verso una roulotte nuova di zecca dipinta a colori squillanti. A un ramo di eucalipto era attaccata una doccia da campo, con un secchio appeso sopra e, in terra, due recipienti d'acqua.

Rolf sollevò il coperchio di uno dei recipienti e immerse il dito.

« Ancora tiepida » disse. « Vi aspettavamo prima ».

Consegnò la chiave a Arkady. Dentro la roulotte c'erano sapone, asciugamani, lenzuola.

« È tutta per voi » disse. « Tra un po' passate dall'emporio; chiudiamo alle cinque ».

« Come sta Wendy? » domandò Arkady.

« Sta innamorata di me » disse Rolf con un sorriso.

« Cretino! ».

Arkady fece il gesto di dargli un pugno, ma Rolf saltò giù dai gradini e si infilò con disinvoltura tra i cespugli, senza preavviso.

« Adesso mi devi spiegare » dissi.

« Io lo dico sempre » disse Arkady. « L'Australia è il paese delle meraviglie ».

« Tanto per cominciare, quanti anni ha? ».

« Qualsiasi età fra i nove e i novanta ».

Ci lavammo sotto la doccia, ci cambiammo, ci mettemmo comodi e poi Arkady raccontò quel che sapeva della storia di Rolf.

Discendeva, da parte di padre, da una famiglia di tedeschi della Barossa Valley – otto generazioni di prussiani, solidi luterani dal solido patrimonio, la comunità più radicata d'Australia. La madre era una francese approdata a Adelaide durante la guerra. Rolf era trilingue: sapeva l'inglese, il tedesco e il francese. Aveva vinto una borsa di studio alla Sorbona, scritto una tesi di «linguistica strutturale» e poi lavorato come «corrispondente culturale» per un giornale di Sydney.

Quell'esperienza gli aveva suscitato un tale odio per la stampa, i magnati della stampa e i media in generale che, quando Wendy, la sua ragazza, gli aveva proposto di seppellirsi con lei a Cullen, lui aveva acconsentito a una condizione: avrebbe avuto tutto il tempo che voleva per leggere.

«E Wendy?» domandai.

«Oh, lei è una linguista seria. Sta raccogliendo materiale per il dizionario pintupi».

Alla fine del primo anno, continuò, quando le letture di Rolf erano arrivate a un punto morto, era saltato fuori il lavoro dell'emporio.

Il gestore precedente, un altro svitato di nome Bruce, credendosi più aborigeno degli aborigeni aveva fatto l'errore di attaccar briga con un vecchio squilibrato, un certo Wally Tjangapati, e il boomerang di Wally gli aveva spaccato la testa.

Sfortunatamente una scheggia di legno di mulga, più fine di uno spillo, era sfuggita al radiologo di Alice Springs e gli aveva attraversato il cervello.

«E gli ha leso non solo la favella ma anche funzioni corporali meno nobili» disse Arkady.

«Ma perché Rolf ha accettato?».

«Masochismo» rispose.

«E come impiega il suo tempo?» domandai. «Scrive?»

Arkady si accigliò.

« Non dovrei parlarne » disse. « Credo sia un tasto doloroso, per lui. Credo che il suo romanzo sia stato rifiutato ».

Facemmo un'ora di siesta e poi ci avviammo al dispensario, dove c'era il radiotelefono. Estrella, la suora infermiera spagnola, stava fasciando la gamba di una donna che era stata morsa da un cane. Sul tetto del dispensario c'erano parecchie lastre di lamiera sconnesse e il vento le sbatacchiava.

Arkady domandò se erano arrivati messaggi.

« No » strepitò Estrella sovrastando il baccano. « Non sento niente ».

« C'è qualche messaggio? » urlò Arkady a squarciagola, indicando la radio.

« No. No. Nessun messaggio! ».

« Domani per prima cosa riparo quel tetto » dissi mentre ci allontanavamo.

Andammo all'emporio.

Stumpy Jones aveva portato una partita di meloni – cantalupi e angurie –, e quindi c'erano una cinquantina di persone che mangiavano meloni, accovacciate o sedute intorno alla pompa di benzina.

I cani non ne potevano più delle bucce.

Entrammo.

All'emporio era mancata la luce e i clienti brancolavano nella penombra. Certi rovistavano nel freezer, qualcuno aveva rovesciato un sacco di farina. Un ragazzino strillava perché aveva perso il lecca lecca, una giovane madre, con un neonato dentro il camicione scarlatto, beveva salsa di pomodoro dalla bottiglia.

Il « lanciatore folle » di boomerang, un uomo macilento e pelato con rotolini di grasso intorno al collo, era in piedi davanti alla cassa e reclamava a gran voce contanti in cambio dell'assegno sociale.

I registratori di cassa erano due: uno era un modello vecchio, l'altro era elettrico e perciò non funzionava. Dietro il primo sedeva una ragazza aborigena che sommava lestamente i conti sulla punta delle dita. Dietro il secondo, a capo chino, incurante del chiasso e della puzza, c'era Rolf.

Era immerso nella lettura.

Alzò gli occhi e disse: «Oh, eccovi!». Stava leggendo Proust.

«Tra poco chiudo» disse. «Vi serve qualcosa? Abbiamo una gamma fantastica di shampoo al cocco».

«No» risposi.

Era arrivato, per la precisione, alla fine dell'interminabile cena della duchessa di Guermantes. Mentre gli occhi scorrevano sulla pagina muoveva la testa da una parte all'altra. Poi, lasciandosi scappare un «Ah!» di soddisfazione per aver raggiunto il termine di un paragrafo proustiano, mise il segnalibro e chiuse il volume della Pléiade con un colpo secco.

Scattò in piedi.

«Fuori!» sbraitò rivolto ai clienti. «Fuori! Fuori! Filate!».

Lasciò pagare alle donne che si erano già messe in coda, ma cacciò via tutti gli altri, compreso il «lanciatore di boomerang». La giovane madre cercò di difendere il suo cestello con un gemito d'angoscia. Lui fu irremovibile.

«Fuori!» ripeté. «Hai avuto tutto il giorno. Torna domattina alle nove».

Le strappò il cestello di mano e rimise sugli scaffali il prosciutto e l'ananas in scatola. Alla fine, quando ebbe spinto fuori l'ultimo cliente, indicò una borsa termica, nascosta dietro la cassa.

«Razioni d'emergenza» disse. «Omaggio di Stumpy Jones. Su, bestioni, venite a darmi un mano».

Ci concesse di portargli la borsa fino alla roulotte. Wendy non era ancora tornata.

«Ci vediamo più tardi» disse lui con un cenno della testa. «Alle otto in punto».

Leggemmo un paio d'ore e alle otto in punto

ritornammo; trovammo Rolf e Wendy che arrostivano il pollo su un fuoco di carbone. C'erano le patate dolci che cuocevano nella carta stagnola, oltre alla verdura e all'insalata, e, a dispetto del regolamento, quattro bottiglie di Chablis ghiacciato della Barossa Valley.

Appena posai gli occhi su Wendy dissi tra me e me: « No, un'altra! ». No, un'altra di quelle donne sbalorditive! Era alta, tranquilla, seria ma divertita, con i capelli dorati intrecciati e raccolti sulla nuca. Sembrava meno espansiva di Marian, ma anche meno tesa, più appagata dal suo lavoro, meno smarrita.

« Sono contenta che siate venuti » disse. « Rolf ha disperatamente bisogno di parlare con qualcuno ».

## 29

Titus Tjilkamata, l'uomo che Arkady era venuto a trovare, abitava quaranta chilometri a sud-ovest del campo di Cullen, in una casupola accanto a una polla d'acqua.

Dicevano che era d'umor nero, tanto che Arkady, il quale si stava facendo forza per affrontarlo, mi consigliò di rimanere al campo finché lui non avesse verificato che aria tirava. Si era procurato l'appoggio del 'direttore' di Titus, un uomo zoppo e cordiale soprannominato 'Limpy'. Alle nove partirono insieme sulla Land Cruiser.

Era una giornata molto calda e ventosa, con il cielo solcato dagli scarabocchi dei cirri. Andai al dispensario; il tetto faceva un baccano assordante.

« L'hanno già riparato una volta » urlò Estrella. « Duemila dollari, han voluto! Figurati! ». Era una donna giovane e minuta con una faccia molto spiritosa.

Mi arrampicai su a ispezionare il danno. Il lavoro era stato fatto malamente. Tutte le travi del tetto erano pericolanti: in un futuro non imprevedibile il tetto sarebbe crollato.

Estrella mi mandò a chiedere martello e chiodi appositi a Don, il responsabile delle manutenzioni. « È un lavoro che non ti riguarda » mi disse lui. « Non riguarda né te né me ».

Il lavoro l'aveva fatto un « artigiano stronzo » di Alice.

« Comunque » dissi in tono scherzoso « questo non rende le cose meno rischiose per una certa suora suicida; e se vola via un pezzo di lamiera e taglia in due un bambino? ».

Don cedette brontolando e mi diede tutti i chiodi che aveva. Passai un paio d'ore a inchiodare le lamiere col martello e quando terminai il lavoro Estrella approvò sorridendo.

« Almeno posso sentirmi pensare » disse.

Andai a restituire il martello, e al ritorno mi fermai all'emporio per cercare Rolf.

Lì vicino, dietro una filza di bidoni vuoti disposti in cerchio che li riparava dal vento, uomini e donne giocavano a poker con poste molto alte. Un uomo aveva perso 1.400 dollari ed era rassegnato a perdere ancora. La vincitrice, una gigantessa con una maglia gialla, sbatteva le carte sul telone con l'espressione famelica e la bocca semiaperta tipiche delle signore al Casinò.

Rolf stava ancora leggendo Proust. Aveva lasciato il ricevimento della duchessa di Guermantes e stava seguendo il barone di Charlus lungo le strade che conducevano a casa sua. Aveva un thermos di caffè che divise con me.

« C'è qui qualcuno che dovresti conoscere » disse.

Diede una caramella a un ragazzino e gli disse di correre a chiamare Joshua. Circa dieci minuti dopo comparve sulla soglia un uomo di mezz'età, tutto gambe e poco altro, con la pelle molto scura e un cappello nero da cowboy.

« Ah! » disse Rolf. « John Wayne in persona ».

L'aborigeno lo salutò parlando con un pastoso accento americano.

« Senti, vecchio scroccone, questo è un mio amico inglese. Voglio che tu gli parli dei Sogni ».

« D'accordo » rispose lui.

Joshua era un famoso danzatore e mimo pintupi su cui si poteva sempre contare per un bello spettacolo. Si era esibito in Europa e negli Stati Uniti. La prima volta che era atterrato a Sydney, scambiando le luci a terra per le stelle, aveva domandato come mai l'aeroplano volasse capovolto.

Lo seguii a casa sua per un sentiero che serpeggiava tra i ciuffi di spinifex. Non aveva fianchi degni di questo nome e i calzoni continuavano a cascargli, scoprendo le natiche coriacee e ben fatte.

La 'casa' sorgeva sul punto più alto della sella tra il Monte Cullen e il Monte Liebler. Consisteva di una giardinetta eviscerata che Joshua aveva ribaltato sul tetto per potersi sdraiare all'ombra del cofano. La cabina era avvolta in fogli di plastica nera. Da un finestrino spuntava un mazzo di lance da caccia.

Ci sedemmo sulla sabbia a gambe incrociate. Gli domandai se aveva voglia di indicarmi qualche Sogno del luogo.

« Ho! Ho! » scoppiò in una chioccia risata asmatica. « Molti Sogni! *Molti!* ».

« Allora, quello chi... chi è? » domandai indicando il Monte Liebler.

« Ho! Ho! Quello è Grosso. Uno che cammina. Un Perenty ».

Il perenty, o varano gigante, è il sauro più grosso dell'Australia. Può essere lungo più di due metri e mezzo e con uno scatto può catturare un cavallo.

Joshua tirò la lingua dentro e fuori come una lucertola, e per imitare l'andatura del perenty conficcò le dita piegate ad artiglio nella sabbia, a mo' di granchio.

Alzai di nuovo lo sguardo verso le pareti rocciose del Monte Liebler e scoprii che riuscivo a 'leggere' nella roccia il capo schiacciato e triangolare della lucertola, la spalla, la zampa anteriore e quella posteriore, e la coda che si assottigliava verso nord.

« Sì, » dissi « lo vedo ». Dunque, da dove veniva quest'Uomo Perenty?

« Molto lontano » rispose Joshua. « Molto, molto lontano. Posto nel Kimberley ».

« E dove stava andando? ».

Alzò la mano indicando il sud: « Di là, gente quel paese ».

Dopo aver stabilito che la Via del Canto del Perenty seguiva un asse nord-sud, mi girai e indicai il Monte Cullen.

« Bene » dissi. « Quello chi è? ».

« Donne » bisbigliò Joshua. « Due donne ».

Raccontò come le Due Donne avessero inseguito il Perenty su e giù per il paese, finché lo avevano intrappolato e colpito alla testa con i loro bastoni appuntiti. Il Perenty però si era trincerato sottoterra ed era sfuggito alle sue inseguitrici. Della testa ferita non restava che un buco simile a un cratere di meteorite sulla vetta del Monte Cullen.

Dopo i temporali la regione a sud di Cullen diventava verde. C'erano grandi rocce isolate che spuntavano qua e là e sembravano isole.

« Dimmi, Joshua, » domandai « chi sono le rocce laggiù? ».

Joshua elencò: Fuoco, Ragno, Vento, Terra, Porcospino, Serpente, Uomo Vecchio, Due Uomini e un animale non identificabile, « come un cane, ma bianco ». Il suo Sogno, il Porcospino (o echidna), scendeva dalla Terra di Arnhem, attraversava Cullen e proseguiva in direzione di Kalgoorlie.

Mi voltai a guardare di nuovo il campo, i tetti di metallo e la pompa a vento con le pale che giravano.

« Così il Porcospino viene per questa strada? » domandai.

« Strada stessa » sorrise Joshua. « Tu vedi bene ».

Seguii la traccia della pista del Porcospino che attraversava il campo d'atterraggio, passava oltre la scuola e la pompa e costeggiava la base della parete del Perenty per poi tuffarsi nella pianura.

« Puoi cantarmelo? » chiesi. « Puoi cantarlo mentre fa questa strada? ».

Guardò in giro per sincerarsi che non ci fosse nessuno a portata d'orecchio e poi, con la sua voce di petto, cantò qualche distico del porcospino, tamburellando con le dita su un pezzo di cartone per tenere il tempo.

« Grazie » dissi. « Me ne racconti un'altra? ».

« Piacciono queste storie? ».

« Sì, mi piacciono ».

« Va bene! ». Dondolò la testa di qua e di là. « Storia del Grande che Vola ».

« Libellula? » domandai.

« Più grande ».

« Uccello? ».

« Più grande ».

Quando gli aborigeni tracciano sulla sabbia una Via del Canto, disegnano una serie di righe inframmezzate da cerchi. La riga rappresenta una fase del viaggio dell'Antenato (di solito il cammino di un giorno). Ogni cerchio è una 'tappa', un 'pozzo' o un accampamento dell'Antenato. Ma della storia del Grande che Vola non capivo molto.

Iniziava con qualche tratto deciso e diritto; poi si avviluppava in un labirinto rettangolare, per terminare in una serie di giravolte. Tracciando ogni sua parte, Joshua continuò a recitare un ritornello in inglese: « Ho! Ho! Là hanno i soldi ».

Quella mattina dovevo essere veramente tardo: ci misi secoli ad accorgermi che era un Sogno Qantas. Joshua una volta era andato a Londra in aereo. Il 'labirinto' era l'aeroporto di Londra: l'arrivo, il controllo sanitario, quello dei passaporti, la dogana e poi il viaggio in città sulla metropolitana. Le 'giravolte' erano le svolte del taxi dalla stazione della metropolitana all'albergo.

Joshua aveva visto tutte le cose tipiche di Londra: la Torre, il cambio della guardia e così via – ma la sua vera destinazione era Amsterdam.

L'ideogramma che rappresentava Amsterdam era ancora più sconcertante. C'era un cerchio con intorno quattro cerchi più piccoli: da ognuno di questi cerchi partivano dei fili che arrivavano a una scatola rettangolare.

Alla fine mi venne in mente che doveva essere una specie di tavola rotonda cui Joshua aveva partecipato con altre tre persone. Gli altri, in senso orario, erano «un buon Padre, bianco», «un uomo rosso, magro», «un uomo nero, grasso».

Domandai se i «fili» erano i cavi del microfono; Joshua scosse energicamente la testa. Sapeva tutto dei microfoni; sul tavolo effettivamente ce n'erano.

«No! No!» gridò schiacciandosi le tempie con le dita.

«Erano degli elettrodi o qualcosa del genere?».

«Ehi!» disse con voce rauca. «È lui».

Quello che riuscii a ricostruire – ma non ho la minima idea se fosse vero o falso – fu una specie di esperimento 'scientifico' nel corso del quale un aborigeno aveva cantato il suo Sogno, un monaco cattolico aveva cantato un canto gregoriano, un lama tibetano aveva cantato i suoi mantra, e un africano aveva cantato chissà cosa; avevano cantato tutti e quattro a più non posso per verificare l'effetto dei diversi stili di canto sulla struttura ritmica del cervello.

L'episodio, visto adesso, sembrò a Joshua incredibilmente buffo, tanto che per le risa dovette tenersi la pancia.

E anch'io.

Ridemmo come matti e ci lasciammo cadere boccheggianti sulla sabbia.

Spossato dalle risa mi alzai in piedi. Ringraziai Joshua e lo salutai.

Lui sorrise.

«Non offri vecchio da bere?» bofonchiò col suo accento alla John Wayne.

«Non a Cullen» risposi.

## 30

Arkady tornò nel tardo pomeriggio, stanco e preoccupato. Fece la doccia, aggiornò i suoi appunti e si sdraiò sul letto. La visita a Titus non era andata bene. No, non è vero: si erano intesi, ma la storia che Titus gli aveva raccontato era molto deprimente.

Il padre di Titus era un Pintupi, la madre una Loritja, e lui aveva quarantasette o quarantotto anni. Era nato non lontano dalla sua capanna, ma intorno al 1942 – allettati dalla marmellata, dal tè e dalla farina dei bianchi – i suoi genitori avevano lasciato il deserto e si erano rifugiati nella Missione luterana sul fiume Horn. I pastori si erano accorti che Titus era un bambino di intelligenza non comune, e lo avevano fatto studiare.

Benché si fosse già negli anni Cinquanta, i luterani gestivano le loro scuole come altrettante accademie prussiane – e Titus fu un allievo modello. Ci sono fotografie che lo ritraggono seduto al suo banco: capelli con la scriminatura diritta, calzoni corti di flanella grigia e scarpe lucide come specchi. Imparò a parlare correntemente l'inglese e il tedesco, imparò a fare i calcoli. Divenne padrone di ogni genere di tecniche meccaniche. Una volta, in veste di giovane predicatore laico, sbalordì i suoi insegnanti tenendo in tedesco un sermone sulle conseguenze teologiche dell'editto di Worms.

Due volte l'anno, in giugno e di nuovo a novembre, tirava fuori il vestito a doppio petto e saliva sul treno per Adelaide, dove si fermava qualche settimana per rimettersi al passo con la vita moderna. Andava a leggere i numeri arretrati del « Scientific American » alla biblioteca pubblica. Un anno frequentò un corso di tecnologia petrolchimica.

L'« altro » Titus era l'uomo-del-canto iperconservatore che viveva seminudo con i familiari a carico e i cani; che a caccia usava la lancia e mai il fucile; che parlava sei o sette lingue aborigene ed era famoso, in tutto il deserto occidentale, per le sue sentenze in fatto di leggi tribali.

Riuscire a mandare avanti entrambi questi sistemi di vita era prova – se di prove c'era bisogno – di un'incredibile energia.

Titus aveva salutato il Land Rights Act come un'occasione offerta al suo popolo di tornare nella sua terra – e la sua unica speranza di sottrarsi all'alcolismo. Detestava le attività delle società minerarie.

Con quel decreto il governo si riservava il diritto di sfruttamento di tutti i minerali del sottosuolo e quello di concedere licenze per le ricerche minerarie. In compenso, se le società volevano fare sondaggi in territorio aborigeno, erano obbligate, se non altro, a consultare i 'proprietari tradizionali', e, se le operazioni d'estrazione iniziavano, a pagar loro una royalty.

Titus, dopo aver soppesato i pro e i contro, si convinse che il denaro ricavato dai minerali era denaro cattivo – cattivo per i bianchi e cattivo per gli indigeni. Aveva corrotto l'Australia e le aveva dato falsi valori e false norme di vita. Quando una società ottenne il permesso di far passare dei condotti sismici nel suo territorio, dimostrò il suo disprezzo rifiutandosi di cooperare.

Questo atteggiamento non mirava certo a procurargli la benevolenza degli uomini d'affari bianchi né degli indigeni ambiziosi di Alice, e fu anche causa dell'attuale controversia.

Intorno al 1910 il nonno di Titus aveva contrattato lo scambio di due serie di *tjuringa* non contrassegnati con un clan loritja che adesso viveva alla Missione Amadeus e si faceva chiamare «gruppo Amadeus». Lo scambio dei *tjuringa* diede a ciascuna delle parti il diritto di accesso al terreno di caccia dell'altro. Poiché le tavolette non erano mai state restituite ai proprietari originari, il patto era ancora in vigore.

Un giorno, quando ormai la società mineraria aveva perso ogni speranza di trattare con Titus, arrivò a Alice Springs una delegazione da Amadeus dicendo che i 'proprietari' della terra e dei suoi canti erano loro e non lui: perciò le royalty minerarie spettavano a loro. Avevano contraffatto i *tjuringa* incidendovi sopra i loro disegni totemici. In altre parole, avevano falsificato i documenti che attestavano il diritto di primogenitura di Titus.

Titus, che conosceva Arkady solo di fama, gli aveva mandato un messaggio chiedendo il suo aiuto.

A Alice avevano assicurato a Arkady che si trattava di una banale scaramuccia per una questione di soldi. Ma Titus, si scoprì, dei soldi se ne infischiava. La crisi era molto più pericolosa, poiché alterando i *tjuringa* il gruppo Amadeus aveva tentato di riscrivere la Creazione.

Titus disse a Arkady che di notte udiva gli Antenati che gridavano vendetta, e che lui si sentiva costretto a obbedire.

Arkady, dal canto suo, capì che era urgente far 'ritrattare' ai trasgressori il loro sacrilegio, ma l'unica cosa che gli venne in mente fu di guadagnare tempo. Consigliò a Titus di andare in vacanza a Alice. « No » disse cupamente Titus. « Io resto qui ».

« Allora promettimi una cosa » disse Arkady. « Non farai nulla fino al mio ritorno ».

« Te lo prometto ».

Arkady era sicuro che intendeva mantenere la promessa, ma quello che lo sconvolgeva era l'idea che ormai erano gli aborigeni stessi a distorcere le proprie leggi per riempirsi le tasche.

« E se questo è il futuro » disse « tanto vale che io mi dia per vinto ».

Quella sera, mentre nella roulotte di Estrella aspettavamo un *estofado* per il « riparatore di tetti » che lei aveva insistito a cucinare, sul tetto sentimmo picchiettare la pioggia. Guardai fuori e vidi una fitta coltre di nubi sospesa sul Monte Liebler, con ai bordi saette crepitanti.

Dopo qualche minuto scoppiò un temporale torrenziale.

« Cristo, » disse Arkady « resteremo impantanati qui per settimane ».

« A me piacerebbe » dissi.

« Davvero? » disse seccamente. « A me no ».

Innanzitutto bisognava occuparsi del problema di Titus. Poi c'era Hanlon. Poi, entro quattro giorni, Arkady doveva essere a Darwin per una riunione con l'ingegnere ferroviario.

« Non me l'avevi detto » dissi.

« Non me l'hai domandato ».

Poi l'interruttore del generatore scattò e ci lasciò nella penombra. Per mezz'ora la pioggia cadde a rovesci, finché, di colpo com'era venuta, cessò.

Uscii. « Ark, » dissi « vieni a vedere ».

Sulla valle tra le due montagne c'erano due arcobaleni. Le pareti a strapiombo che prima erano di un rosso arido erano diventate di un nero violaceo, striate come una zebra da cascate verticali d'acqua bianca. La nuvola sembrava ancora più compatta della terra, e l'ultimo sole erompeva dal suo margine inferiore inondando lo spinifex di raggi verde pallido.

« Eh, sì » disse Arkady. « Uno spettacolo unico al mondo ».

Nella notte diluviò ancora. Il mattino dopo Ark mi svegliò prima dell'alba con uno scossone.

« Dobbiamo andare » disse. « Sbrigati ».

Aveva ascoltato le previsioni: durante il viaggio il tempo sarebbe peggiorato.

« Dobbiamo proprio? » domandai assonnato.

« Io devo » rispose. « Tu, se vuoi, puoi restare qui ».

« No » dissi. « Vengo ».

Prendemmo il tè e riordinammo la roulotte. Pulimmo le macchie di fango sul pavimento e scrivemmo in fretta un biglietto per Wendy e Rolf.

Dovemmo attraversare le pozzanghere sulla pista d'atterraggio; poi prendemmo la strada che veniva dal lago Mackay. L'alba era fosca e senza sole. Superammo un dosso... e la strada sparì in un lago.

« Bene » disse Arkady. « Basta così ».

Quando ritornammo a Cullen pioveva a dirotto. Rolf era fuori dall'emporio con un poncho impermeabile.

« Ehi! » disse guardandomi con aria beffarda. « Pensavi di svignartela senza salutare? Non ho mica chiuso con te. Non ancora! ».

Arkady passò il resto della mattinata accanto alla radio. La ricezione era pessima. Tutte le strade per Alice erano bloccate e lo sarebbero state per almeno dieci giorni. Sull'aereo postale c'erano due posti – sempre che il pilota facesse una deviazione.

Verso mezzogiorno arrivò il messaggio che l'aereo avrebbe tentato di atterrare.

« Vieni? » mi domandò Arkady.

« No » risposi. « Rimango ».

« Buon per te » disse. « Controlla che i ragazzini non scassino la Land Cruiser ». La parcheggiò sotto gli alberi, vicino alla nostra roulotte, e mi consegnò la chiave.

Al dispensario Estrella era alle prese con una donna tormentata da un ascesso. Doveva andare in ospedale a Alice e avrebbe preso il mio posto sull'aereo.

Quando la folla cominciò a salutare un puntino nero che arrivava da sud, sembrava che dietro il Monte Liebler ci fosse un altro temporale in agguato. Il Cessna ammarò sulla pista schizzando la fusoliera di fango, e rullò verso l'emporio.

« Sbrigatevi, cazzo! » urlò il pilota dalla cabina di guida.

Arkady mi strinse forte la mano. « Arrivederci » disse. « Se tutto va bene, ci vediamo tra una decina di giorni ».

« Arrivederci » risposi.

« Ciao, sciagurato » disse a Rolf, e scortò la donna gemente all'aeroplano.

Decollarono e uscirono senza difficoltà dalla valle, proprio davanti al temporale incombente.

« Che effetto ti fa » domandò Rolf « essere bloccato qui con me? ».

« Sopravviverò ».

Pranzammo con una birra e un panino al salame. La birra mi fece venir sonno, così dormii fino alle quattro. Quando mi svegliai incominciai a riordinare la roulotte per farne un luogo di lavoro.

Sopra il secondo letto c'era una tavola estraibile di compensato che diventava una scrivania. C'era perfino una sedia girevole da ufficio. Misi le matite in un bicchiere con accanto il coltellino dell'esercito svizzero. Tirai fuori qualche notes e, con l'ordine maniacale che accompagna l'inizio di un progetto, sistemai i miei taccuini « parigini » in tre pile ordinate.

In Francia questi taccuini si chiamano *carnets moleskines*: *moleskine*, in questo caso, è la rilegatura di tela cerata nera. Ogni volta che andavo a Parigi, ne compravo una scorta in una *papeterie* di Rue de l'Ancienne Comédie. Avevano le pagine quadrate e i risguardi trattenuti da un elastico. Li avevo numerati in progressione. Sul frontespizio scrivevo il mio nome e indirizzo e offrivo una ricompensa a chi lo ritrovava. Perdere il passaporto era l'ultima delle preoccupazioni; perdere un taccuino era una catastrofe.

In vent'anni e più di viaggi ne ho persi soltanto due. Uno era scomparso su un autobus afgano. L'altro era stato requisito dalla polizia segreta brasiliana che, con una certa perspicacia, credette di riconoscere in alcune righe che avevo scritto – a proposito delle ferite di un Cristo barocco – una descrizione in codice delle sue pratiche ai danni dei prigionieri politici.

Qualche mese prima che partissi per l'Australia, la padrona della *papeterie* mi disse che diventava sempre più difficile trovare il *vrai moleskine*. Era rimasto un fornitore solo: una piccola azienda familiare di Tours che a rispondere alle lettere ci metteva molto tempo.

« Vorrei ordinarne cento » dissi a Madame. « Cento mi basteranno per tutta la vita ».

Promise di telefonare a Tours nel pomeriggio.

All'ora di pranzo ebbi un'esperienza che non mi imbaldanzì. Il capo cameriere della Brasserie Lipp non mi riconobbe più: « *Non, Monsieur, il n'y a pas de place* ». Alle cinque mi presentai al mio appuntamento con Madame: il fabbricante era morto e gli eredi avevano venduto l'azienda. Lei si tolse gli occhiali e, con espressione quasi luttuosa, annunciò: « *Le vrai moleskine n'est plus* ».

Avevo il presentimento che la fase « itinerante » della mia vita si sarebbe presto conclusa. Prima che si insinuasse dentro di me il malessere della sedentarietà, pensai, dovevo riaprire questi taccuini. Dovevo mettere sulla carta un riassunto delle idee, delle citazioni e degli incontri che mi avevano divertito, che mi tornavano in mente spesso e che speravo avrebbero fatto luce su quello che per me è l'interrogativo primo: qual è la natura dell'inquietudine umana?

In una delle sue *pensées* più cupe, Pascal disse che la fonte di tutte le nostre sofferenze era l'incapacità di starcene tranquilli in una stanza.

Perché, domandava, un uomo che ha di che vivere sente lo stimolo a trovare un diversivo in qualche lungo viaggio per mare? O a vivere in un'altra città, o a andarsene alla ricerca di un grano di pepe, o in guerra a spaccar teste?

Scoperta la causa delle nostre disgrazie, Pascal volle anche capirne la ragione, e dopo averci riflettuto ne trovò una ottima: e cioè la naturale infelicità della nostra debole condizione mortale; così infelice che, se ci concentriamo su di essa, nulla può consolarci.

Solo una cosa può alleviare la nostra disperazione, ed è lo svago (*divertissement*); eppure proprio questa è la peggiore di tutte le nostre disgrazie, perché lo svago ci impedisce di pensare a noi stessi e ci porta gradualmente alla rovina.

Chissà, mi domandai, se il nostro bisogno di svago, la nostra smania di nuovo, era, in sostanza, un impulso migratorio istintivo, affine a quello degli uccelli in autunno?

Tutti i grandi maestri hanno predicato che in origine l'Uomo « peregrinava per il deserto arido e infuocato di questo mondo » – sono parole del Grande Inquisitore di Dostoevskij –, e che per riscoprire la sua umanità egli deve liberarsi dei legami e mettersi in cammino.

I miei due taccuini più recenti erano fitti di appunti presi in Sudafrica, dove avevo vagliato senza intermediari alcune prove certe sull'origine della nostra specie. Quello che appresi là – insieme a quel che ora sapevo delle Vie dei Canti – sembrava confermare l'ipotesi con cui mi baloccavo da tanto tempo: e cioè che la selezione naturale ci ha foggiati – dalla struttura delle cellule cerebrali alla struttura dell'alluce – per una vita di viaggi stagionali *a piedi* in una torrida distesa di rovi o di deserto.

Se era così, se la 'patria' era il deserto, se i nostri istinti si erano forgiati nel deserto, per sopravvivere ai suoi rigori – allora era più facile capire perché i pascoli più verdi ci vengono a noia, perché le ricchezze ci logorano e perché l'immaginario uomo di Pascal considerava i suoi confortevoli alloggi una prigione.

# DAI TACCUINI

La nostra natura consiste nel movimento. La quiete assoluta è morte.

PASCAL, *Pensées*

*

Studio della Grande Malattia: l'orrore del domicilio.

BAUDELAIRE, *Journaux intimes*

*

Coloro che hanno analizzato l'irrequietezza nel modo più convincente erano spesso, per una ragione o per l'altra, uomini costretti all'immobilità: Pascal dai disturbi di stomaco e le emicranie, Baudelaire dalle droghe, san Giovanni della Croce dalle sbarre della sua cella. Ci sono critici francesi pronti ad acclamare in Proust, l'eremita della stanza foderata di sughero, il più grande viaggiatore della letteratura.

*

I fondatori della regola monastica escogitavano continui espedienti per spegnere la sete di viaggi dei loro novizi. «Un monaco fuori dalla sua cella» disse sant'Antonio «è come un pesce fuor d'acqua». Eppure Cristo e gli Apostoli viaggiarono *a piedi* per le colline della Palestina.

*

Che cos'è questa strana pazzia, chiese Petrarca al suo giovane segretario, questa smania di dormire ogni notte in un letto diverso?

*

Che ci faccio qui?
RIMBAUD, in una lettera dall'Etiopia

*

*Picós, Piauí, Brasile*

Notte insonne al Charm Hotel. In questa regione, in cui la mortalità infantile è tra le più alte del mondo, il virus della malattia del sonno è endemico. Il mattino a colazione, invece di portarmi le uova, il padrone sbatte lo scacciamosche sul mio piatto e toglie un insetto marroncino prendendolo per una zampa.

«*Mata gente*» dice con aria tetra. «Ammazza gli uomini».

La facciata di stucco è tinteggiata di un chiaro verde menta con la scritta CHARM HOTEL a grosse lettere nere. Il gocciolio di una grondaia ha cancellato la c, così adesso si legge...[1]

*

1. HARM HOTEL, cioè «Albergo nocivo», «Albergo dei danni» [*N.d.T.*].

*Djang, Camerun*

A Djang ci sono due alberghi: l'Hotel Windsor e, di fronte, l'Hotel Anti-Windsor.

*

*Ambasciata britannica, Kabul, Afghanistan*

Il terzo segretario è anche l'addetto culturale. Nel suo ufficio sono accatastate copie su copie della *Fattoria degli animali* di Orwell: il contributo del governo britannico all'insegnamento dell'inglese nelle scuole afghane e una lezione elementare sui danni del marxismo, messa in bocca a un maiale.

« Ma, i maiali? » dissi. « In un paese musulmano? Non crede che questo genere di propaganda possa fallire lo scopo? ».

L'addetto culturale si strinse nelle spalle: l'ambasciatore pensava fosse una buona idea. Lui non poteva farci niente.

*

Chi non viaggia non conosce il valore degli uomini.

*Proverbio moresco*

*

*Miami, Florida*

Sull'autobus che va dal centro alla spiaggia c'era una signora vestita di rosa. Avrà avuto come minimo ottant'anni. Aveva i capelli di un rosa brillante ornati di fiori rosa, il vestito rosa, le labbra rosa, le unghie rosa, la borsetta rosa, gli orecchini rosa e, nella sporta, dei pacchetti di Kleenex rosa.

Nelle zeppe di plastica trasparente delle scarpe due pesci rossi galleggiavano pigramente nella formaldeide.

Ero troppo preso dai pesci rossi per notare il nanerottolo con gli occhiali cerchiati di corno che mi sedeva accanto.

« Posso domandarle, signore, » disse con voce stridula « a quale delle virtù lei dà il valore più alto? ».

« Non ci ho mai pensato » risposi.

« Un tempo io credevo nell'empatia, » disse « ma di recente mi sono convertito alla compassione ».

« Mi fa piacere ».

« Posso domandarle, signore, qual è la sua occupazione attuale? ».

« Studio archeologia ».

« È davvero sorprendente, signore. Anch'io lavoro in quel campo ».

Era un topo di fogna: i suoi amici lo calavano nel condotto principale sotto gli alberghi di Miami Beach, con un metal-detector. Là cercava i gioielli finiti per sbaglio giù per i gabinetti.

« Non è, creda, un lavoro privo di gratificazioni ».

*

Sull'espresso della notte da Mosca a Kiev, leggendo la terza *Elegia* di Donne:

> To live in one land, is captivitie,
> To runne all countries, a wild roguery.[1]

*

La vita è un ospedale in cui ogni ammalato è posseduto dal desiderio di cambiar letto. Uno vorrebbe soffrire accanto alla stufa, l'altro crede che guarirebbe se stesse vicino alla finestra.

A me sembra che sarei felice dove non sono, e la

---

1. « Vivere in un unico paese è prigionia, / scorrazzare in tutti i paesi, un esaltante vagabondaggio ».

questione del cambiar dimora è tema di un dialogo incessante con la mia anima.

BAUDELAIRE, « Any where out of the world! »

\*

*Bekom, Camerun*

I nomi dei tassì: Auto di fiducia. Baby fiducia. Il ritorno dello chauffeur gentiluomo. *Le Chauffeur Kamikaze.*

\*

*Sull'aereo Parigi-Dakar*

Ieri sera in Rue de l'Abée de l'Epée. C'era Malraux. È ventriloquo! Ha fatto un'imitazione perfetta della porta dell'ufficio di Stalin sbattuta in faccia a Gide. Lui e Gide erano andati a lamentarsi di come sono trattati gli omosessuali in Russia e Stalin aveva subodorato le loro intenzioni.

\*

*Dakar*

L'albergo Coq Hardi è anche un casino. La proprietaria, Madame Martine, possiede una barca da pesca, e così a cena si mangia *langouste*. Una delle due puttane residenti, la mia amica Mamzelle Yo-Yo, porta un monumentale turbante rosa pulce e ha le gambe come bielle. L'altra, Madame Jacqueline, ha due clienti fissi: Herr Kisch, un idrologo, e l'ambasciatore del Mali.

Ieri era la sera di Kisch. Lei è apparsa al balcone, tutta luccicante, adorna di braccialetti e avvolta in fluenti drappi color indaco: la gran madre africana. Gli ha mandato un bacio e gli ha lanciato un tralcio di bougainvillea tubando: « Eccomi, Herr Kisch! ».

Stasera, quando la Mercedes dell'ambasciatore si è fermata davanti all'albergo, lei è uscita di corsa, inguainata in un provocante vestito color café-au-lait, con una parrucca ossigenata e scarpe bianche col tacco alto, gridando con voce stridula: « *Me voilà, Monsieur l'ambassadeur!* ».

\*

*Gorée, Senegal*

Sulla terrazza del ristorante una coppia di francesi grassi ha appena finito di rimpinzarsi di *fruits de mer*. Il loro bassotto, legato col guinzaglio alla sedia della donna, continua a saltar su nella speranza di essere sfamato.

La donna al bassotto: « *Taisez-vous, Roméo! C'est l'entracte* ».

\*

L'interna fiamma... la febbre di andare...
*Kalevala*

\*

Nell'*Origine dell'uomo* Darwin rileva che in certi uccelli l'istinto migratorio è più forte di quello materno. Una madre, pur di non rinunciare al lungo viaggio verso il sud, abbandona gli uccellini nel nido.

\*

*Baia di Sydney*

Tornando in traghetto da Manly una vecchietta mi sentì parlare.

« Lei è inglese, vero? » mi domandò con un accento del nord dell'Inghilterra. « Sono sicura che lo è ».

« Sì ».

« Anch'io ».

Portava spesse lenti cerchiate di metallo e un grazioso cappello di feltro con un tocco di tulle azzurro sull'ala.

« È venuta qui in vacanza? » le domandai.

« Oh, per amor di Dio, no! » esclamò. « Vivo qui dal 1946. Ci sono venuta per stare con mio figlio, ma è successa una cosa molto strana: prima che la nave approdasse lui era morto. Avevo lasciato la mia casa di Doncaster, così ho pensato che tanto valeva restare qui! Ho chiesto al mio secondogenito di venire a vivere con me. Lui è venuto... è emigrato... e sa che cosa è successo? ».

« No ».

« È morto. Ha avuto un attacco di cuore ed è morto! ».

« Che cosa terribile » dissi.

« Avevo un terzo figlio » proseguì lei. « Era il mio prediletto, ma è morto in guerra, a Dunkerque. Era molto coraggioso. Ho ricevuto una lettera dal suo ufficiale: era proprio coraggioso! Era sul ponte... coperto di petrolio in fiamme... e si è buttato in mare. Oooh! Era una torcia umana! ».

« Ma è terribile! ».

« Ma è una bella giornata » sorrise lei. « Non è vero? ».

Era proprio una giornata radiosa, con alte nuvole bianche e una brezza che spirava dall'oceano. Qualche barca a vela andava verso i promontori, altre veleggiavano con lo spinnaker. Il vecchio traghetto, inseguito dalle creste spumeggianti delle onde, navigava verso l'Opera House e il ponte.

« E laggiù a Manly è così bello! » esclamò. « Come mi piaceva andare in gita a Manly con mio figlio... prima che morisse! Ma non ci andavo da vent'anni! ».

« È così vicino... » dissi.

« Ma io non esco di casa da sedici anni. Ero *cieca*,

225

caro! Avevo gli occhi coperti dalla cataratta, e non vedevo niente. L'oculista mi ha detto che ero incurabile, così, pensi un po', sono rimasta sedici anni al buio! Poi ecco che l'altra settimana arriva questa simpatica assistente sociale e dice: "Meglio farla vedere, questa cataratta". E mi guardi adesso! ».

Dietro gli occhiali vidi due occhi azzurri scintillanti – scintillanti è proprio la parola giusta.

« Mi hanno portata all'ospedale, » disse « e mi hanno tagliato via le cataratte! Non è splendido? Ci vedo! ».

« Sì, » dissi « è magnifico! ».

« È la prima volta che esco da sola » mi confidò. « Non l'ho detto a nessuno. A colazione ho pensato: "È una giornata splendida. Vado in autobus fino al Circular Quay e poi prendo il traghetto per Manly... proprio come facevamo ai vecchi tempi. Un pranzo tutto di pesce... Oh, è stato splendido! ».

Si strinse nelle spalle con aria maliziosa e ridacchiò.

« Quanti anni mi dà? » domandò.

« Non saprei » risposi. « Si lasci guardare. Direi ottanta ».

« No. No. No! » disse ridendo. « Ne ho novantatré... e ci vedo! ».

*

Darwin riporta il caso dell'oca di Audubon, la quale, privata delle penne remiganti, si mise in viaggio a piedi. Passa poi a descrivere le sofferenze di un uccello che, chiuso in gabbia nella stagione della migrazione, sbatteva le ali contro le sbarre e si feriva il petto a sangue.

*

Robert Burton – sedentario e libresco *don* di Oxford – dedicò un'enorme quantità di tempo e di erudizione a dimostrare che il viaggiare non era un flagello ma un rimedio alla malinconia, ossia agli effetti deprimenti della vita sedentaria:

«Anche i cieli girano continuamente in tondo, il sole sorge e tramonta, la luna cresce, stelle e pianeti mantengono un moto costante, l'aria è agitata dai venti, le maree montano e rifluiscono: senza dubbio per conservarsi e insegnarci che dovremmo sempre essere in movimento».

Oppure:

«Contro questa malattia [la malinconia] non c'è nulla di meglio che cambiare aria, vagabondare qua e là, come quei tartari zalmoensi che vivono in orde, e colgono le opportunità che offrono loro i tempi, i luoghi e le stagioni».

*Anatomia della malinconia*

\*

La mia salute era in pericolo; stava arrivando il terrore. Piombavo in sonni di parecchi giorni, e quando mi alzavo proseguivo nei sogni più tristi. Ero maturo per la morte, e la mia debolezza, per una via perigliosa, mi conduceva ai confini del mondo e della Cimmeria, patria dell'ombra e dei turbini.

Dovetti viaggiare, sviare gli incantesimi che si affollavano sul mio cervello.

RIMBAUD, *Una stagione all'inferno*

Era un grande camminatore. Sì, un camminatore straordinario, col cappotto aperto e un piccolo fez in testa malgrado il sole.

RIGHAS, di Rimbaud in Etiopia

...lungo sentieri spaventosi, come quelli che si presume esistano sulla luna.

RIMBAUD, lettera a casa

227

« L'Homme aux semelles de vent ». « L'uomo dalle suole di vento ».

VERLAINE, di Rimbaud

*

*Omdurman, Sudan*

Lo sceicco S. abita in una casetta da cui si vede la tomba di suo nonno, il Mahdi. Su un rotolo fatto di fogli di carta attaccati con lo scotch ha scritto un poema di cinquecento stanze, nello stile e con la metrica dell'*Elegia* di Gray, intitolato *Lamento per la distruzione della Repubblica Sudanese*. Prendo da lui lezioni di arabo. Dice che sulla mia fronte c'è la « luce della fede » e spera di convertirmi all'Islam.

Mi convertirò all'Islam, dico io, se lui evocherà un *ginn*.

« I *ginn* sono difficili. Ma possiamo provare » dice.

Dopo aver frugato un pomeriggio intero nei suk di Omdurman alla ricerca della mirra, dell'incenso e del profumo adatti, ora siamo tutti pronti per il *ginn*. I Fedeli hanno pregato. Il sole è tramontato, e noi siamo in giardino, seduti sotto una papaia, davanti a un braciere di carboni, in uno stato d'animo di riverente attesa.

Prima lo sceicco prova con un po' di mirra. Sale in spire una voluta di fumo.

Nessun *ginn*.

Prova con l'incenso.

Nessun *ginn*.

Prova con tutte le cose che abbiamo comprato, a una a una.

Ancora nessun *ginn*.

Allora dice: « Proviamo con l'Elizabeth Arden ».

*

Un ex legionario, un veterano di Dien Bien Phu coi capelli grigi *en brosse* e un sorriso tutto denti, è indignato perché il governo americano ha scansato le critiche per il massacro di My Lai.

« I crimini di guerra non esistono » dice. « È la guerra, il crimine ».

È ancora più indignato con il tribunale che condannò il tenente Calley per aver ucciso degli « orientali umani » – come se la parola « orientale » avesse bisogno di specificazioni.

Questa è la sua definizione di soldato: « Un professionista che per trent'anni è pagato per uccidere altri uomini. Poi si mette a potar rose nel suo giardino ».

\*

Soprattutto, non perdere la voglia di camminare: io, camminando ogni giorno, raggiungo uno stato di benessere e mi lascio alle spalle ogni malanno; i pensieri migliori li ho avuti mentre camminavo, e non conosco pensiero così gravoso da non poter essere lasciato alle spalle con una camminata... ma stando fermi si arriva sempre più vicini a sentirsi malati... Perciò basta continuare a camminare, e andrà tutto bene.

SØREN KIERKEGAARD, lettera a Jette (1847)

\*

*Solvitur ambulando*: « camminando si risolve ».

\*

« Hai visto gli indiani? » mi domandò il figlio dell'emiro di Adrar.

« Sì ».

« È un villaggio, o che cosa? ».

« No » risposi. « È uno dei paesi più grandi del mondo ».

« *Tiens!* Ho sempre pensato che fosse un villaggio ».

\*

*Nouakchott, Mauritania*

Qua e là costruzioni di cemento affondate nella sabbia e ora circondate da una bidonville di nomadi che, come Giacobbe e i suoi figli, sono stati costretti ad abbandonare il nomadismo quando « la carestia infieriva su tutta la terra ».

Fino alla siccità dell'anno scorso, circa l'ottanta per cento della popolazione di questo paese viveva nelle tende.

I Mauri hanno una passione per il blu. Hanno tuniche blu e turbanti blu. Le tende della bidonville sono rattoppate con pezzi di cotone blu; e le baracche, fatte di casse da imballaggio, hanno sempre e comunque un tocco di vernice blu.

Oggi pomeriggio ho seguito una vecchia grinzosa che ispezionava l'immondizia cercando ritagli di stoffa blu. Ne ha raccolto uno, poi un altro, li ha confrontati e ha buttato via il primo. Finalmente ha trovato un brandello esattamente della sfumatura che cercava... e se ne è andata cantando.

Ai margini della città tre ragazzini smisero di tirar calci al pallone per corrermi incontro. Il più piccolo, invece di chiedermi soldi o l'indirizzo, intavolò una conversazione molto seria. Qual era la mia opinione sulla guerra nel Biafra? Quali erano le cause del conflitto arabo-israeliano? Che cosa pensavo della persecuzione hitleriana degli ebrei? Dei monumenti dei faraoni egiziani? Dell'antico impero almoravide?

« Ma tu » gli domandai « chi sei? ».

Mi fece un rigido saluto militare.

« Sall' 'Zakaria sall' Muhammad » trillò con squillante voce di soprano. « Figlio del Ministro dell'Interno! ».

« E quanti anni hai? ».

« Otto ».

Il mattino dopo arrivò una jeep per portarmi dal Ministro.

« Mi risulta, cher Monsieur, che lei ha conosciuto mio figlio. Una conversazione molto interessante, mi ha detto. Da parte mia vorrei invitarla a cena da noi, e sapere se posso in qualche modo esserle d'aiuto ».

\*

Per molto tempo mi vantai di possedere tutti i paesi possibili.

RIMBAUD, *Una stagione all'inferno*

\*

*Mauritania, in viaggio per Atar*

Sul cassone del camion c'erano una cinquantina di persone, pigiate tra i sacchi di grano. Eravamo a metà strada quando si sollevò una tempesta di sabbia. Vicino a me c'era un senegalese dall'odore penetrante. Aveva venticinque anni, mi disse. Era tracagnotto e pieno di muscoli. Aveva i denti arancioni per l'abitudine di masticare noci di cola.

« Vai a Atar? » domandò.

« Anche tu? ».

« No. Io vado in Francia ».

231

« A far cosa? ».

« A continuare la mia professione ».

« Quale? ».

« *Installation sanitaire* ».

« Hai il passaporto? ».

« No » sorrise lui. « Ho una carta ».

Spiegò un pezzo di carta bagnaticcia su cui lessi che Don Hernando Tal dei Tali, padrone del motopeschereccio tal dei tali, aveva avuto alle sue dipendenze Amadou... spazio in bianco per il cognome... ecc., ecc.

« Andrò a Villa Cisneros » disse. « Prenderò una nave per Tenerife o per Las Palmas, nella Gran Canaria. Là continuerò la mia professione ».

« Facendo il marinaio? ».

« No, Monsieur: l'avventuriero. Vorrei vedere tutti i popoli e tutti i paesi del mondo ».

### Sulla strada di ritorno da Atar

Sotto il telone di un camioncino erano stipati quindici passeggeri, tutti Mauri tranne me e qualcuno che si era nascosto in un sacco. Il sacco si mosse e spuntò fuori la bella testa ansiosa di un ragazzo Wolof. Aveva i capelli e la pelle bianchi di polvere, come pruina sugli acini dell'uva nera. Era spaventato e sconvolto.

« Che cosa ti è successo? » domandai.

« È finita. Alla frontiera mi hanno rimandato indietro ».

« Dove volevi andare? ».

« In Francia ».

« A far cosa? ».

« A continuare la mia professione ».

« Che professione è? ».

« Non capiresti ».

« Invece sì » dissi. « Conosco quasi tutti i *métiers* di Francia ».

« No » disse scuotendo la testa. « La mia è una professione che non capiresti ».

« Dimmela ».

Infine, con un sospiro che era anche un gemito, disse: « Sono un *ébéniste*. Faccio *bureaux-plats* Luigi XV e Luigi XVI ».

Proprio così. A Abidjan aveva imparato l'arte dell'intarsio in una fabbrica di mobili che appagava il gusto della nuova borghesia nera francofila.

Era senza passaporto, ma nella borsa aveva un libro sui mobili francesi del Settecento. I suoi eroi erano Cressent e Reisener. Aveva sperato di visitare il Louvre, Versailles e il Musée des Arts Décoratifs. Aveva sperato di fare, possibilmente, l'apprendista da un *maître* di Parigi, ritenendo che ne esistessero.

*

### Londra

Con Bertie da un commerciante di mobili francesi. Il commerciante aveva offerto un comò di Reisener a Paul Getty, che si era rivolto a Bertie per una perizia.

Il comò, iper-restaurato, era stato restituito alla sua condizione originaria.

Bertie lo guardò e disse: « Oh! ».

« Allora? » domandò il commerciante dopo una lunga pausa.

« Allora, io non lo metterei nemmeno nella stanza della serva. Ma per lui andrà benissimo ».

*

Far collezione di oggetti è una buona cosa, ma far passeggiate è meglio.

ANATOLE FRANCE

*

233

Le mie ricchezze volano lontano da me. Prendono il volo come locuste...

*Lamento sulla distruzione di Ur*

\*

*Timbuctù*

Il cameriere mi portò il menù:

*Capitaine bamakoise* (pesce gatto fritto)
*Pintade grillée*
*Dessert*

« Bene » dissi. « A che ora si può mangiare? ».

« Noi mangiamo alle otto » rispose.

« Va bene. Allora alle otto ».

« No, Monsieur. Alle otto mangiamo noi. Lei deve mangiare prima delle sette... o dopo le dieci ».

« Noi chi? ».

« Noi » rispose. « Il personale ».

Abbassò la voce e disse sottovoce:

« Le consiglio di mangiare alle sette, Monsieur. Noi finiamo tutto quello che c'è ».

Circa un secolo fa il Cardinale de la Vigerie, Arcivescovo di Cartagine e Primate di tutta l'Africa, trapiantò qui – non personalmente – la religione cristiana. Era un intenditore di borgogna e si faceva fare le tonache a Worth.

Tra i suoi rappresentanti in Africa c'erano tre padri bianchi – Paulmier, Boerlin e Minoret – che furono decapitati dai Tuareg poco dopo aver celebrato la Messa nella città proibita.

Quando il cardinale ricevette la notizia era sul lungomare di Biarritz, nel suo landò.

« *Te Deum laudamus!* » esclamò. « Ma non ci credo ».

« Sì, » disse il suo informatore « è vero ».

« Sono proprio morti? ».

« Sì ».

« Che gioia per noi! E per loro! ».

Il Cardinale interruppe la sua passeggiata mattutina per scrivere alle madri tre identiche lettere di condoglianze: « Dio si servì di voi per farli nascere, e Dio si servì di me perché li mandassi in Cielo come martiri. Abbiate questa felice certezza ».

*

Sul risguardo di un *Tristram Shandy* tascabile, comprato a Alice Springs in un negozio di libri usati, qualcuno aveva scritto frettolosamente: « In Australia uno dei rari momenti di felicità per un uomo è quando i suoi occhi incrociano quelli di un altro uomo al di sopra di due bicchieri di birra ».

*

*Yunnan, Cina*

Il maestro del villaggio era un uomo cavalleresco ed energico con folti e lucenti capelli di un nero bluastro; abitava con la moglie-bambina in una casa di legno accanto al torrente Giada.

Aveva studiato musicologia e battuto sperduti villaggi di montagna per registrare i canti tradizionali della tribù Na-Khi. Credeva, come Vico, che le prime lingue del mondo fossero cantate. L'uomo primitivo, diceva, aveva imparato a parlare imitando i richiami di mammiferi e uccelli, ed era vissuto in musicale armonia con il resto del Creato.

La sua stanza era piena di cianfrusaglie, salvate chissà come dai cataclismi della Rivoluzione Culturale. Appollaiati sulle sedie di lacca rossa sgranocchiammo semi di melone, mentre lui versava in ditali di porcellana bianca un tè di montagna chiamato « Manciata di neve ».

Ci fece ascoltare il nastro di un canto Na-Khi,

235

un'antifonia che uomini e donne cantavano intorno a una salma sul catafalco: *Uuuu... Ziii! Uuuu... Ziii!* Cantavano per scacciare il Divoratore di Morti, un demone maligno, munito di zanne, che credevano mangiasse l'anima.

La sua capacità di canticchiare a una a una le mazurche di Chopin, oltre a un repertorio beethoveniano che pareva sconfinato, fu per noi una sorpresa. Nel 1940 il padre, mercante nel commercio carovaniero della zona di Lhasa, lo aveva mandato a studiare musica occidentale all'Accademia di Kunming.

Sulla parete alle sue spalle, sopra una riproduzione di *L'embarquement pour Cythère* di Claude Lorrain, c'erano due sue foto incorniciate: una dietro un pianoforte a coda, in cravatta bianca e marsina; l'altra mentre dirigeva l'orchestra in una strada gremita di folla che sventolava le bandiere: una figura irruente e vigorosa, in punta di piedi, con le braccia protese verso l'alto e la bacchetta abbassata.

« Era il 1949 » disse. « Davamo il benvenuto all'Armata Rossa che entrava a Kunming ».

« Che cosa suonavate? ».

« La *Marche militaire* di Schubert ».

Per questo – anzi per la sua dedizione alla « cultura occidentale » – si era preso ventun anni di prigione.

Stese le mani davanti a sé e le fissò tristemente, come se fossero due orfane perdute da tempo. Aveva le dita adunche e i polsi sfregiati: ricordo del giorno in cui le Guardie lo avevano appeso alle travi del tetto, nella posizione di Cristo sulla Croce... o di un uomo che dirige un'orchestra.

*

È credenza diffusa che gli uomini siano i vagabondi e le donne le custodi della casa e del focolare.

Certo, può essere vero. Ma le donne sono soprattutto le custodi della continuità: se il focolare si sposta, si spostano anche loro.

Sono le zingare a far restare i loro uomini sulla strada. Così come erano le donne degli indiani Yaghan, nelle acque sferzate dal vento dell'arcipelago di Capo Horn, a tener accese le braci sul fondo delle canoe di corteccia. Il padre missionario Martin Gusinde le paragonò alle « antiche vestali » o a « irrequieti uccelli di passo, felici e in pace con se stessi solo quando sono in movimento ».

\*

Nell'Australia centrale sono le donne che spingono per ritornare agli antichi modi di vita. Come disse una donna a un mio amico: « Le donne sono per il Paese ».

\*

*Mauritania*

A due giorni da Chinguetti dovemmo attraversare un tetro canyon grigio senza un filo di verde. Sul fondo della valle c'erano parecchi cammelli morti, la pelle incartapecorita che sbatteva contro la gabbia toracica.

Quando arrivammo in cima al dirupo di fronte era quasi buio. Si preparava una tempesta di sabbia, e i cammelli erano irrequieti. Poi una delle guide indicò alcune tende tra le dune a circa un chilometro da noi: tre di pelo di capra e una di cotone bianco.

Ci avvicinammo lentamente. Le guide storcevano il viso cercando di stabilire se erano le tende di una tribù amica. Poi uno di loro sorrise, disse « Lalakh-lal! » e spronò i cammelli al trotto.

Un uomo alto e giovane scostò il lembo della

tenda e fece cenno di avvicinarci. Smontammo. Indossava una veste blu e aveva ai piedi babbucce gialle.

Una vecchia ci portò datteri e latte di capra, e lo sceicco ordinò di uccidere un capretto.

« Dai tempi di Abramo e Sarah » mi dissi « non è cambiato nulla ».

Lo sceicco, Sidi Ahmed el-Beshir Hammadi, parlava perfettamente il francese. Mentre al termine della cena ci versava il tè alla menta, gli domandai, ingenuamente, perché la vita in tenda, malgrado tutti i suoi disagi, fosse così irresistibile.

Lui si strinse nelle spalle: « Bah! Io non chiederei di meglio che vivere in una casa di città. Qui nel deserto la pulizia è impossibile; non si può certo fare la doccia! Sono le donne che ci spingono a vivere nel deserto. Dicono che arreca salute e felicità a loro e ai bambini ».

\*

*Timbuctù*

Le case sono fatte di fango grigio. Molti muri sono coperti di frasi, scritte col gesso nella più linda delle calligrafie:

*Les noms de ceux qui voyagent dans la nuit sont Sidi et Yéyé Hélas! Les Anges de l'Enfer.*
*Beauté... Beau...*
*La poussière en Décembre...*

\*

Inutile chiedere a un vagabondo
consiglio su come costruire una casa.
Il lavoro non arriverà mai alla fine.

Dopo aver letto questo brano del *Libro delle Odi*

238

cinesi, mi resi conto che cercare di scrivere un libro sui nomadi era insensato.

*

Psichiatri, politici, tiranni continuano ad assicurarci che la vita nomade è un comportamento anormale; una nevrosi; una forma di desiderio sessuale inappagato; una malattia che, per il bene della civiltà, deve essere debellata.

La propaganda nazista sostenne che per zingari ed ebrei – due popoli geneticamente portati al nomadismo – in un Reich stabile non c'era posto.

Gli orientali, però, mantengono vivo un concetto un tempo universale: che la vita errabonda ristabilisce l'armonia originaria che esisteva una volta fra l'uomo e l'universo.

*

Non c'è felicità per l'uomo che non viaggia. Vivendo nella società umana, anche il migliore degli uomini diventa un peccatore. Poiché Indra è amico del viandante. Andate, dunque!

*Aitareya Brahmana*

*

Non puoi percorrere la via prima di esser diventato la Via stessa.

GAUTAMA BUDDHA

*

Proseguite il cammino!

*Le sue ultime parole ai discepoli*

*

Nell'Islam, e soprattutto fra gli ordini sufici, la pratica del *siyaḥat* – l'atto o ritmo del camminare – era usata per sciogliere i legami col mondo e consentire agli uomini di perdersi in Dio.

Lo scopo di un derviscio era diventare un « morto che cammina »: uno che col corpo vive sulla terra ma che ha l'anima già in Paradiso. Un manuale sufi, il *Kashf-al-Mahjub*, dice che il derviscio, alla fine del suo viaggio, non diventa il Viandante ma la Via, ossia il luogo su cui sta passando qualcosa, non un viaggiatore libero di seguire la propria volontà.

\*

Ne parlai con Arkady e lui mi disse che gli aborigeni avevano un concetto molto simile: « Molti uomini, dopo, diventano Paese, Antenati ».

Percorrendo e cantando per tutta la vita la Via del Canto del suo Antenato, alla fine un uomo diventava la pista, l'Antenato e il canto stesso.

\*

La Via senza Via, dove i Figli di Dio si perdono e nel contempo si ritrovano.

MEISTER ECKHART

\*

*He is by nature led*
*To peace so perfect that the young behold*
*With envy, what the old man hardly feels.*[1]

WORDSWORTH, *Old Man Travelling*

\*

1. « Da natura è guidato / a una pace così perfetta, che i giovani guardano / invidiosi ciò che il vecchio percepisce appena ».

Una brevissima vita di Diogene:

Viveva in una botte. Mangiava polipi e lupini. Diceva: «*Kosmopolites eimi*», «Sono cittadino del mondo». Paragonava i suoi vagabondaggi su e giù per la Grecia alle migrazioni delle cicogne: al nord in estate, al sud per sfuggire il freddo invernale.

*

Noi lapponi abbiamo la stessa natura delle renne: in primavera bramiamo le montagne; d'inverno ci attraggono i boschi.

TURI, *Il libro della Lapponia*

*

Nell'India antica col monsone era impossibile viaggiare. E poiché il Buddha non desiderava che i suoi discepoli guadassero i fiumi in piena con l'acqua fino al collo, concesse loro il *Vassa*, un «ritiro per le piogge». In quei periodi i pellegrini, che non avevano una dimora, dovevano radunarsi su un'altura e vivere in capanne di canne e argilla.

Da questi luoghi sorsero poi i grandi monasteri buddhisti.

*

Nell'antica chiesa cristiana esistevano due tipi di pellegrinaggio: il «peregrinare per Dio» (*ambulare pro Deo*), secondo l'esempio di Cristo o del Padre Abramo, che, abbandonata la città di Ur, andò a vivere in una tenda, e il «pellegrinaggio di penitenza»: chi si era macchiato di «enormi delitti» (*peccata enormia*) doveva, applicando un tariffario stabilito, andare a mendicare per il mondo – con cappello, borsa, bastone e segno di riconoscimento – e guadagnarsi la salvezza per la strada.

L'idea che il camminare dissolvesse i peccati di

violenza risale a Caino, alle peregrinazioni che gli furono imposte per espiare l'assassinio del fratello.

*

*Walata, Mauritania*

I cammellieri erano stati ausiliari della Legione e invece dei rosari portavano al collo coltelli per scuoiare. Al tramonto mi portarono in una casa appena fuori città, a sentire il *bhagi*.

Il *bhagi* era un santo errante che andava di oasi in oasi con il vecchio padre sdentato. Aveva gli occhi come due velate mandorle azzurre. Era cieco dalla nascita e il padre doveva accompagnarlo ovunque.

Sapeva a memoria tutto il Corano; quando lo trovammo era accovacciato per terra, la schiena appoggiata al muro di fango secco, e mentre il padre girava le pagine del Libro, lui cantava le sure con un sorriso rapito. Le parole uscivano sempre più rapide finché si persero in un ritmo continuo e martellante, come un assolo di tamburo. Il padre sfogliava in fretta le pagine e tra la folla qualcuno cominciò a ondeggiare con lo sguardo 'perduto', come se fosse sul punto di cadere in trance.

D'improvviso il *bhagi* tacque. Per un istante regnò un silenzio di tomba. Poi, con lentezza estrema, cominciò a declamare il versetto successivo, insistendo sulle gutturali, buttando a una a una le parole al pubblico che le afferrava come messaggi provenienti dall'« aldilà ».

Il padre appoggiò il capo sulla spalla del figlio e fece un gran sospiro.

*

La vita è un ponte. Attraversalo, ma non costruirvi alcuna casa.

*Proverbio indiano*

*

Tra Firuzabad e Shiraz è in pieno svolgimento la migrazione dei Quashgai: pecore e capre per chilometri e chilometri; viste dalla cima di una collina sembrano file di formiche. Pochissima erba: una spruzzata di verde sulle montagne, ma lungo la strada solo una ginestra bianca in fiore e un'artemisia con le foglie grigie. Animali scarni e deboli, ossa ricoperte di pelle e quasi nient'altro. Ogni tanto uno stramazza fuori dalla fila, come un soldato che sviene durante una parata; barcolla, cade e s'inizia la gara fra avvoltoi e cani.

Mastini con la bocca schiumante di bava! Avvoltoi con la testa rossa! Ma la testa è rossa di natura o è rossa di sangue? Di entrambi! È rossa ed è insanguinata. E voltandoti a guardare la strada percorsa, vedi gli avvoltoi che volteggiano in spirali.

Gli uomini quashgai erano magri, ostinati, segnati dalle intemperie, e portavano cappelli a cilindro di feltro bianco. Le donne facevano sfoggio di eleganza: sgargianti abiti di calicò acquistati apposta per il viaggio di primavera. Alcune erano in groppa ai cavalli e agli asini; altre ai cammelli, con le tende e i paletti per le tende. I corpi beccheggiavano seguendo il ritmo della sella, gli occhi erano fissi sulla strada.

Una donna con una veste color zafferano e verde mi passò accanto su un cavallo nero. Dietro di lei, avvoltolato sulla sella, c'era un bimbo che giocava con un agnello senza mamma; c'erano vasi di rame sferraglianti e un gallo legato con una corda.

La donna stava anche allattando un neonato. Collane di monete d'oro e amuleti le ricadevano sui seni. Come molte donne nomadi, aveva addosso tutti i suoi beni.

Quali sono, quindi, le prime impressioni che un

bimbo nomade ha del mondo? Un capezzolo dondolante e una cascata d'oro.

*

Gli Unni ardono di un'insaziabile sete d'oro.
AMMIANO MARCELLINO

*

Essi avevano pendenti d'oro, poiché erano Ismaeliti.
*Giudici, 8, 24*

*

Un buon cavallo è un membro della famiglia.
*Detto quashgai*

*

*Dasht-i-Arjan, vicino a Shiraz*

Il vecchio si accovacciò accanto alla sua cavalla baia agonizzante: durante la migrazione i cavalli sono i primi a cadere. Aveva trovato una chiazza d'erba fresca; tanto aveva fatto che era riuscito a condurvi la cavalla, e adesso cercava di infilargliene una manciata fra i denti. Troppo tardi: l'animale si era coricato sul fianco, con la lingua penzoloni e gli occhi vitrei della morte imminente.

Il vecchio si morse le labbra e pianse, moderatamente; un paio di lacrime gli rigarono le guance. Poi senza guardare indietro si caricò la sella sulle spalle e insieme ci dirigemmo verso la strada.

Lungo la strada uno dei khan ci caricò sulla sua Land Rover.

Era un vecchio gentiluomo con la schiena eretta, il monocolo e una certa conoscenza dell'Europa. A

Shiraz possedeva una casa e dei frutteti, ma ogni primavera si metteva a disposizione della sua gente.

Mi portò in una tenda dove si erano riuniti i khan suoi amici per discutere la loro strategia. Uno di loro era un tipo molto elegante e indossava una giacca a vento gialla imbottita. Aveva un'abbronzatura che mi sembrò da sciatore. Sospettai che fosse appena arrivato da St. Moritz, e lui diffidò di me a prima vista.

Il khan a cui tutti mostravano deferenza era un uomo asciutto, col naso adunco e un'ispida barbetta grigia. Era seduto su un *kilim* e ascoltava senza batter ciglio le discussioni degli altri. Poi prese un pezzo di carta e con la biro disegnò delle linee sinuose.

Era l'ordine di precedenza in cui i diversi clan dovevano spostarsi nel prossimo tratto.

*

La stessa scena è descritta nella *Genesi*, 13, *9*, quando Abramo, lo sceicco beduino, incomincia a temere che i suoi mandriani si azzuffino con i mandriani di Lot: « Non hai forse davanti tutto il paese? Separati da me, ti prego; se tu andrai a sinistra, io andrò a destra; se tu andrai a destra, io andrò a sinistra ».

*

Qualunque migrazione di nomadi richiede l'organizzazione precisa e flessibile di una campagna militare. Alle tue spalle l'erba sta avvizzendo. Davanti a te la neve può bloccare i passi.

Quasi tutti i nomadi affermano di essere « proprietari » del percorso della loro migrazione (in arabo *Il-Rāh*, « la Via »), ma in pratica rivendicano solo diritti di pascolo stagionale. Perciò tempo e spazio si confondono l'uno nell'altro: un mese e un tratto di strada sono sinonimi.

Ma la migrazione di un nomade – diversamente da quella di un cacciatore – non è un fatto privato. È invece un viaggio guidato di animali che, diventando domestici, hanno in parte perduto il loro istintivo senso dell'orientamento. Richiede abilità e capacità di rischiare. In una sola stagione un uomo può perdere, come Giobbe, tutti i suoi averi: come successe ai nomadi del Sahel o alle società di allevatori del Wyoming nel Grande Inverno Bianco del 1886-87.

In una stagione avversa, per il nomade la tentazione di deviare dal percorso è irresistibile; ma ad aspettarlo c'è l'esercito con i mitra.

« L'esercito » disse il vecchio khan mio amico « ha ormai rimpiazzato il leone e il lupo ».

*Nomos* in greco significa « pascolo », e « il nomade » è un capo o un anziano del clan che presiede alla distribuzione dei pascoli. Perciò *nomos* assunse il significato di « legge », « equa ripartizione », « ciò che è concesso per consuetudine » – la base, quindi, di tutta la legge occidentale.

Il verbo *nemein* – « pascolare », « pascere », « disporre » o « spargere » – ha sin dai tempi di Omero un secondo significato: « distribuire », « ripartire » o « dispensare », riferito soprattutto a terra, onori, carne o bevande. *Nemesis* è l'« amministrazione della giustizia » e quindi della « giustizia divina ». *Nomisma* significa « moneta corrente »: da qui « numismatica ».

I nomadi che Omero conosceva erano gli Sciti, i « mungitori di cavalle » che vagavano coi loro carri per le steppe della Russia meridionale. Seppellivano i loro capi in tombe a tumulo, insieme a cavalli e aurei tesori.

Ma le origini del nomadismo sono molto difficili da ricostruire.

*

Madame Dieterlen, una persona assai esperta dell'Africa, mi offrì il caffè nella sua roulotte sul bordo del dirupo dei Dogon. Le domandai quali tracce lasciavano per un archeologo i Peul Bororo – mandriani del Sahel – quando abbandonavano un campo.

Lei dopo un attimo di riflessione rispose: «Disperdono le ceneri dei fuochi. No, quelle il tuo archeologo non le troverebbe. Però le donne appendono piccole ghirlande d'erba a un ramo dell'albero che le ripara dal sole».

*

Secondo Max Weber gli iniziatori del capitalismo moderno furono certi calvinisti, che predicarono la dottrina della giusta ricompensa del lavoro, dimentichi della parabola del cammello e della cruna dell'ago. Tuttavia il concetto di trasferire e accrescere le proprie «ricchezze vive» esiste da quando esiste la pastorizia. Gli animali domestici sono «moneta corrente», «che corre», dal francese *courir*. E infatti quasi tutti i nostri termini monetari – capitale, scorta, pecuniario, beni mobili, sterlina, forse anche l'idea stessa di «crescita» – hanno origine nel mondo pastorale.

*

*Is it not passing brave to be a King,*
*And ride in triumph through Persepolis?* [1]

MARLOWE, *Tamerlano il Grande*
Parte I, atto II, scena V, vv. 53-54

\*

*Persepoli, Fars*

Stavamo andando a Persepoli, a piedi sotto la pioggia. I Quashgai erano fradici e felici, e fradici erano gli animali; quando la pioggia cessò si scrollarono l'acqua dal mantello continuando a camminare, e sembrava che danzassero. Superammo un frutteto cintato da un muro di fango secco. Dopo la pioggia si sentiva il profumo dei fiori d'arancio.

Al mio fianco camminava un ragazzo, che scambiò un'occhiata sfavillante con una ragazza. Lei era su un cammello, seduta dietro la madre, ma il cammello andava più veloce di noi.

A tre miglia da Persepoli si stavano montando grandi tende a cupola, che a giugno avrebbero ospitato la turba dei reali invitati all'incoronazione dello Shah-i-Shah. Le tende erano disegnate da Jansen, la ditta di arredatori parigini.

Qualcuno stava urlando in francese.

Sollecitai il ragazzo quashgai a far commenti sulle tende, o per lo meno a guardarle. Ma lui scrollò le spalle e guardò dall'altra parte – e così proseguimmo per Persepoli.

Attraversando Persepoli guardai le colonne rastremate, i porticati, i leoni, i tori, i grifoni; le lucenti rifiniture metalliche della pietra, e gli innumerevoli versi di iscrizioni megalomani: «Io... Io... Io... Il Re... Il Re... bruciai... uccisi... posi... ».

Per averla bruciata, Alessandro aveva tutta la mia simpatia.

1. « Non è magnifico essere Re / e attraversare Persepoli in trionfo? ».

Di nuovo sollecitai il ragazzo quashgai a guardare. Di nuovo lui scrollò le spalle. Per quel che ne sapeva, o che gliene importava, Persepoli poteva esser fatta di fiammiferi... e così salimmo sulle montagne.

*

Piramidi, archi, obelischi non furono che le irregolarità della vanagloria, e le sconsiderate enormità della magnanimità antica.

SIR THOMAS BROWNE, *Le urne sepolcrali*

*

*Londra*

Franco S., tornato dall'Iran per la prima volta dopo la caduta dello Shah, dice che uno degli effetti secondari della rivoluzione khomeinista è il recupero di forza e mobilità dei Quashgai.

*

Da un lato la tradizione dei fuochi d'accampamento, dall'altro quella delle piramidi.

MARTIN BUBER, *Mosè*

*

Prima di parlare alla folla delle adunate di Norimberga, il Führer si ritirava a meditare in una camera sotterranea, fedele riproduzione della tomba della Grande Piramide.

*

« Guarda! In cima alla Piramide ho disegnato un teschio ».
« Perché, Sedig? ».
« Mi piace disegnare cose paurose ».
« Che cosa ci fa il teschio sulla Piramide? ».

« È il teschio di un gigante che c'è sepolto dentro, e spunta dalla cima ».

« Che cosa pensi di quel gigante? ».

« Che è cattivo ».

« Perché? ».

« Perché si mangia gli uomini ».

*Conversazione con Sedig el-Fadil el-Mahdi, sei anni*

\*

L'avversione di Yahwèh per la pietra da taglio: « E se mi farai un altare di pietra, non lo costruirai con pietra squadrata, perché alzando la tua mano su di essa tu la renderesti profana ».

*Esodo, 20, 25*

\*

...e nessuno fino a oggi ha saputo dove sia il suo sepolcro.

*Deuteronomio, 34, 6*

\*

Al termine di una notte di luna un cane ulula e poi ammutolisce. La luce del fuoco tremola e la sentinella sbadiglia. Un uomo vecchissimo passa silenzioso davanti alle tende, e saggia il terreno con un bastone per accertarsi di non inciampare nelle corde tese. Poi prosegue. La sua gente si trasferisce in una regione più verde. Mosè si reca all'appuntamento con gli sciacalli e gli avvoltoi.

\*

A Gerusalemme, dopo aver fatto irruzione nel Tempio, Pompeo chiese di esser portato nel *sancta sanctorum*, e fu sorpreso di trovarsi in una stanza vuota.

\*

Erodoto narra che visitando l'Egitto alcuni greci videro le montagne di calcare erette dall'uomo e le chiamarono « piramidi », come i dolci di grano che in Grecia venivano venduti per strada e avevano la stessa forma. Gli abitanti del luogo, aggiunge, preferivano chiamarle « Philitis », dal nome del pastore che un tempo pascolava il gregge alla loro ombra. Infatti ricordavano il periodo della loro costruzione come un periodo d'orrori e non riuscivano a pronunciare i nomi di coloro che le avevano fatte erigere, Cheope e Chefren.

*

Arte muraria, è dell'uomo?... Il pensiero degli Egizi mi colma di raccapriccio.
HERMAN MELVILLE, *Diario della traversata degli stretti*

*

*Moschea di Djinguereber, Timbuctù*

File su file di tenebrosi archi in mattoni di fango secco. Guano di pipistrello. Sulle travi nidi di vespe. Sulle stuoie rosse cadono fasci di luce che sembrano raggi di uno specchio ustorio.

Il marabutto smise di pregare per interrogarmi.

« Esiste un popolo chiamato mericani? » chiese.

« Sì ».

« Dicono che hanno visitato la Luna ».

« È vero ».

« Sono blasfemi ».

*

Una brevissima storia del Grattacielo:

Tutti sanno che la Torre di Babele, nelle intenzioni, era un attacco al Paradiso. I funzionari preposti alla costruzione erano pochi. La forza lavoro era

251

immensa: perché gli ordini non fossero fraintesi, tutti gli operai dovevano parlare la stessa lingua.

Mentre l'edificio si innalzava, la Somma Autorità si inquietò: e se far guerra al Paradiso fosse stato insensato? O, peggio ancora, se Dio e il suo Paradiso non fossero nemmeno esistiti? Il Comitato Centrale fu convocato d'urgenza e decise di lanciare una sonda nel cielo. Furono sparati missili a salve, in verticale; e quando ricaddero a terra macchiati di sangue si ebbe la prova che Dio, dopotutto, era mortale e che i lavori della Torre dovevano procedere.

Egli, dal Canto Suo, siccome gli avevano punzecchiato il sedere, si risentì. Una mattina, con uno sbuffo sdegnoso, fece scappar di mano a un muratore delle terrazze superiori un mattone, che cadde in testa a un collega del piano di sotto. Era stato un incidente, lo sapevano tutti, ma il muratore del piano di sotto cominciò a imprecare e minacciare. I compagni cercarono di calmarlo, ma invano. Senza sapere perché si litigava, ognuno disse la sua. Ognuno, nella sua giusta ira, rifiutò di ascoltare ciò che diceva il vicino e usò volutamente un linguaggio astruso. Il Comitato Centrale non poté farci nulla: tutte le squadre di operai, che ormai parlavano ciascuna una lingua diversa, cercarono scampo dalle altre nelle più remote regioni della Terra.

Ispirato a GIUSEPPE FLAVIO
*Antichità giudaiche*, I, IV

*

Senza costrizione non si potrebbe fondare nessun insediamento. Gli operai non sarebbero sorvegliati da nessuno. I fiumi non uscirebbero dai loro letti.

*Testo sumero*

*

Per i Babilonesi, *bab-il* significava «Porta di Dio».
La stessa parola per gli Ebrei significava «confusione», forse «confusione cacofonica». Gli ziggurat mesopotamici erano «Porte di Dio» dipinte nei sette colori dell'arcobaleno e sacre a Anu e Enlil, divinità che rappresentavano l'Ordine e la Costrizione.

Gli antichi Ebrei – schiacciati com'erano tra due imperi che li angariavano – ebbero sicuramente una grande intuizione nell'identificare lo stato con Behemoth o il Leviatano, un mostro che attentava alla vita umana. Furono forse il primo popolo a capire che la Torre era caos, che l'ordine era caos, e che il linguaggio – il dono della parola che Yahwèh infuse nella bocca di Adamo – ha una vitalità ribelle e capricciosa, al cui confronto le fondamenta delle piramidi sono come polvere.

*

### Sul treno Francoforte-Vienna

Stava andando a Vienna, a trovare il vecchio padre rabbino. Era piccolo e grasso. Aveva la pelle bianca e diafana e due riccioli rossicci a cavaturacciolo; portava un pesante cappotto di serge e un cappello di castoro. Era molto timido, tanto da non riuscire a spogliarsi se nello scompartimento c'era qualcuno. Il conduttore del vagone letto gli aveva assicurato che sarebbe stato solo.

Mi offrii di uscire in corridoio. Il treno stava attraversando una foresta; aprii il finestrino e respirai la fragranza dei pini. Quando dieci minuti dopo rientrai, lui era sdraiato nella cuccetta superiore, a suo agio e con una gran voglia di chiacchierare.

Aveva studiato per sedici anni in un'Accademia talmudica di Brooklyn: era altrettanto che non vedeva suo padre. Il mattino li avrebbe riuniti.

Prima della guerra la sua famiglia viveva a Sibiu, in Romania; quando era scoppiata la guerra avevano sperato di essere al sicuro. Poi, nel 1942, sulla loro casa i nazisti dipinsero una stella.

Il rabbino si rasò la barba e si tagliò i due riccioli. La sua serva, una gentile, gli procurò degli abiti da contadino: un cappello di feltro, una tunica con la cintura, una giacca di pelle di pecora e un paio di stivali. Lui abbracciò la moglie, le due figlie e il figlioletto: sarebbero morti tutti e quattro a Birkenau. Con il primogenito in braccio prese a precipizio la strada dei boschi.

Il rabbino attraversò insieme al figlio le foreste di faggi della Carpazia. I pastori diedero loro asilo e carne: i pastori uccidevano le pecore in un modo che non era contrario ai suoi princìpi. Finalmente valicarono la frontiera turca e si imbarcarono per l'America.

In America il rabbino non si trovò mai bene. Poteva simpatizzare con il sionismo, ma non si risolse mai ad aderirvi. Israele era un'idea, non una nazione. Il Regno era ovunque ci fosse la Torah. Disperato, era partito per l'Europa.

Adesso padre e figlio sarebbero ritornati in Romania: il rabbino, solo qualche settimana prima, aveva ricevuto un segno. Una sera, molto tardi, nel suo appartamento di Vienna era suonato il campanello e lui era andato controvoglia ad aprire. Sul pianerottolo c'era una donna anziana con una sporta. Aveva le labbra bluastre e radi capelli bianchi. Nella penombra riconobbe la sua serva.

« L'ho trovata » disse lei. « La sua casa è salva. I suoi libri sono salvi, e anche i suoi vestiti. Ho finto per anni che fosse ormai la casa di una gentile. Presto morirò: ecco la chiave ».

*

*Shahrak, Afghanistan*

I Tajik dicono di essere il popolo più antico del paese. Coltivano grano, lino e meloni. Hanno volti

lunghi e rassegnati e la manutenzione dei fossi d'irrigazione li ammazza di fatica. Allevano fagiani da
combattimento e non sanno come si tengono i cavalli.

Nella valle sopra il villaggio dei Tajik incontrammo un accampamento di Aimaq Firuzkuhi. Le loro
iurte avevano tetti bianchi a cupola, e i lati erano
ornati di losanghe, volute e riquadri di ogni colore
immaginabile, come la lizza di un torneo medioevale. I cavalli pascolavano in un prato di fiordalisi, e
lungo il ruscello c'erano salici con le foglie bianche.
Vedemmo una pecora della razza locale con la coda
così grossa che avevano dovuto appoggiarla su una
carriola e fissarla con una cinghia. Fuori dalle iurte
alcune donne vestite di viola cardavano la lana.

Questo è il periodo dell'anno in cui, dopo una
stagione di inimicizia, i contadini e i nomadi vanno
d'improvviso d'amore e d'accordo. Il raccolto è già
stato immagazzinato; i nomadi comprano grano per
l'inverno, e la gente del villaggio formaggio, pelli e
carne. I contadini sono ben contenti che le pecore
pascolino nei loro campi: distruggono le stoppie e li
concimano per le colture autunnali.

*

Nomadi e coltivatori sono i due artefici della cosiddetta «Rivoluzione neolitica» che nella sua forma classica avvenne intorno all'8500 a.C. sulle pendici della Fertile Mezzaluna, quell'arco di «terra di
valli e colline» ben irrigate che va dalla Palestina
all'Iran sud-occidentale. Qui, a un'altitudine media
di mille metri, gli antenati selvatici delle pecore e
delle capre odierne pascolavano su distese di fru-
mento e di orzo parimenti selvatici.

Quando ognuna di queste quattro specie venne
addomesticata, gli agricoltori calarono pian piano a
valle e popolarono le pianure alluvionali da cui sa-

rebbero sorte le prime città. I pastori, dal canto loro, ripararono sugli altipiani estivi e fondarono un loro ordine contrapposto.

*

Gli Amoriti che non conoscono il grano... Un popolo che assale con la furia d'un uragano... Un popolo che non ha mai conosciuto città...

*Testo sumero*

*

*Ouissa, Monti dell'Aïr, Niger*

Era un giardino circolare, di terra nera. Intorno al perimetro correva una recinzione di rovi, per tener lontani cammelli e capre. Due vecchie palme da dattero crescevano nel mezzo, accanto alla barra del pozzo e a una cisterna.

Il giardino era diviso in quattro dai canali di irrigazione. Ogni quarto era a sua volta suddiviso in un dedalo di orti piantati a piselli, fagioli, carote, insalate, zucche e pomodori.

Il giardiniere era uno schiavo negro, coperto solo da un perizoma; era totalmente concentrato nel suo lavoro. Con la barra tirava su il secchio di cuoio e guardava l'acqua che si faceva strada per il labirinto. Quando una coltura aveva ricevuto la sua razione, lo schiavo arginava il canale con la zappa e deviava la corrente sul pezzo vicino.

Poco oltre, nella valle, c'erano altre recinzioni di rovi, i cerchi in cui di notte i Tuareg chiudevano le loro capre.

Il negro a capo delle sue pianticelle condivide coi primi dittatori un destino comune. Dagli archivi dei Sumeri e degli Egizi sappiamo che i primi sovrani della civiltà si consideravano i «Signori delle acque fecondatrici » – coloro che portavano la vita ai sudditi stremati, o che, invece, chiudevano i rubinetti.

*

Abele, che secondo i Padri della Chiesa prefigurò con la sua morte il martirio di Cristo, era un guardiano di pecore. Caino era un agricoltore stanziale. Abele era prediletto da Dio, poiché Yahwèh era un « Dio della Via » la cui irrequietezza escludeva altri dèi. Tuttavia a Caino, che avrebbe costruito la prima città, fu promesso il predominio su di lui.

Un brano del *Midrash* a commento della lite dice che i figli di Adamo ebbero in eredità un'equa spartizione del mondo: Caino la proprietà di tutta la terra, Abele di tutti gli esseri viventi – al che Caino accusò Abele di aver sconfinato.

I nomi dei fratelli sono una coppia di opposti complementari. « Abele » deriva dall'ebraico *hebel*, cioè « fiato » o « vapore »: ogni cosa animata, che si muova e che sia transeunte, compresa la sua vita. La radice di « Caino » sembra sia il verbo *kanah*: « acquisire », « ottenere », « possedere », e quindi « governare » o « soggiogare ».

« Caino » significa anche « fabbro ferraio ». E poiché in numerose lingue – perfino in cinese – le parole che significano « violenza » e « assoggettamento » sono collegate alla scoperta del metallo, forse è destino di Caino e dei suoi discendenti praticare le nere arti della tecnologia.

Una possibile sinossi del Delitto:
Caino è un tipo coscienzioso, piegato in due dall'incessante zappare. È una giornata calda e senza nuvole. Le aquile si librano alte nel cielo. L'ultima neve si scioglie e l'acqua scende a cascata nella valle, ma le pendici delle colline sono già marroni e riarse. Nugoli di mosche gli si posano agli angoli degli

occhi. Lui si asciuga il sudore della fronte e riprende il lavoro. La zappa ha il manico di legno, al quale è fissata una lama di pietra.

Su quello stesso pendio, un po' più in alto, Abele si sta riposando all'ombra di una rupe, e suona il flauto: più e più volte, sempre le stesse note insistenti. Caino si ferma e ascolta; raddrizza la schiena indolenzita. Poi, schermandosi gli occhi con la mano, scruta i suoi campi in riva al ruscello. Le pecore hanno calpestato il lavoro della mattinata. Senza il tempo di pensare, si mette a correre...

Una versione della storia con minori attenuanti dice che Caino tese un agguato ad Abele e gli spaccò la testa con una pietra – nel qual caso l'assassinio fu frutto di rancore e invidia covati a lungo: l'invidia del prigioniero per la libertà degli spazi aperti.

Yahwèh concede a Caino di far ammenda, ma fissa un prezzo. Gli nega i « frutti della terra » e lo costringe a vagare « ramingo e fuggiasco » nel paese di Nod; « Nod » significa « regione selvaggia » o « deserto »: là prima di lui aveva vagato Abele.

*

*Travel* deriva da *travail*: « lavoro fisico o mentale », « fatica, soprattutto di carattere doloroso o opprimente », « sforzo », « pena », « travaglio ». Un « cammino ».

*

La città di Caino costruita con Sangue Umano, non Sangue di Tori e Capre.

WILLIAM BLAKE, *Il fantasma di Abele*

*

« Soli e fra le nazioni », maestri di razzie, avidi di accrescimento ma disgustati dalla proprietà, spinti dalla fantasia che hanno tutti i viaggiatori di anelare a una dimora stabile: mai nessun altro popolo ha sentito più acutamente degli Ebrei le ambiguità morali dell'insediamento. Il loro Dio è una proiezione della loro perplessità. Il loro Libro – l'Antico e il Nuovo Testamento – si può leggere, per lo meno a un livello, come un monumentale dialogo tra Lui e il Suo Popolo sui pro e contro del vivere nella « Terra ».

Doveva essere una terra di campi e di case? O di grano e di vino? Di città che essi non avevano costruito e di vigneti che non piantavano? O doveva essere una regione di tende nere e sentieri battuti dalle capre? Una regione di latte e miele selvatico abitata da nomadi? Un Regno dove il popolo « possa abitare in casa sua e stabilirsi? » (*2 Samuele*, 7, *10*). O era, come congetturò Heine, « un regno portatile » che poteva esistere solo nel cuore degli uomini?

In origine Yahwèh è un Dio della Via. Il Suo santuario è l'Arca Mobile, la Sua Dimora una tenda, il Suo Altare un mucchio di pietre grezze. Pur promettendo ai Suoi Figli una terra ben irrigata – giacché i colori preferiti dei beduini sono il blu e il verde – in cuor suo per loro desidera il Deserto.

Egli li guida fuori dall'Egitto, lontano dalla pentola della carne e dalla frusta del sorvegliante; tre giorni di viaggio per raggiungere l'aria limpida e pungente del Sinai. Lì dà loro la Festa Solenne, la Pasqua ebraica: una festa con agnello arrostito ed erbe amare, pane cotto non in forno ma su una pietra rovente. E ingiunge loro di mangiare « in fretta », coi piedi calzati e i bastoni in mano, perché ricordino per sempre che la loro vitalità sta nel movimento.

Egli dà loro la « danza del cerchio », lo *hag*: una danza che mima i salti delle capre durante la migrazione primaverile « come quando si va con un flauto sulle montagne del Signore ». Egli appare nel Cespuglio Ardente e nella Colonna di Fuoco; è tutto quello che l'Egitto *non* è. Tuttavia si concede l'incerto onore di un Tempio, e se ne pente: «Hanno posto i loro abominii nel tempio che prende il nome da me, per contaminarlo» (*Geremia, 7, 30*).

I ghetti dell'Europa orientale erano ciascuno una piccola porzione di deserto «dove non cresceva vegetazione alcuna». I padroni cristiani vietavano agli Ebrei di possedere terreni o case; di coltivare ortaggi o di esercitare qualunque mestiere fuorché l'usura. Potevano raccogliere legna per il fuoco, ma non potevano segare un'asse, per tema che ciò li inducesse a costruire qualcosa.

Imponendo questi vincoli, i gentili credettero di punire gli Ebrei per l'uccisione di Cristo – come Yahwèh aveva punito Caino. Accettandoli, gli Ebrei ortodossi credettero di rivivere il viaggio attraverso il Sinai, con cui il popolo eletto era entrato nelle grazie del suo Signore.

I profeti Isaia, Geremia, Amos e Osea erano revivalisti del nomadismo che inveivano contro la decadenza portata dalla civiltà. Affondando radici nella terra, «ponendo casa accanto a casa e campo accanto a campo», trasformando il Tempio in un'esposizione di sculture, il popolo eletto si era allontanato dal proprio Dio.

*Fino a quando, Signore, fino a quando?*... «Finché non siano devastate le città...». I profeti confidavano in un Giorno di Restaurazione, in cui gli Ebrei sarebbero ritornati al frugale ascetismo della vita nomade. Nella Visione di Isaia viene loro promesso un Salvatore, che avrà nome Emanuele e sarà un pastore.

Quando Nabucodonosor, re di Babilonia, costrinse gli Ebrei ad asserragliarsi dietro le mura di Gerusalemme, Geremia ricordò loro i Recabiti, l'unica tribù che avesse resistito alle lusinghe della vita stanziale: «Noi non berremo vino, perché Ionadab figlio di

Recab, nostro antenato, ci diede quest'ordine: Non berrete vino, né voi né i vostri figli, mai. Non costruirete case, non seminerete sementi, non pianterete vigne né ne possederete, ma abiterete nelle tende tutti i vostri giorni, perché possiate vivere a lungo sulla terra dove siete forestieri».

*Geremia*, 35, 6-7

Solo i Recabiti, conservando la mobilità tattica, sfuggivano agli orrori della guerra di assedio.

\*

Nel *Muqaddima* di Ibn Khaldu'n, filosofo che considerò la condizione umana dal punto di vista del nomade, si legge:

« Il popolo del deserto è più vicino dei popoli stanziali alla bontà, perché è più vicino al Primo Stato e più lontano da tutte le cattive abitudini che hanno corrotto i cuori di chi ha lasciato la vita nomade ».

Per Ibn Khaldu'n il « popolo del deserto » sono i beduini, gli uomini che ai tempi della sua giovinezza bellicosa aveva assoldato come mercenari nel cuore del Sahara.

Anni dopo, quando ebbe scrutato negli occhi obliqui di Tamerlano e visto le montagne di teschi, e le città ridotte in cenere, riconobbe anche lui, come i profeti dell'Antico Testamento, le spaventose inquietudini della civiltà e ripensò con nostalgia alla vita nelle tende.

Il sistema filosofico di Ibn Khaldu'n era basato sull'intuizione che gli uomini, quando si spostano verso le città, decadono moralmente e fisicamente.

I rigori del deserto avevano preceduto le mollezze delle città: perciò il deserto era un serbatoio di civiltà, e i popoli del deserto erano avvantaggiati rispetto agli altri perché erano più morigerati, più liberi, più coraggiosi, più sani, meno pingui, meno vili, meno disposti a sottostare a leggi infami, e, nel complesso, guarivano più facilmente dalle malattie.

*

*Monastero di Simonaspetras, Monte Athos*

Un giovane ungherese, sfinito dopo aver scalato il Monte Sacro, venne sulla terrazza e si sedette a contemplare il mare in tempesta. Era un epidemiologo, ma aveva smesso di lavorare per scalare le montagne sacre del mondo. Sperava di scalare il Monte Ararat e di fare il giro del Monte Kailash, nel Tibet.

« L'uomo » disse improvvisamente « non è stato creato per stare fermo ».

Era una cosa che aveva imparato studiando le epidemie. La storia delle malattie infettive era una storia di uomini che si crogiolano nella loro sporcizia. Osservò anche che il Vaso di Pandora era un'urna di coccio del neolitico.

« Dammi retta, » disse « le epidemie faranno sembrare le armi nucleari tanti giocattoli inutili ».

*

Non fu certo un viaggio [*progress*] estivo. Ebbero un gran freddo in quel periodo dell'anno; proprio il periodo peggiore per intraprendere un viaggio, e soprattutto un viaggio lungo.

LANCELOT ANDREWS, 1622

In Middle English la parola *progress* significava « viaggio », soprattutto un « viaggio stagionale » o « periodico ».

Un *progress* era, per un re, il giro dei castelli dei suoi baroni; per un vescovo, il giro delle sue diocesi; per un nomade, quello dei suoi pascoli; per un pellegrino, quello dei luoghi sacri. Fino al Seicento erano sconosciute forme di progresso «morale» o «materiale».

*

In tibetano la definizione di «essere umano» è *a-Gro ba*, «viandante», «chi fa migrazioni». Analogamente, un *arab* (o beduino) è un «abitatore di tende», in contrapposizione a *hazar*, «colui che vive in casa». Tuttavia anche un beduino deve fermarsi, a volte, vincolato a un pozzo del deserto durante la stagione secca di agosto: il mese da cui prese nome il Ramadan (da *rams*, «bruciare»).

*

Tutto considerato, al mondo ci sono solo due tipi di uomini: quelli che stanno a casa e quelli che non ci stanno.

KIPLING

Tuttavia questo può dipendere da variazioni climatiche...

Sono pochi i climi che non hanno una stagione di penuria: un periodo di sofferenza e inattività forzata, quando gli uomini sono più che mai deboli e i carnivori più che mai affamati. (Ramadan è anche «la stagione delle bestie»). Marcel Mauss, nel suo saggio sulle fluttuazioni stagionali delle società eschimesi, contrappone la vita estiva nelle tende, agiata e «irreligiosa», alla sistemazione invernale negli igloo, con la fame e le sue occupazioni «spirituali» ed emotivamente intense. D'altro canto, Colin Turnbull ci dice che i pigmei Mbuti dell'Equatoria trascorrono gran parte dell'anno in condizioni di abbondanza garantita, a zonzo per le foreste pluviali. Eppure anche loro si fermano per un periodo, «ritualizzando» una fase di carestia (e di stanziamento) pur non avendone la necessità.

A volte ho pensato possibile formulare una teoria dello stanziamento – e quindi della civiltà – come « la stagione di penuria capitalizzata ».

*

Paddy Booz racconta di aver incontrato per le strade di una città cinese di provincia un Gran Maestro taoista. L'uomo portava la tonaca blu da Gran Maestro e un alto cappello. Insieme al suo giovane discepolo era andato a piedi da un capo all'altro della Cina.

« Ma che cosa ha fatto » gli domandò Paddy « durante la Rivoluzione Culturale? ».

« Sono andato a fare una passeggiata sulle montagne del Kuenlun ».

*

Mentre ero in macchina con Arkady mi venne in mente un brano di *La Russia antica* di Vernadskij che racconta come i contadini slavi, nell'attesa che lo scalpiccio dei cavalli si allontanasse insieme ai cavalieri, stavano immersi in un acquitrino e respiravano attraverso una canna cava.

« Vieni a casa mia a conoscere mio padre » disse lui. « Quando i Panzer attraversarono il villaggio, lui e i suoi compagni fecero lo stesso ».

*

*Quadrupedante putrem sonitu quatit ungula campum.* L'esemplare esametro con cui Virgilio descrive lo scalpitio dei cavalli sulla pianura ha il suo equivalente persiano nelle parole di un superstite del saccheggio mongolo di Buchara: *Amdand u khandand u sokhtand u kushtand u burdand u raftand.* « Vennero, imperversarono, incendiarono, uccisero, caricarono il loro bottino e si dileguarono».

Juvaini nella sua *History of the World Conqueror* dice che quest'unica riga riassume tutti i suoi scritti e tutto l'orrore di quei tempi.

Dal *Marco Polo* tradotto da Henry Yule, I, 233

\*

Un uomo appiedato non è un uomo.

*Un cowboy texano*

\*

Sulla crudeltà dei nomadi:

> Io non ho un mulino coi salici intorno;
> ho un cavallo e una frusta,
> ti ucciderò e me ne andrò.

YOMUT TURKOMAN

\*

Nel 1233 gli Annali di Novgorod registrarono l'arrivo dalla Tartaria di una strega, accompagnata da due uomini, che pretese un decimo di tutto: «degli uomini, dei principi, dei cavalli, dei tesori, un decimo di ogni cosa».

I principi russi rifiutarono: così ebbe inizio l'invasione mongola.

\*

*Leningrado*

Uno spuntino nell'ufficio del professore di archeologia: caviale, pane nero, fette di storione affumicato, cipolle, ravanelli e una bottiglia di Stolichnaya – in due.

Per gran parte della mattinata avevo sondato le

sue idee sulla meccanica delle invasioni nomadi. Toynbee prestava fede alla teoria secondo la quale un periodo di siccità, in una zona della steppa centro-asiatica, aveva scacciato una tribù dai suoi pascoli e innescato una reazione a catena dall'Europa fino alla Cina.

A me sembrava, invece, che i nomadi fossero più propensi alle invasioni non nei tempi di penuria, ma di *abbondanza*; in tempi di crescita massima, quando l'erba era più verde e i pastori lasciavano che il bestiame si riproducesse oltre il livello di guardia.

A detta del professore, i *suoi* nomadi si erano spostati secondo cicli precisi, rigorosi, disciplinati, senza molestare i loro vicini e senza oltrepassare gli attuali confini delle Repubbliche socialiste.

Più tardi, dopo qualche altra sorsata di vodka, mi strinse in un fraterno abbraccio pan-europeo, e tirandosi gli angoli degli occhi fino a farli diventare due fessure disse: «Sono questi che odiamo, noi, vero?».

«Io no» risposi.

*

*Le Désert est monothéiste*. L'aforisma di Renan sottintende che orizzonti sgombri e cielo radioso liberano la mente dalle distrazioni e le consentono di concentrarsi sulla divinità. Ma non è così la vita nel deserto!

Per poter sopravvivere, l'abitante del deserto – tuareg o aborigeno che sia – deve sviluppare un prodigioso senso dell'orientamento. Per sapere dove si trova, dove sono gli altri, dove è piovuto, dove procurarsi il prossimo pasto, se la pianta X è in fiore o se sulla pianta Y ci sono le bacche, e così via, deve continuamente individuare, vagliare e confrontare mille «segni diversi»: dalla traccia di uno scarabeo stercorario alle increspature di una duna.

È un paradosso delle fedi monoteistiche, che pure sono nate nell'ambiente del deserto, l'indifferenza decisamente sdegnosa che le sue genti ostentano per l'Onnipotente. « Andremo su da Dio e lo saluteremo, » disse intorno al 1860 un beduino a Palgrave « e se si dimostrerà ospitale resteremo con lui, altrimenti monteremo sui nostri cavalli e ce ne andremo ».

Maometto disse: « Nessun uomo che non sia stato pastore diventa profeta ». Ma, come dovette ammettere, gli arabi del deserto erano « gli infedeli e gli ipocriti più incalliti ».

Fino a poco tempo fa, un beduino che nella sua migrazione arrivava in vista della Mecca non pensava valesse la pena, nemmeno una volta nella vita, di fare il giro dei luoghi sacri. Tuttavia anche lo *Hadj*, o « Viaggio sacro », era una migrazione « rituale »: allontanava gli uomini dalle loro case peccaminose e ripristinava, seppur momentaneamente, l'uguaglianza di tutti gli uomini di fronte a Dio.
Un pellegrino che intraprende lo *Hadj* ha riacquistato la condizione prima dell'Uomo: se muore durante lo *Hadj* va direttamente in Paradiso, come martire. Analogamente, il termine *Il-Rāh*, « la Via », prima di venire adottato dai mistici per designare la « Via per giungere a Dio » era un termine tecnico per « strada » o « sentiero di migrazione ».

Nelle lingue dell'Australia centrale esiste un concetto equivalente: *tjurna djugurba* significa « le orme degli Antenati » e la « Via della Legge ».
A quanto pare, esiste nel profondo della psiche umana un nesso fra il « trovare la strada » e « la legge ».

*

Per i beduini arabi l'Inferno è un cielo assolato e il sole è una femmina forte e ossuta – cattiva, vecchia e invidiosa della vita – che inaridisce i pascoli e la pelle degli esseri umani.

Per contrasto la luna è un giovane snello e vigoroso, che protegge il sonno del nomade, lo guida nei viaggi notturni, porta la pioggia e distilla la rugiada sulle piante. Per sua disgrazia ha per moglie il sole. Dopo una sola notte con lei deperisce al punto che per ristabilirsi ci mette un mese.

*

L'antropologo norvegese Frederick Barth scrive che negli anni Trenta lo Shah Reza vietò ai Basseri – un'altra tribù di nomadi iraniani – di spostarsi dai loro terreni di pascolo invernale.

Nel 1941 lo Shah fu deposto e loro furono liberi di fare ancora una volta il viaggio di quattrocentocinquanta chilometri fino agli Zagros. Erano liberi, ma non avevano più animali: le loro pecore dal vello pregiato erano morte di caldo nelle pianure meridionali. Si misero ugualmente in cammino.

Divennero di nuovo nomadi, ossia divennero di nuovo umani. « Per loro il valore supremo » scrisse Barth « è la libertà di migrare, a prescindere dalle circostanze che rendono la migrazione economicamente vitale ».

Quando Barth si domandò come mai i Basseri avessero così pochi rituali, e nessun genere di credenza radicata, giunse alla conclusione che il Viaggio era *di per sé* il rituale, che la strada verso gli altipiani era la Via, e che il montare e smontare le tende era una preghiera più eloquente di quelle recitate nelle moschee.

*

La nostra agricoltura è il saccheggio.

*Proverbio beduino*

*

Io contro mio fratello
io e mio fratello contro nostro cugino
io, mio fratello e nostro cugino contro i vicini
tutti noi contro lo straniero

*Proverbio beduino*

*

Dai calcoli che nel 1928 fece Alois Musil, l'arabista cugino di Robert, risultò che tra i beduini rwala quattro quinti degli uomini cadevano in guerra, o venivano uccisi nelle faide, o morivano in seguito per le ferite riportate.

Invece i cacciatori, che praticano l'arte del minimo, contengono di proposito il loro numero e hanno perciò garanzie di vita e di terra molto maggiori. Spencer e Gillen scrissero che all'indigeno dell'Australia centrale capitava talvolta di attaccar lite o di azzuffarsi, ma che mai gli sarebbe venuto in mente di impadronirsi di altre terre: e ciò si spiega col fatto che egli «credeva che i suoi Antenati alcheringa (del Tempo del Sogno) abitassero esattamente nella stessa regione in cui adesso vive lui».

*

Etica rurale in Australia:
Qualcuno del Ministero degli affari aborigeni – mi pare il Ministro in persona – ha detto che nel Northern Territory «il bestiame degli stranieri» ha più diritti dei cittadini australiani.

Etica rurale nell'Irlanda antica:
Da quando ho preso la lancia in mano non è

passato giorno senza che abbia ucciso qualcuno del Connaught.

*Conall Cernach, allevatore dell'Ulster*

*

Ogni tribù nomade è una potenziale macchina militare il cui impulso, se non di combattere altri nomadi, è di saccheggiare o minacciare le città.
Perciò dagli albori della storia i popoli stanziali hanno reclutato i nomadi come mercenari: o per scongiurare la minaccia dei nomadi, come i cosacchi che combatterono per gli zar contro i tartari; o, se non c'erano nomadi, per combattere contro altri Stati.

*

Nella Mesopotamia antica, questi «mercenari» si trasformarono prima in una casta di aristocratici soldati, poi presero il comando dello Stato. Si può ipotizzare che lo Stato, come tale, sia stato il risultato di una specie di fusione «chimica» fra il pastore e il coltivatore – una volta appurato che le tecniche di coercizione degli animali si potevano applicare a una massa inerte di contadini.

A parte la loro funzione di «Signori delle acque fecondatrici», i primi Dittatori si definirono «Pastori del popolo». In effetti, in tutto il mondo, per gli «schiavi» e gli «animali addomesticati» si usano le stesse parole: le masse devono essere radunate, munte, rinchiuse (per salvarle dai «lupi» umani all'esterno) e, all'occorrenza, messe in fila e portate al macello.
La Città è quindi un ovile sovrapposto a un Giardino.

Un'ulteriore ipotesi – estensibile anche alla teoria dei giochi applicata alla guerra – è che l'esercito, qualunque esercito professionale o ministero della guerra, è, senza saperlo, il surrogato di una tribù di nomadi cresciuti all'interno dello Stato, e che vivono alle spalle dello Stato; senza di loro lo Stato crollerebbe, ma alla fine per lo Stato la loro irrequietezza è rovinosa, poiché cercano sempre, come tafani, di pungolarlo all'azione.

*

Nel suo *Le opere e i giorni* Esiodo ci dà un modello metaforico della decadenza umana in rapporto al progresso tecnologico. Gli stadi della civiltà cominciano per lui con l'età dell'oro, cui seguono quella dell'argento, del bronzo e del ferro. Le età del bronzo e del ferro, che Esiodo conosceva per esperienza, erano una realtà archeologica culminata in un crescendo di violenze e conflitti. Ovviamente, siccome lui non sapeva nulla del « paleolitico » e del « neolitico », le età dell'oro e dell'argento erano un concetto simbolico. Disposte in ordine inverso a quello della perfezione dei metalli, rappresentano la degenerazione dall'incorruttibile all'annerito, al corroso, all'arrugginito.

Gli uomini della stirpe aurea, dice Esiodo, vissero in un'epoca in cui in Cielo regnava Chronos, o il « Tempo naturale ». La terra dava frutti in abbondanza. Essi vivevano una vita felice e spensierata, vagavano liberamente per le loro terre, senza proprietà, né case, né guerra. Consumavano i pasti in compagnia degli altri e degli dèi immortali. Morivano serenamente, come colti dal sonno.

Nell'èra cristiana Origene (*Contra Celsum*, IV, 79) dedusse dal testo di Esiodo che agli albori della storia umana gli uomini godevano di una protezione sovrannaturale, sicché tra la loro natura umana e quella divina non c'era separazione: o, in altre parole, non c'era contraddizione tra ragione e vita istintiva.

*

Nella parte di Libia abitata dalle fiere vivono i Garamanti, che rifuggono da ogni contatto umano, non possiedono armi da guerra e non sanno come difendersi.

ERODOTO, IV, 194

*

I primi cristiani credevano che, ritornandovi a loro volta, avrebbero potuto far proprie le sofferenze di Nostro Signore nel deserto.

Vagano nei deserti quasi fossero anch'essi animali bradi. Volano sulle colline come uccelli. Si nutrono come le bestie. Le loro occupazioni quotidiane sono rigide, sempre prevedibili, poiché si cibano di radici, il naturale prodotto della Terra.

GIOVANNI MOSCO, *Prato spirituale*
(descrizione degli eremiti noti come « i brucanti »)

*

Ogni mitologia ricorda l'originario stato di innocenza: Adamo in Paradiso, i pacifici Iperborei, gli Uttarakuri o « uomini di perfetta virtù » dei Taoisti. Spesso i pessimisti interpretano la storia dell'età dell'oro come una tendenza a voltar le spalle ai mali del presente e a rimpiangere la felicità della giovinezza. Ma nel testo di Esiodo non c'è niente che esuli dai limiti della probabilità.

Le tribù reali o semi-reali che ruotano ai margini delle geografie antiche – gli Atavanti, i Fenici, i Parrossiti o gli Spermatofagi danzatori – hanno i loro equivalenti moderni nei Boscimani, gli Shoshoni, gli Eschimesi e gli Aborigeni.

Una caratteristica degli uomini dell'età dell'oro: di loro si ricorda sempre che furono migratori.

Sulla costa della Mauritania, non lontano da dove fece naufragio la *Méduse* (quella del *Radeau de la Méduse* di Gericault), vidi i fragili ripari degli Imraguen: una casta di pescatori che catturano i pesci con le reti e che condividono con allegria e con grazia la condizione di paria propria dei Nemadi.

Sulle rive del Mar di Galilea dovevano esserci le stesse capanne di pescatori: «Seguitemi, vi farò pescatori di uomini».

In alternativa all'età dell'oro c'è la visione degli «antiprimitivisti», che credono che l'uomo, col divenire cacciatore, si sia fatto cacciatore e assassino della propria specie.

È una dottrina molto comoda se: a) vuoi assassinare gli altri; b) vuoi prendere misure draconiane per impedire che gli impulsi omicidi altrui sfuggano al controllo.

In ciascuno dei due casi, il Selvaggio va considerato spregevole.

Nelle sue *Meditazioni sulla caccia* Ortega y Gasset sottolinea che la caccia (diversamente dalla violenza) non è mai reciproca: il cacciatore caccia e il cacciato cerca di fuggire. Un leopardo che uccide la preda non è più violento o inferocito di quanto non lo sia un'antilope nei confronti dell'erba che mangia. Quasi tutti i resoconti di caccia affermano che l'atto dell'uccisione è un momento di compassione e di reverenza; di gratitudine per l'animale che accetta di morire.

Un *bushie* nel pub di Glen Armond mi rivolge la parola e dice: «Vuoi sapere come cacciano gli aborigeni?».

«Dimmelo».

«Con l'istinto».

## 31

In uno dei miei primi taccuini ho trascritto
fedelmente dei passi tratti dal *Journal* di Sir George
Grey, scritto intorno al 1830. Forse Grey fu il
primo esploratore bianco a capire che, malgrado
occasionali disagi, gli aborigeni «vivevano bene».

Il brano più bello del *Journal* è la descrizione di
un aborigeno che, sfruttando tutte le sue facoltà
fisiche e mentali, si avvicina di soppiatto a un
canguro per tirargli un colpo di lancia.

L'ultimo paragrafo si conclude con una 'coda':

«...i movimenti aggraziati, i cauti passi di avvici-
namento, il senso di quiete e serenità che pervade
il suo corpo quando la preda è in allarme, accen-
dono inaspettatamente la tua fantasia e ti costrin-
gono a mormorare fra te e te: "Che cosa meravigliosa!"».

Fui tanto sciocco da credere che un po' di quella
«meraviglia» sopravvivesse ancora oggi: chiesi a
Rolf di trovare un uomo che mi portasse a caccia.

Erano due settimane che stavo inchiodato alla
mia sedia e le parole cominciavano a nausearmi,
come capita quando non si fa moto.

«Il meglio sarebbe il vecchio Alex Tjangapati. Parla un po' di inglese» disse Rolf.

Alex era un uomo anziano con i capelli trattenuti da un laccio color ocra e un cappotto da donna di velluto prugna con le spalle imbottite. Credo che sotto non avesse niente. Ogni giorno andava a spasso per il *bush* e la sera stazionava con le sue lance da caccia nei pressi dell'emporio, guardando gli altri abitanti di Cullen come se la vera *canaille* fossero loro.

Quando Rolf gli chiese di portarmi con lui, Alex fece la faccia lunga e, pur con aria dispiaciuta, se ne andò.

«Be',» dissi «niente da fare».

«Non ti preoccupare,» disse Rolf «troveremo qualcun altro».

Il giorno dopo, verso mezzogiorno, arrivò Stumpy Jones col suo camion. Era il primo che riusciva ad attraversare la piena. Comunque, dopo Popanji era rimasto impantanato per un giorno e una notte e avevano dovuto tirarlo fuori i minatori della Magellan.

Con lui c'era una donna: era la ragazza di Don, il responsabile delle manutenzioni. «Brava figliola» disse Stumpy strizzando l'occhio.

Aveva i capelli tagliati corti e un vestito bianco e sporco. Don sembrava molto contento di vederla, ma lei lo raggelò con un'occhiata critica e continuò a sorridere a Stumpy.

«Eh, sì,» disse lei «non mi è mica spiaciuto restare impantanata».

Don e io aiutammo a scaricare le cassette dal camion: avevamo quasi finito quando Rolf uscì sulla soglia.

«Ci vuoi andare, a caccia?» mi gridò.

«Sì» risposi.

«Ci stai a pagare tu il pieno di benzina?».

«Sì, se vogliono».

«Allora è fatta».

« Chi è? ».

« Donkey-donk » rispose. « Un tipo a posto ».

« Quando? ».

« Subito! » disse Rolf. « Va' a metterti le scarpe, e prendi il cappello! ».

Mi ero incamminato verso la roulotte quando dietro di me arrivò sferragliando e cigolando una Ford Sedan sgangherata. Al volante c'era un aborigeno con la barba e una gran pancia.

« Vieni a caccia? » mi domandò sorridendo.

« Con te? ».

« Sì, amico » disse Donkey-donk.

Tornammo indietro a far benzina ma, non appena ebbi pagato il pieno, mi resi conto che nella spedizione il mio non era il ruolo del 'cliente', ma quello dello 'schiavo'.

Donkey-donk mi fece comprare l'olio, i proiettili, le barrette di cioccolata e le sigarette. Voleva che gli comperassi anche un pneumatico nuovo; mi diede da tenere la sigaretta mentre lui armeggiava intorno al motore.

Eravamo pronti a partire quando arrivò un ragazzo, un certo Walker. Era un grande viaggiatore: si era fatto tutta l'Australia in lungo e in largo alla meticolosa ricerca di una moglie. Per un po' di tempo era anche stato allo YMCA di Amsterdam. Era molto bello: aveva il profilo di un dio e la pelle molto scura. I capelli e la barba avevano il colore dell'oro filato.

« Vuoi venire a caccia? » gli gridò Donkey-donk.

« Certo » disse Walker e salì dietro.

Andammo a cercare l'uomo che aveva il fucile: un altro giovane incredibilmente aggraziato, con un sorriso fatuo e i capelli alle spalle. Era seduto davanti a un riparo di frasche. Sui jeans aveva scarabocchiato dappertutto, con una biro rossa, il suo nome, « Nero ».

La moglie di Nero, scoprii, era la gigantessa che avevo vista giocare a poker. Era più alta di lui di tutta la testa e larga quattro volte tanto. Era seduta dietro il suo riparo, accanto al fuoco, e stava mangiucchiando una coscia di canguro bruciacchiata. Quando Nero salì in macchina, il loro bambino lo rincorse ed entrò dal finestrino con un tuffo. La madre lo seguì, agitando l'osso di canguro come un randello. Acciuffò il ragazzino per i capelli e gli sputò in faccia.

Eravamo partiti da un paio di minuti quando Nero disse agli altri:

« Avete preso i fiammiferi? ».

Donkey-donk e Walker scossero la testa. Facemmo dietrofront per procurarci i fiammiferi.

« Per fumare » disse Nero con un sorriso. « Se restiamo impantanati ».

Andammo a sud, passando tra il Monte Cullen e il Monte Liebler, e poi scendemmo verso la Gun Barrell Highway. Dopo la pioggia gli arbusti pullulavano di fiori gialli. L'inizio e la fine della pista si perdevano in un miraggio, e la catena di colline rocciose sembrava galleggiare sulla pianura.

Indicai un affioramento rossastro sulla sinistra.

« E quello che cos'è? » domandai.

« Uomo Vecchio » rispose allegramente Walker.

« E da dove viene quest'Uomo Vecchio? ».

« Viene da lontano. Dalla regione aranda, forse. Forse da Sydney ».

« E dove va? ».

« A Port Hedland » fu la perentoria risposta.

Port Hedland è un porto per i minerali di ferro sulla costa occidentale dell'Australia, circa milleduecento chilometri a ovest di Cullen, al di là del deserto di Gibson.

« E che cosa succede all'Uomo Vecchio quando raggiunge il mare? » domandai.

« Muore » disse Walker. « Finisce ».

Poi indicai una collina con la cima piatta che, a detta di Rolf, era una merda fatta nel Tempo del Sogno dall'Uomo Perenty.

« E di quella che cosa mi dici? ».

Walker si grattò nervosamente la barba.

« Sono troppo giovane » disse con ritrosia; voleva dire che *non* era stato iniziato a quel particolare canto.

« Domanda a Nero » proseguì. « Lui lo sa ».

Nero ridacchiò e dondolò la testa di qua e di là.

« Sogno Gabinetto » disse. « Sogno Merda ».

Donkey-donk rideva a crepapelle e continuava a sbandare.

Mi voltai a guardare i due sul sedile posteriore.

« Merda di Perenty? » domandai.

« No, no » disse Nero con una risatina sciocca. « Due Uomini ».

« E da dove vengono quei Due Uomini? ».

« Da nessun posto » disse sventolando le mani. « Lo fanno lì ».

Nero fece un gesto col pollice e l'indice dando un'idea fin troppo precisa di che cosa stavano facendo i Due Uomini.

« Cognati » disse.

Walker si accigliò, storse le labbra e serrò le ginocchia l'una contro l'altra.

« Non ti credo » dissi a Nero. « Mi stai prendendo in giro ».

« Hi, hi! » rise lui, e per un po' non riuscì a trattenersi.

Lui e Donkey-donk stavano ancora sbellicandosi dalle risa quando, un chilometro più avanti, ci fermammo vicino ad alcune rocce basse. Saltarono tutti e tre giù dalla macchina.

« Vieni » mi disse Nero. « Acqua ».

Tra le rocce c'erano pozze d'acqua stagnante brulicanti di larve di zanzara.

« Tenie » disse Nero.

« Non sono tenie » dissi io. « Sono larve di zanzara ».

« Dingo » disse Donkey-donk.

Con un gesto indicò la roccia più grande, che

assomigliava proprio a un cane accucciato. Le rocce più piccole, disse, erano i cuccioli.

Sguazzarono nell'acqua per vari minuti. Poi lasciammo la pista e ci dirigemmo verso ovest, sul terreno accidentato.

Devo dire che Donkey-donk era un autista strabiliante. Guidava la macchina in mezzo allo spinifex come danzando. Sapeva esattamente quando un cespuglio andava schivato e quando bisognava passarci sopra. Le infiorescenze cadevano a pioggia sul parabrezza.

Nero teneva il calibro 22 puntato fuori dal finestrino.

« Orme di tacchino » disse sottovoce.

Donkey-donk frenò e, nell'erba, un tacchino del *bush* – una specie di otarda – allungò la testa picchiettata di marrone e trotterellò via. Nero sparò un colpo e l'uccello stramazzò a terra in un vortice di piume.

« Bel colpo » dissi io.

« Eccone un altro! » urlò Walker mentre più avanti un secondo tacchino si rifugiava nel folto degli alberi. Nero sparò di nuovo e lo mancò. Il tempo di tornare dal primo tacchino e anche quello si era dileguato.

« Porco d'un tacchino » disse Nero.

Proseguimmo verso ovest e, poco dopo, davanti a noi vedemmo saltare una femmina di canguro col piccolo.

Donkey-donk premette l'acceleratore e la macchina sbatté e rimbalzò sui cespugli mentre i canguri continuavano a precederci a salti, guadagnando terreno. Poi, finito lo spinifex, ci trovammo su un terreno bruciato e sgombro, e fummo noi a guadagnare terreno. Investimmo la madre colpendola alle cosce (il piccolo aveva deviato), e lei con una capriola all'indietro saltò il tetto della macchina atterrando alle nostre spalle – morta, pregai io! – in una nuvola di polvere e cenere.

Saltammo giù. Nero sparò nella nuvola, ma la bestia si era rimessa in piedi e scappava, pur tramortita e zoppicante, a discreta velocità, tallonata da Donkey-donk che era rimasto in macchina da solo.

Lo guardammo urtare per la seconda volta il canguro, che stavolta atterrò sul cofano, saltò pari pari la macchina e venne a balzi verso di noi. Tanto per far qualcosa Nero sparò un paio di proiettili, ma sbagliò la mira – finirono con un sibilo nel cespuglio al mio fianco –, e il canguro ritornò zigzagando sui suoi passi. Allora Donkey-donk partì alla carica e lo investì per la terza volta, con uno schianto terribile, e questa volta l'animale non si mosse più.

Donkey-donk aprì lo sportello e con una chiave inglese colpì la bestia alla base del cranio – al che quella si raddrizzò sulle zampe e lui dovette afferrarla per la coda. Quando noi tre arrivammo di corsa, il canguro stava avanzando a balzi con Donkey-donk aggrappato come se facesse una gara di tiro alla fune; allora Nero le trapassò la testa con un proiettile, e tutto finì.

Walker sembrava disgustato e avvilito.

« Non mi piace » disse.

« Nemmeno a me » risposi.

Nero stava a guardare il canguro morto. Dalle narici un rivolo di sangue colava sulla terra rossa.

« È vecchia » disse scrollando le spalle. « Non buona da mangiare ».

« Che cosa ne vuoi fare? ».

« Lascio » rispose. « Magari taglio la coda. Hai un coltello? ».

« No ».

Nero rovistò in macchina e trovò il coperchio di una vecchia scatola di latta. Usandolo come una lama cercò di tagliare la coda, ma non riuscì a segare le vertebre.

Avevamo forato la gomma posteriore sinistra.

Donkey-donk mi ordinò di tirar fuori il cric e di cambiare la ruota. Il cric era tutto storto e quando diedi qualche giro di manovella si spezzò.

« Bravo! » disse guardandomi con aria beffarda.

« Che si fa? » domandai.

« Si va a piedi » rispose con una risatina.

« Quanto ci vuole? ».

« Un paio di giorni ».

« E se ci fumassimo una sigaretta? » proposi.

« Noo! » disse Donkey-donk con voce minacciosa. « Tirala su! Tirala su, amico! ».

Walker e io afferrammo il paraurti, inarcammo la schiena e cercammo di alzarla mentre Donkey-donk stava pronto a spingere un ceppo sotto il differenziale.

Fu inutile.

« Su, dài! » urlai a Nero. « Dacci una mano! ».

Con le dita piegate si accarezzò gli esili bicipiti, batté le palpebre e ridacchiò.

« Non ho forza! » disse con voce fievole.

Donkey-donk mi porse un bastone e mi ordinò di scavare un buco sotto la ruota. Mezz'ora dopo il buco era abbastanza grande da poterla cambiare. Mentre io lavoravo erano rimasti tutti e tre a guardare; ero esausto e in un bagno di sudore. Poi scuotemmo l'auto avanti e indietro e finalmente con una spinta la tirammo fuori.

Lasciammo il canguro ai corvi e ritornammo a Cullen.

« Domani vuoi venire a caccia? » mi domandò Donkey-donk.

« No ».

*Londra, 1970*

A una conferenza ascoltai Arthur Koestler che esponeva la sua teoria, e cioè che il genere umano era pazzo. A causa dell'insufficiente coordinazione tra due zone del cervello – il 'razionale' neocortex e l'"istintivo' ipotalamo –, nell'Uomo si era in qualche modo prodotta quell'inclinazione «unica, feroce, delirante» che lo spingeva inevitabilmente a uccidere, torturare e guerreggiare.

I nostri antenati preistorici, disse, non avevano problemi di sovraffollamento. Non avevano carenza di territorio. Non vivevano nelle città... eppure si massacravano a vicenda esattamente come noi.

Proseguì dicendo che da Hiroshima in poi la «struttura della coscienza umana» si era completamente modificata: infatti, per la prima volta nella storia, l'Uomo doveva considerare la possibilità della propria distruzione in quanto specie.

Questo sproloquio millenarista mi mandò in bestia. Quando iniziò il dibattito, alzai la mano.

Intorno all'anno 1000, dissi, in tutta Europa la

282

gente credeva che il mondo sarebbe presto giunto a una fine violenta. Come si poteva allora parlare di una differenza tra la « struttura della loro coscienza » e la nostra?

Koestler mi lanciò un'occhiata sprezzante e, con il plauso del pubblico, ribatté seccamente:

« Quella era una fantasia; ma la bomba atomica è una realtà! ».

*

Lettura salutare per la fine del Secondo Millennio: *L'An mil* di Henri Focillon.

Nel capitolo « La questione del terrore » Focillon spiega che, esattamente mille anni fa, l'uomo occidentale era paralizzato dalla stessa serie di paure oggi diffuse dai bigotti che passano per statisti. La frase « *Mundus senescit* », « Il mondo invecchia », rifletteva un assoluto pessimismo intellettuale e anche il convincimento « religioso » che il mondo fosse un organismo vivente, condannato, dopo aver superato l'apice della maturità, a morire d'improvviso.

Tre erano le possibilità da cui scaturiva il Terrore:

1. Che Dio distruggesse la sua creazione avvolgendola in nubi di fuoco sulfureo.

2. Che le schiere del Diavolo erompessero da Oriente.

3. Che le epidemie annientassero la razza umana.

Tuttavia il Terrore passò. L'anno 1000 arrivò e finì, e prese piede la nuova società « aperta » del Medioevo. Come scrisse il vescovo Glaber in un verso bellissimo: « Tre anni dopo il Mille, un candido manto di chiese rivestì la Terra ».

*

*Un ricevimento, Londra, 1971*

Uno degli invitati era un americano molto alto. Arrivava dal Vietnam, dove aveva condotto un'inchiesta, ed era diretto a Washington. La settimana prima era andato dalle Hawaii a Guam, poi a Tokyo e a Saigon. Aveva sorvolato Hanoi durante un bombardamento. Aveva conferito coi capi di Stato Maggiore della NATO – e questa era la sua unica serata di vacanza.

Era un ingenuo. Mangiando l'insalata parlò di defoglianti. Non dimenticherò mai la vista dei lamponi che si infilava tra le labbra né il rumore sordo delle sillabe cadenzate che gli uscivano di bocca: « I vietnamiti del Nord hanno perso tra la metà e un terzo della generazione dei giovani che hanno l'età per combattere. Nessuna nazione può permettersi di sostenere una perdita simile a tempo indeterminato: ecco perché prevediamo, entro il 1972, la vittoria del nostro esercito in Vietnam... ».

\*

Non lasciare un nemico senza via di scampo.

Il Principe Fu Ch'ai disse: « Quando gli animali selvatici non hanno via di scampo, combattono disperatamente. Quanto ciò è più vero per gli uomini! Se sanno di non avere alternativa, combatteranno fino alla morte ».

SUN TZU, *L'arte della guerra*

\*

*Stiermark, Austria, 1974*

Prima di intervistare Lorenz, feci un'escursione sui Rottenmanner Tauern con i suoi libri che mi appesantivano lo zaino. Erano giornate senza nubi. Trascorsi ogni notte in un rifugio alpino diverso e per cena mangiai salsicce e birra. Le pendici dei monti erano in fiore: genziane e stelle alpine, aquilegie e il giglio a turbante. Le pinete illuminate dal sole erano verdazzurre, e sulle pietraie indugiavano ancora lingue di neve. Su ogni prato c'erano placide mucche marroni, nelle valli riecheggiava il suono dei loro campanacci o il rintocco di un campanile molto più in basso.

Il verso di Hölderlin: « Nel soave azzurro fiorisce con il suo tetto metallico il campanile... ».

Gli escursionisti: uomini e donne con camicie rosse e bianche e *lederhosen*, che passandoti accanto esclamavano tutti: « *Grüss Gott!* ». Un ometto nodoso mi prese per un tedesco e, con lo sguardo furtivo del venditore di giornali pornografici, mi fece vedere le sue svastiche appuntate sotto il bavero della giacca.

*

Rileggere Lorenz mi fece capire come mai le persone sensate alzassero le mani con un gesto d'orrore: per negare che esistesse una cosa come la natura umana e ribadire che tutto deve essere appreso.

Pensavano che il « determinismo genetico » minacciasse gli impulsi liberali, umani e democratici a cui l'Occidente dava ancora importanza. Erano consapevoli anche del fatto che gli istinti non si possono selezionare: bisogna prenderli in blocco. Non potevi far entrare Venere nel Pantheon e sbattere la porta in faccia a Marte. E quando accettavi il « combattimento », il « comportamento territoriale » e « l'ordine gerarchico », ti trovavi di nuovo nelle pastoie della reazione ottocentesca.

In *Il cosiddetto male* fu il concetto di Lorenz di combattimento « rituale » a entusiasmare i guerrieri della Guerra Fredda.

Ne dedussero che le superpotenze devono per forza combattere, perché combattere fa parte della loro natura; tuttavia, forse, teatro dei loro bisticci poteva essere qualche paese povero, piccolo, preferibilmente privo di difese – proprio come due cervi scelgono per i loro scontri un pezzo di terra di nessuno.

Il Ministro della Difesa americana, mi hanno detto, ne teneva sul comodino una copia con le sue annotazioni.

Gli uomini sono il prodotto della loro situazione, e la cultura condiziona tutto ciò che dicono, pensano o fanno. I bambini sono traumatizzati dagli avvenimenti della loro infanzia; le nazioni dalle crisi della loro storia. Ma questo «condizionamento» potrebbe voler dire che non ci sono modelli *assoluti* che trascendano la memoria storica? Né «bene» né «male» che sia indipendente dalla razza o dalla religione?

Il «dono della parola» ha in qualche modo soppresso l'istinto? Insomma, l'Uomo è davvero la proverbiale *tabula rasa* dei behavioristi – malleabile e adattabile all'infinito?

Se è così, allora tutti i Grandi Maestri hanno gettato parole al vento.

Il brano più 'discutibile' di *Il cosiddetto male* – o quello che valse a Lorenz l'epiteto di «nazista» – è quello in cui si descrive il «modulo motorio fisso» osservabile nei giovani soldati eccitati dal furore della battaglia: testa eretta... mento in avanti... braccia ruotate verso l'interno... il brivido che drizza i peli, ormai inesistenti, lungo la spina dorsale...: «Ci si sente innalzati al di sopra degli affanni della vita quotidiana... Gli uomini, anche quando commettono delle atrocità, hanno una sensazione di assoluta rettitudine...».

*Eppure...* la madre che lotta come una furia per difendere il figlio sta – si spera! – obbedendo al richiamo dell'istinto, non al consiglio di un opuscolo sulla maternità. E se ammettiamo che l'aggressività esiste nelle giovani donne, perché non dovrebbe esistere anche nei giovani uomini?

Per Pascal gli istinti sono: «ragioni del cuore di

cui la ragione non sa nulla». E per un reazionario credere nelle «ragioni del cuore» non è proprio di nessun conforto – semmai il contrario!

Senza la religione, secondo la famosa frase di Dostoevskij, tutto è ammissibile. Senza l'istinto tutto sarebbe *altrettanto* ammissibile.

Un mondo privato dell'istinto sarebbe un luogo molto più micidiale e pericoloso di quanto potrebbero mai concepire i «fanatici dell'aggressività». Il mondo sarebbe un limbo dove a ogni cosa se ne potrebbe contrapporre un'altra: il bene potrebbe essere male; ciò che ha senso potrebbe diventare assurdo, la verità menzogna; il lavoro a maglia non sarebbe più morale dell'infanticidio; e un limbo dove si potrebbero sottoporre gli uomini al lavaggio del cervello per indurli a pensare, a dire o a fare ciò che è gradito all'autorità costituita.

Un aguzzino può tagliare il naso a un uomo; ma se l'uomo ha la possibilità di generare, suo figlio nascerà col naso. La stessa cosa avviene con l'istinto: un nucleo di istinto immutabile nell'uomo fa sì che chi fa il lavaggio del cervello debba ricominciare il suo lavoro di manipolazione sempre da capo, con ogni individuo e ogni generazione; alla fine, diventa un lavoro molto faticoso.

I Greci credevano che il comportamento umano dovesse rispettare certi limiti; non che questi non venissero mai superati, come osservò Camus, ma erano stati comunque fissati, arbitrariamente – e su chiunque fosse così arrogante da oltrepassarli si sarebbe abbattuta la punizione del Fato.

*

Lorenz afferma che qualunque animale, quando è chiamato a comportarsi in un determinato modo, ha nella sua vita determinate crisi, o svolte istintive. Non necessariamente il richiamo viene raccolto: infatti, se manca il bersaglio « naturale » del comportamento, l'animale lo dirigerà su un sostituto – e svilupperà una devianza.

*

Ogni mitologia ha la sua versione dell'« Eroe e il suo cammino costellato di cimenti », in cui a essere « chiamato » è un giovane uomo. Egli va in un paese lontano dove un gigante o un mostro minaccia di sterminare la popolazione. Con una tenzone sovrumana egli vince il Potere delle Tenebre, dimostra la sua virilità e riceve la ricompensa: ricchezze, terra, fama, o una moglie.

Se li gode fino alla mezza età, quando, ancora una volta, le nubi si oscurano. Di nuovo la sua irrequietezza non gli dà tregua. Di nuovo parte: o per morire in un combattimento, come Beowulf, o, come il cieco Tiresia profetizza a Ulisse, per mettersi in viaggio verso qualche destinazione sconosciuta, e scomparire.

*

« *Katharsis* »: in greco « purificazione » o « liberazione ». Un'etimologia controversa fa derivare la parola dal greco *kathairo*, « liberare il paese dai mostri ».

*

Il mito propone, l'azione dispone. Il Ciclo dell'Eroe rappresenta un paradigma immutabile di comportamento « ideale » per il maschio umano. (Naturalmente si potrebbe formularne uno anche per l'Eroina). Ogni episodio del mito corrisponde – come se fosse un anello di una catena comportamentale – a una delle classiche Età dell'Uomo. Ogni età si

apre con nuove barriere o nuovi cimenti da superare. Più l'eroe va avanti – o pare andare avanti –
in questo percorso di guerra, più sale di rango.

Quasi tutti noi, che eroi non siamo, nella vita
perdiamo il nostro tempo, agiamo a sproposito e
alla fine siamo vittime dei nostri vari disordini
emotivi. L'Eroe no. L'Eroe – e per questo lo
proclamiamo tale – affronta ogni cimento quando
gli si presenta, e accumula punti su punti.

Una volta feci l'esperimento di adattare la vita di
un eroe moderno, Che Guevara, alla struttura
dell'epopea di Beowulf. Con qualche aggiustatina
qua e là, è risultato che entrambi gli eroi hanno
compiuto la stessa serie di imprese nello stesso
ordine: il commiato, il viaggio per mare, la sconfitta del mostro (Grendel, Batista), la sconfitta della
madre del mostro (« La strega dell'acqua », la Baia
dei Porci). Entrambi gli eroi ricevono una ricompensa: fama, ricchezze, una moglie (nel caso di
Guevara una moglie cubana e la carica di direttore
della Banca Nazionale di Cuba), eccetera. Alla fine
muoiono entrambi in un paese lontano: Beowulf
ucciso dal Drago, Guevara dal dittatore della Bo-
livia.
Come uomo Guevara, nonostante tutto il suo
fascino, ci colpisce come una personalità spietata e
sgradevole. Come Eroe non sbaglia mai un passo –
e come Eroe il mondo ha scelto di vederlo.

Si dice che nei momenti cruciali gli Eroi sentano
« voci angeliche » che dicono loro il da farsi. Tutta
l'*Odissea* è un meraviglioso braccio di ferro tra
Atena che sussurra all'orecchio di Odisseo: « Sì, ce
la farai », e Poseidone che tuona: « No, niente
affatto! ». E se al posto di « voce angelica » si mette
la parola « istinto », si arriverà alla conclusione dei
mitografi più propensi allo psicologismo: che i miti

sono frammenti della vita interiore dell'Uomo antico.

Il ciclo dell'Eroe, a qualunque latitudine, è la storia di un «adatto» in senso darwiniano: lo schema di una «riuscita» genetica. Beowulf parte... Ivan parte... Jack parte... il giovane aborigeno in *walkabout* parte... parte anche l'antiquato Don Chisciotte. E questi *Wanderjahre*, e i combattimenti con la Bestia, sono la versione del narratore del tabù dell'incesto: un uomo deve prima dimostrare di essere «adatto», e poi andare a «sposarsi lontano».

Nella pratica, poco importa se i miti sono messaggi cifrati dell'istinto, delle cui strutture sarebbe sede il sistema nervoso centrale, o racconti didascalici tramandati nei secoli. Su un punto non si insisterà mai abbastanza: nel mito non è mai, o quasi mai, consigliabile, da un punto di vista morale, uccidere un altro uomo a sangue freddo.

*

Nelle comunità militari della Germania antica, ogni giovane veniva addestrato a reprimere le sue remore all'omicidio: doveva denudarsi, mettersi addosso la pelle [*bearskin*] ancora calda di un orso appena scuoiato e farsi invadere da una rabbia «bestiale»: diventare insomma, nel vero senso della parola, «una belva» [*berserk*].

*Bearskin* e *berserk* sono la stessa parola. I copricapi delle Guardie Reali che presidiano Buckingham Palace sono i discendenti di quella primitiva tenuta guerresca.

*

Omero distingue due tipi di «comportamento guerresco». Uno è *menos*, la resistenza a sangue freddo di Odisseo mentre tira le sue frecce ai Proci. L'altro è *lyssa*, o «furore guerresco», come quello da cui è invasato Ettore sul campo di battaglia (*Iliade*, IX, 237-9). Quando un uomo è in preda alla *lyssa* non è più considerato «umano» né soggetto alle leggi di Terra e Cielo.

Il «travolgente entusiasmo guerresco» di Lorenz è una descrizione della *lyssa*.

*

Gli indiani Sioux sono un'accolita di furfanti, sporchi, subdoli, sgraziati e vili; si aggirano con le loro coperte pidocchiose, rubano, mentono, uccidono e divorano le budella, sono gli esseri peggiori cui il Signore abbia mai consentito di appestare la terra: tutti gli *uomini*, eccetto gli agenti indiani e i mercanti, dovrebbero invocare il loro immediato e definitivo sterminio.

Dal «Topeka Weekly Daily», 1869

*

Il forestiero, se non è un mercante, è un nemico.
*Inglese antico*

*

In latino medioevale *vargus* – cioè «bandito» o «forestiero» – significa anche «lupo»; e così i due concetti – quello della bestia feroce che deve essere catturata e quello dell'uomo che deve esser trattato alla stregua di una bestia feroce – sono intimamente legati.

P.J. HAMILTON, *The Silent Trade*

*

I villaggi del Nuristan sono abbarbicati alle montagne, ad angolazioni talmente vertiginose che la funzione di strade è assolta da scale a pioli di legno di cedro. Gli abitanti hanno i capelli biondi e gli occhi azzurri, e girano con asce da guerra di ottone. Portano cappelli piatti, giarrettiere incrociate sulle gambe e un tocco di kohl su ogni palpebra. Alessandro li prese per una tribù di greci dispersa da tempo, i tedeschi per una tribù di ariani.

I nostri portatori avevano un'aria servile e infida; si lamentavano di continuo che i loro poveri piedi non potevano fare un passo di più e lanciavano occhiate invidiose alle nostre scarpe.

Alle quattro volevano che ci accampassimo vicino a un gruppo di case diroccate e in ombra, ma noi insistemmo per inoltrarci ancora nella valle. Dopo un'ora raggiungemmo un villaggio circondato da alberi di noce. I tetti erano arancioni di albicocche messe a seccare al sole. In un prato giocavano bambine con abiti tinti di rosa con la robbia.

Il capo del villaggio ci accolse con un sorriso franco e aperto. Si unì poi a noi un giovane satiro barbuto, con una coroncina di foglie di vite e fiori di campo sui capelli, che da una fiasca di pelle ci offrì un goccio di aspro vino bianco.

« Ci fermiamo qui » dissi al capo dei portatori.

« No, qui no » disse lui.

Aveva imparato a parlare inglese nel bazar di Peshawar.

« Sì, qui » dissi io.

« Questi uomini sono lupi » disse lui.

« Lupi? ».

« Sì, lupi ».

« E quelli di quel villaggio? » domandai indicandone un altro dall'aspetto desolato a un chilometro e mezzo da noi.

« Quelli sono uomini » disse.

« E quelli del villaggio ancora dopo? Sono lupi, vero? ».

« Lupi » annuì lui.

« Non dire fesserie! ».

« Non sono fesserie, sahib » rispose. « Certi uomini sono uomini e certi altri sono lupi ».

*

Non ci vuole molta fantasia per immaginare che l'uomo, in quanto specie, abbia avuto un'evoluzione terribilmente travagliata: il fatto che se la sia cavata così brillantemente dà l'idea delle proporzioni della minaccia che incombeva su di lui.

Dimostrarlo è un altro paio di maniche. Tuttavia, già vent'anni fa pensavo che le nostre presunte tendenze « fratricide » fossero oggetto di eccessiva attenzione e che, nella formazione del nostro carattere e del nostro destino, si trascurasse il ruolo avuto dal Carnivoro.

*

Se si dovesse rispondere genericamente alla domanda: « Che cosa mangiano i carnivori? », la risposta sarebbe molto semplice: « Quello che trovano ».

GRIFF EWER, *I carnivori*

*

È stato detto che i Kadar, una tribù di cacciatori dell'India meridionale, non conoscevano violenza né ostentazioni di virilità, perché tutti i loro conflitti venivano convogliati *all'esterno*, sulla tigre.

*

Ora proviamo a lasciar perdere tutti questi discorsi sull'aggressività e soffermiamoci sul problema della difesa. E se nelle pianure africane l'Avversario non fosse stato l'altro uomo? E nemmeno gli uomini dell'altra tribù? Se le scariche di adrenalina responsabili del « furore guerresco » fossero sopraggiunte nel corso dell'evoluzione per difenderci dai grandi felini? Se in origine le armi ci fossero servite non a cacciare la selvaggina ma a salvare la pelle? Se non fossimo stati tanto una specie predatoria quanto una specie in cerca di un predatore? O se, in un momento cruciale, la Bestia fosse stata sul punto di vincere?

*

Questa – a scanso di equivoci – è la discriminante.

Se i primi uomini fossero stati belluini, assassini, cannibali, se la loro rapacità li avesse resi smaniosi di stragi e conquiste, allora qualunque Stato, col fornir loro una protezione efficace, avrebbe salvato gli uomini da loro stessi, e dovrebbe inevitabilmente esser considerato utile. Un simile Stato, per quanto opprimente per l'individuo, sarebbe comunque provvidenziale. E qualunque atto compiuto dai singoli per abbattere, indebolire o minacciare lo Stato sarebbe un passo verso il caos primordiale.

Supponiamo invece che i primi uomini fossero sottomessi, vessati, accerchiati, raccolti in poche e frammentarie comunità, perennemente intenti a scrutare l'orizzonte nella speranza di veder giungere un aiuto, abbrancati alla vita e agli altri uomini durante gli orrori della notte. In questo caso tutti gli attributi che diciamo « umani », il linguaggio, la composizione dei canti, la condivisione del cibo, i doni, le parentele, cioè tutte le spontanee manifestazioni di solidarietà che tengono in equilibrio la società e aboliscono l'uso della forza tra i suoi membri, e che assolvono senza intoppi alla loro funzione solo se vige l'equivalenza – tutte queste cose non potrebbero esser state sviluppate tra mille avversità come stratagemmi per sopravvivere e scongiurare la minaccia dell'estinzione? E sarebbero per questo meno istintive o più specificamente orientate? Una teoria della difesa non spiegherebbe forse perché, a lungo andare, combattere una guerra di offesa diventa impossibile? E perché i prepotenti non vincono mai?

\*

Nello studio di Lorenz faceva troppo caldo, così ci trasferimmo in un padiglione del giardino. Sulla città torreggiava il castello medioevale di Greiffenstein: un baluardo dell'Europa cristiana contro il mobile mondo dei cavalieri asiatici. Vedendo Lorenz nel suo ambiente mi resi conto che l'esser cresciuto al centro di uno spaventoso dramma geopolitico doveva aver influenzato, sotto certi aspetti, le sue idee sull'aggressività.

Come mai, gli domandai, tanta gente non riesce ancora a digerire la teoria dell'istinto, quando la si applica all'uomo?

« Ci sono certe cose » mi rispose « contro cui non si può nulla, e una di queste è la pura e semplice stupidità ».

« Quando in un animale » continuai io « si isola un "blocco" comportamentale – mi interrompa, se sbaglio – la prima domanda da porsi è: "A che serve?". In che modo questo o quel comportamento avrà contribuito alla conservazione della specie nel suo habitat originario? ».

« Esatto » disse Lorenz annuendo.

« Un pettirosso, » dissi rifacendomi a uno dei suoi esperimenti « quando vede un altro pettirosso, o anche soltanto un batuffolo rosso, andrà all'attacco, poiché il rosso segnala un "rivale territoriale" ».

« Proprio così ».

« Perciò è la vista di un suo simile che nel pettirosso fa scattare l'aggressività? ».

« Certamente ».

« Ebbene, perché quando si passa al combattimento fra uomini, l'uno o l'altro dei contendenti deve per forza non essere completamente umano? Non le pare che "l'entusiasmo guerresco" da lei descritto potrebbe essersi sviluppato come reazione difensiva all'attacco delle bestie feroci? ».

« Potrebbe » rispose pensosamente. « Certo che potrebbe. Prima di andare a caccia di un leone, i Masai del Kenya risvegliano artificialmente l'entusiasmo guerresco con rulli di tamburo, simili alle marce naziste... Sì, in origine l'aggressività potrebbe essersi sviluppata contro le bestie feroci. Quando gli scimpanzé vedono un leopardo fanno alla perfezione tutti i loro numeri di aggressività collettiva ».

« Siamo sicuri » insistetti « di non aver confuso i concetti di "aggressività" e di "difesa"? Di non aver a che fare con due meccanismi completamente distinti? Da una parte ci sono i rituali "aggressivi" che, nel caso degli esseri umani, sono l'offerta di doni, la stesura di trattati e il sistema delle parentele. Poi c'è la "difesa", ma dalla Bestia ».

Tutta la propaganda bellica, continuai, si reggeva sul presupposto che il nemico va degradato, ridotto a una creatura animalesca, miscredente, malefica, e via dicendo. Oppure, in alternativa, i combattenti devono trasformarsi metaforicamente in belve, nel qual caso gli uomini diventano la loro legittima preda.

Lorenz si grattò la barba, mi lanciò un'occhiata indagatrice e commentò (non saprò mai se ironicamente o no):

« Quello che ha appena detto è completamente nuovo ».

## 32

Una mattina, mentre facevo colazione con Rolf e Wendy, venne pian piano verso di noi un'alta figura a torso nudo.

« Quale onore » disse Rolf. « Big Foot Clarence. Il presidente del Consiglio di Cullen ».

L'uomo aveva la pelle scura, una forma vagamente a pera e piedi enormi. Gli offrii la mia sedia. Si sedette con aria torva.

« Allora, come va? » domandò Rolf.

« Bene » disse Clarence.

« Bravo ».

« A Canberra hanno approvato il bilancio » disse Clarence in tono incolore e indifferente.

« Ah, sì ».

« Sì » disse lui. « Abbiamo ottenuto l'aeroplano ».

Ormai erano più di due anni che il Consiglio di Cullen lo sollecitava.

« Sì » ripeté Clarence. « Adesso lo abbiamo. Ho pensato di informarti ».

« Grazie, Clarence ».

« Pensavo di andare a Canberra giovedì » disse. « Pensavo di tornare con l'aereo ».

« Buona idea » disse Rolf.

Clarence si alzò; aveva già fatto qualche passo quando Rolf lo richiamò.

« Clarence » disse.

« Sì? ».

« Clarence, che cosa ne hai fatto della livellatrice? ».

« Quale livellatrice? ».

« La livellatrice di Popanji ».

« Non so di nessunissima livellatrice ».

« Sì, che lo sai » disse Rolf. « La livellatrice che ti ha prestato Red Lawson ».

« Quando? ».

« L'anno scorso. Tu e i tuoi amici ci andavate a caccia, con quella livellatrice, ti ricordi? ».

« No ».

« Be', Red sta venendo a riprendersela. Ti consiglio di trovarla, Clarence. Altrimenti potrebbero detrarla dall'aereo ».

« Io non so di nessuna livellatrice » rispose Clarence, e con aria sprezzante se ne andò.

Incrociai lo sguardo di Wendy: stava cercando di trattenere le risa.

« Quell'aereo » disse Rolf rivolto a me « sarà fonte di guai ».

Facevano benissimo a dar loro un aeroplano, ma pagare le spese di manutenzione era un altro discorso. Nessuno, nella comunità di Cullen, vedeva l'utilità di avere un aeroplano se non avendolo *lì sul posto*. E questo significava pagare un pilota che vivesse a Cullen, oltre a un hangar a prova di bambino.

Al campo Amadeus, proseguì Rolf, avevano avuto un pilota simpatico che si divertiva a portare in giro i bambini. Questi bambini, che avevano tra gli otto e i dieci anni, capirono presto come funzionavano i sistemi di controllo dell'aeroplano: videro dove il pilota teneva le chiavi, chiuse in un cassetto della sua roulotte, e mentre lui faceva un sonnellino riuscirono a sottrargliele.

« Quando si svegliò » disse Rolf « vide l'aeroplano che si muoveva sulla pista ».

« Ma hanno decollato? ».

« Non proprio » rispose Rolf. « Sono arrivati alla fine della pista e sono finiti nei cespugli. L'aeroplano era quasi un rottame ».

L'aria del mattino era ancora fresca e limpida.

« Penso che andrò a fare due passi » dissi.

Aspettavamo Arkady da un giorno all'altro, e ogni mattino, quando ero al lavoro nella roulotte, mi ripromettevo una passeggiata sul Monte Liebler.

« Portati dell'acqua » disse Rolf. « Portati il triplo dell'acqua che pensi ti occorra ».

Gli indicai da dove avevo in mente di salire.

« Non preoccuparti » disse lui. « Abbiamo battitori che ti troverebbero in un paio d'ore. Ma *devi* portarti l'acqua ».

Riempii la borraccia, misi nello zaino altre due bottiglie e mi incamminai. Ai margini del campo passai davanti a una borsetta da donna che penzolava da un albero.

Camminai su un altipiano di dune sabbiose e friabile roccia rossa, spaccato da gole difficili da attraversare. I cespugli erano stati bruciati per le cacce in auto, e dagli spuntoni crescevano germogli d'un verde brillante.

Salivo sempre più alto, e guardando la pianura sottostante capii perché gli aborigeni scegliessero di dipingere la loro terra alla maniera dei puntinisti: la terra era proprio a puntini. I puntini bianchi erano spinifex, quelli azzurrognoli eucalipti, e quelli verde-limone un'altra specie di erba a ciuffo. Capii anche, meglio che mai, quello che Lawrence intendeva con « la singolare, perduta, stanca indifferenza dell'Australia ».

Spuntò un wallaby e scese saltellando giù per il pendio. Poi, dall'altra parte del crepaccio, vidi qualcosa di grosso all'ombra di un albero. Dapprima pensai fosse un canguro, poi mi resi conto che era un uomo.

Salii dall'altra parte e trovai il vecchio Alex, nudo, con le lance sparse a terra e il cappotto di velluto avvolto in un fagotto. Feci un cenno e lui lo ricambiò.

« Salve » dissi. « Come mai qui? ».

Lui sorrise, imbarazzato dalla sua nudità, e aprendo appena le labbra rispose: « Cammino tutto il mondo, sempre ».

Lo lasciai alle sue fantasticherie e proseguii. Lo spinifex era più fitto che mai. Più volte disperai di poterlo attraversare, ma ci riuscii sempre, come col filo di Arianna.

Poi cedetti alla tentazione – la tentazione di toccare un riccio – e ci posai la mano sopra, solo per trovarmi con le spine conficcate nel palmo almeno due centimetri prima del previsto. Mentre le estraevo ricordai una cosa che mi aveva detto Arkady: « In Australia tutto ha le spine. Le hanno perfino i goanna ».

Mi inerpicai su per una scarpata sassosa e sbucai su una cresta di roccia; assomigliava davvero alla coda di un perenty. Più in là c'era un tavolato con alcuni alberi lungo un corso d'acqua asciutto. Gli alberi erano senza foglie: avevano cortecce grigie e rugose e fiorellini scarlatti che cadevano a terra come gocce di sangue.

Mi sedetti, esausto, sotto l'ombra incerta di uno degli alberi. Faceva un caldo infernale.

Poco più in là due maschi di averla, bianchi e neri come gazze, si lanciavano a turno richiami da una parte all'altra di una gola. Uno dei due alzava il becco in verticale ed emetteva tre lunghi « uh, uh, uh » seguiti da tre brevi note ascendenti. Il rivale allora imparava il ritornello e lo ripeteva.

« Semplicissimo » mi dissi. « Scambio di note da un lato all'altro della frontiera ».

Ero appoggiato al tronco dell'albero, con una

gamba che penzolava nel letto del fiume, e bevevo avidamente dalla borraccia. Adesso sapevo che cosa intendeva Rolf per disidratazione. Salire ancora sarebbe stata una pazzia: dovevo tornare sui miei passi.

Le averle tacevano. Il sudore mi colava sulle palpebre e faceva sembrare tutto sfocato e deformato. Sentii dei sassi che rotolavano, e appena alzai gli occhi vidi che mi si stava avvicinando un mostro.

Era un gigantesco varano, il signore della montagna, il Perenty in persona. Sarà stato lungo più di due metri. Aveva la pelle color ocra chiaro, con macchie di un marrone più scuro. La sua lingua lilla lambì l'aria. Mi si gelò il sangue. Avanzò raspando con gli artigli: non c'era modo di sapere se mi aveva visto. Mi passò a cinque centimetri dalle scarpe, poi fece dietrofront e con uno scatto improvviso se ne andò.

Il perenty ha una dentatura temibile, ma per l'uomo è innocuo, se non lo si mette alle strette: in effetti, a parte gli scorpioni, i serpenti e i ragni, l'Australia è una terra eccezionalmente benigna.

Tuttavia gli aborigeni hanno ereditato un bestiario di mostri e spauracchi con cui minacciano i loro figli e tormentano i giovani nel periodo dell'iniziazione. Mi ricordai la descrizione di Sir George Grey del Boly-yas: un'apparizione dalle orecchie cascanti, furtiva e vendicativa più di ogni altra creatura; mangiava la carne ma lasciava le ossa. Mi ricordai del Serpente Arcobaleno, e mi ricordai di Arkady che parlava del Manu-manu: una creatura munita di zanne, affine allo yeti; si muoveva sottoterra, cacciava le sue prede di notte negli accampamenti e se la svignava con i forestieri incauti.

I primi australiani, riflettei, dovevano aver conosciuto mostri reali, come il *Thylacaleo* o «leone marsupiale». C'era anche un perenty lungo dieci metri. Però nella megafauna australiana nulla poteva competere con gli orrori della savana africana.

Cominciai a domandarmi se il contorno di violenza della vita aborigena – la vendetta di sangue e le cruente iniziazioni – potesse dipendere dal fatto che in Australia non c'erano stati animali adeguati con cui competere.

Mi rimisi faticosamente in piedi, mi arrampicai fino alla cresta e guardai il campo di Cullen.

Pensavo di trovare una discesa più facile, che mi evitasse di attraversare le gole. La via 'facile' si rivelò uno scivolo di roccia, ma arrivai in fondo tutto intero e mi incamminai verso casa seguendo il letto di un torrente.

Nel torrente c'era un rigagnolo, e sulle sponde crescevano dei cespugli. Mi buttai un po' d'acqua in faccia e proseguii. Avevo alzato la gamba destra per fare un passo quando dissi tra me e me: «Sto per pestare qualcosa che sembra una pigna verde». Quello che non avevo ancora visto era la testa del serpente mulga che si rizzava dietro un cespuglio, pronta a scattare. Mossi la gamba al contrario e pian piano indietreggiai... uno... due... uno... due. Anche il serpente batté in ritirata, e sparì in un buco. «Però, come sono calmo» mi dissi, finché sentii arrivare la nausea.

All'una e mezzo ero di nuovo a Cullen.

Rolf mi squadrò e disse: «Hai proprio l'aria distrutta, caro mio».

*Rock-a-bye, baby, on the tree top,*
*When the wind blows, the cradle will rock.*
*When the bough breaks, the cradle will fall,*
*And down will come baby, cradle and all.*[1]

\*

La conferma che l'uomo è una specie migratoria è data, a mio parere, da un esperimento fatto alla Tavistock Clinic di Londra e descritto dal dottor John Bowlby nel suo *Attachment and Loss*.

Ogni bambino piccolo normale, se viene lasciato solo, si mette a strillare; il modo migliore per consolarlo è prenderlo e cullarlo, oppure camminare tenendolo in braccio. Bowlby predispose una macchina che imitava esattamente il ritmo e il moto della camminata materna, e scoprì che il bambino, purché stesse bene e fosse sazio e al caldo, smetteva subito di

1. «Fai la nanna, bimbo, in cima all'albero, / quando soffierà il vento la culla dondolerà. / Quando si spezzerà il ramo la culla cascherà, / e bimbo, culla e tutto andran per terra».

piangere. « Il movimento ideale » ha scritto Bowlby « è verticale, con un'oscillazione di una decina di centimetri ». Cullare molto adagio, per esempio al ritmo di trenta dondolii al minuto, non aveva nessun effetto: se invece il ritmo arrivava a cinquanta e più, tutti i neonati smettevano di piangere e rimanevano quasi sempre tranquilli.

*

Un bambino non ne ha mai abbastanza di andare a spasso ogni giorno. E se tutti pretendono istintivamente di essere portati a spasso, vuol dire che anche la madre, nella savana africana, doveva camminare: da un campo all'altro, nel suo giro di approvvigionamento quotidiano, fino al pozzo e in visita dai vicini.

*

Le scimmie hanno i piedi piatti, noi li abbiamo arcuati. Secondo il professor Napier, l'andatura umana ha passi lunghi e cadenzati: 1–2, 1–2; e l'azione del piede a contatto col terreno si svolge in quattro tempi: 1, 2, 3, 4... 1, 2, 3, 4...; battuta del tallone, peso sull'esterno del piede, peso sul davanti, spinta dell'alluce.

*

Mi capita di domandarmi – e molto seriamente – quante suole di scarpe, quante suole di cuoio, quanti sandali abbia consumato l'Alighieri nel corso della sua opera poetica, girovagando per i sentieri delle capre in Italia.

L'*Inferno*, e soprattutto il *Purgatorio*, celebrano l'andatura umana, la misura e il ritmo del camminare, il piede e la sua forma. Il passo, coordinato con il respiro e saturo di pensiero: nella concezione di Dante è questo il principio della metrica.

OSIP MANDEL'ŠTAM, Conversazioni su Dante

*

*Melos*: greco per « arto », da cui « melodia ».

*

E pensa a quest'anima dal lento passo...

JOHN DONNE, Il secondo anniversario

In Africa, un esploratore bianco ansioso di affrettare il suo viaggio pagò i portatori per una serie di marce forzate. Ma costoro, poco prima di giungere a destinazione, posarono i loro fagotti e non vollero più muoversi. Nulla valse a convincerli, nemmeno un ulteriore aumento della paga: dissero che dovevano fermarsi per farsi raggiungere dalle loro anime.

I Boscimani, che percorrono distanze immense nel Kalahari, non hanno il concetto della sopravvivenza ultraterrena dell'anima. « Quando moriamo, moriamo » dicono. « Il vento cancella le nostre orme, e quella è la nostra fine ».

I popoli indolenti e sedentari, come gli Egizi, proiettano sull'altro mondo – con la loro idea di un viaggio nel Campo di Canne nella vita dell'aldilà – i viaggi che non hanno fatto in questo.

*

Londra, 1965

A cena da Mr Rasikh c'era un inglese tirato a lustro con una calvizie incipiente, roseo come un bimbo florido e più che sessantenne. Aveva basette pepe e sale e limpidi occhi azzurri. Si chiamava Alan Brady: bastava uno sguardo per capire che era un uomo molto felice.

Mr Rasikh era l'agente ufficiale del governo sudanese per gli acquisti a Londra. Abitava in un appartamento in cima a un palazzo di molti piani nella zona di Victoria Station. Aveva la barba tinta con l'henné e indossava una *djellaba* bianca e un turbante floscio. Era sempre al telefono, a raccogliere dagli altri giocatori indiscrezioni sui cavalli, e a quanto pareva non usciva mai di casa. Ogni tanto, in un'altra stanza, si sentivano le sue donne.

Il suo amico Brady faceva il commesso viaggiatore per una ditta che fabbricava macchine per scrivere e articoli da ufficio. Aveva clienti in circa trenta paesi africani, e ogni quattro mesi passava a turno da ciascuno di loro.

Diceva di preferire la compagnia degli africani a quella dei bianchi. Fare affari con loro era un piacere. La gente diceva che con gli africani era impossibile andare d'accordo, perché volevano sempre qualcosa gratis.

« Ma mi lasci dire che è molto più facile con loro che con i miei colleghi d'ufficio » mi informò.

In vent'anni di lavoro, gli era capitato solo due volte di non riuscire a riscuotere un credito. Non andava mai in vacanza. Non temeva le rivoluzioni né le compagnie aeree africane.

Tre volte all'anno veniva a Londra, mai per più di una settimana, e alloggiava nella stanza che la ditta riservava ai commessi viaggiatori. Poiché non aveva abiti invernali, cercava di regolare le sue visite in modo da evitare i rigori dell'inverno: a novembre, a marzo e poi di nuovo a luglio.

A parte gli abiti che aveva addosso, non possedeva altro che un abito tropicale di ricambio, una cravatta di ricambio, un maglione, tre camicie, biancheria, calzini, un paio di pantofole, un ombrello e una borsa da toilette. Stava tutto dentro una valigia che poteva portare come bagaglio a mano.

« Mi sembra inutile perdere tempo negli aeroporti » disse.

Ogni volta che tornava a Londra, andava in un negozio di abbigliamento dalle parti di Piccadilly e si riequipaggiava da capo a piedi: valigia, ombrello, abiti e tutto il resto. Regalava le cose vecchie al portiere dell'ufficio, che ne ricavava qualche sterlina.

« Addosso a Alan Brady non si sciupa niente » disse con orgoglio.

In Inghilterra non aveva amici né parenti. L'appartamento di Mr Rasikh era l'unico posto di Londra dove si sentisse a suo agio.

Suo padre era stato asfissiato col gas sulla Somme, la madre era morta durante la settimana di Dunkerque. Talvolta d'estate andava sulla sua tomba, nel cimitero di un paese vicino a Nottingham. Un tempo aveva una zia a Wigan, ma ormai era morta anche lei.

Aveva superato l'età della pensione. Quelli dell'ufficio brontolavano che era ora che se ne andasse, ma il suo libro degli ordini era sempre pieno e la direzione continuava a tenerlo.

« Non ha una base? » gli domandai. « Un posto che possa chiamare "casa"? ».

Arrossì per l'imbarazzo. « Sì » disse esitando. « È una cosa abbastanza personale ».

« Scusi » dissi. « Non parliamone più ».

« Niente di cui mi vergogni » proseguì lui. « Solo che certa gente potrebbe ritenerla una sciocchezza ».

« Io no » dissi.

Nella cassaforte dell'ufficio, raccontò, teneva una cassetta di metallo nero di quelle che usavano gli avvocati di una volta, con scritto « Beni di Sir John Vattelapesca » in lettere bianche.

Ogni volta che veniva a Londra, si chiudeva a

chiave in camera e spargeva il contenuto sul materasso.

In fondo alla cassetta teneva le cianfrusaglie superstiti di un'esistenza più lontana: la foto di nozze
dei genitori; le medaglie del padre; la lettera del Re;
un orsacchiotto di pezza; un martin pescatore di
porcellana che era caro alla madre; la sua spilla di
granati; la coppa vinta in una gara di nuoto (nel
1928 gli erano passati gli attacchi d'asma bronchia-
le); il posacenere d'argento « per i venticinque anni
di fedele servizio » nella ditta.

Nella metà superiore della cassetta, separate da
un foglio di carta velina, teneva le cose « africane » –
oggetti senza valore, ciascuno ricordo di un incontro
memorabile: una scultura zulù comprata sui Dra-
kensbergs da un vecchio triste; un serpente di ferro
del Dahomey; una stampa del Cavallo del Profeta o
una lettera di un ragazzo del Burundi che lo ringra-
ziava per avergli regalato un pallone. Ogni volta che
tornava, portava un oggetto nuovo e ne buttava via
uno vecchio che aveva perso significato.

Alan Brady aveva un solo timore: che lo mandas-
sero presto in pensione.

*

Se ogni neonato ha il desiderio di muoversi *in
avanti*, il passo successivo è scoprire come mai non
gli piace star fermo.

Dopo aver ulteriormente approfondito le cause di
ansietà e di collera nei bambini piccoli, il dottor
Bowlby è arrivato alla conclusione che il complesso
legame istintivo fra madre e figlio, gli strilli di allarme del bambino (molto diversi dai piagnucolii di
freddo, fame o malessere), la 'misteriosa' capacità
della madre di udirli, la paura che il bambino ha del
buio e degli estranei, il suo terrore per gli oggetti
che si avvicinano rapidamente, le sue invenzioni di
mostri da incubo *dove non ce ne sono* – insomma tutte

le sconcertanti «fobie» che Freud cercò senza successo di spiegare – si potevano in realtà motivare con la costante presenza di predatori nella casa primordiale dell'uomo.

Bowlby cita i *Princìpi di psicologia* di William James: «Nell'infanzia la maggiore fonte di terrore è la solitudine». Un bambino solo, che scalcia e strilla nel suo lettino, non sta necessariamente mostrando i primi segni della Pulsione di Morte o della Volontà di Potenza o dell'«impulso aggressivo» a rompere i denti al fratello: queste sono cose che magari si sviluppano in un secondo tempo. No. Il bambino strilla perché – se trasferiamo il lettino in mezzo ai rovi dell'Africa – o la madre torna entro pochi minuti o una iena lo mangerà.

Sembra che ogni bambino abbia un'immagine mentale innata della «cosa» che potrebbe attaccarlo: al punto che qualunque «cosa» lo minacci, anche se non è la «cosa» reale, innescherà una sequenza prevedibile di comportamenti difensivi. La prima tattica difensiva sono gli strilli e i calci; così la madre deve esser preparata a combattere per il figlio, e il padre a lottare per entrambi. Di notte il pericolo raddoppia, perché di notte l'uomo non ci vede ed è proprio di notte che i grandi felini vanno a caccia. E sicuramente questo grande dramma manicheo – la luce, le tenebre e la Bestia – è il nocciolo della condizione umana.

Chi visita il nido di un ospedale è spesso stupito dal silenzio. Eppure, se la madre ha davvero abbandonato il figlio, l'unica possibilità che lui ha di sopravvivere è di tenere la bocca chiusa.

## 33

Come promesso, Red Lawson venne a Cullen a cercare la livellatrice dispersa. Arrivò con la macchina della polizia, e per convincere quelli di Cullen che faceva sul serio si era vestito di tutto punto, in cachi, con tutti gli emblemi del suo grado e un cappello allacciato significativamente sotto il mento. I polpacci scoppiavano nelle calze tirate fin sopra il ginocchio.

Nel pomeriggio fece il giro delle baracche, ma non ne ricavò nulla. Nessuno aveva mai sentito parlare di una livellatrice; non sapevano nemmeno che cosa fosse, tranne il presidente Clarence, che andò su tutte le furie e gli disse che aveva confuso Cullen con qualche altro posto. Perfino Joshua fece scena muta.

« E adesso? » domandò Red a Rolf.

Era nell'emporio, seduto su una cassa, e si asciugava il sudore dalla fronte.

« Aspettiamo il vecchio Alex » disse Rolf. « Lui qualcosa saprà. E per quanto lo conosco, non la può vedere e vuol togliersela dai piedi ».

Alex, come al solito, era a spasso nel *bush*, ma al tramonto sarebbe certo tornato; e infatti tornò.

« Ci penso io » disse Rolf e si appartò a parlare con lui.

Alex ascoltò. Poi, con un impercettibile sorriso, puntò un dito ossuto verso nord-est.

A cena cominciò a spiegarsi la passione di Red per Spinoza: ci disse che sua madre era un'ebrea di Amsterdam. Solo lei, di tutta la famiglia, era sopravvissuta all'occupazione tedesca, segregata nel solaio di un vicino. Poi i nazisti se ne andarono, e quando lei fu libera di girare per le strade le sembrò che se non fosse andata molto lontano sarebbe morta. Incontrò un soldato australiano: lui fu gentile con lei e le chiese di diventare sua moglie.

Red moriva dalla voglia di parlare di Spinoza, ma confesso arrossendo che dell'*Etica* io avevo solo un'infarinatura, così la nostra conversazione fu una serie di titubanti *non sequitur*. Rispetto all'esibizione di Arkady, la mia fu francamente penosa.

Il mattino dopo Red e io, con un uomo che lui si era portato da Popanji, partimmo alla ricerca della livellatrice. Avanzammo lentamente per i campi nella direzione indicata da Alex. Quando arrivavamo su un'altura, Red si fermava e prendeva il binocolo.

« Non c'è, porca puttana! » diceva.

Poi attraversammo una gola fra due colline basse, e arrivando dall'altra parte urlammo all'unisono: « I segni delle ruote! ».

Se l'erano spassata davvero! Per chilometri e chilometri avevano sconquassato il paesaggio con cerchi, volute e numeri otto. Ma per quanto girassimo in lungo e in largo per quell'assurdo labirinto, della livellatrice nemmeno l'ombra.

« Sto per impazzire » disse Red.

In quel momento il mio sguardo cadde su un monticello a forma di cono alla nostra destra. Appollaiato sulla cima c'era l'enorme bestione giallo.

« Guardate! » urlai.

« Cristo! » esclamò Red. « Come diavolo hanno fatto a portarla lì sopra? ».

Salimmo sulla collina e trovammo la livellatrice tutta arrugginita, con la vernice che si scrostava e un cespuglio che spuntava dal motore; era in bilico su una discesa molto ripida, con una ruota a mezz'aria. Incredibilmente, le gomme erano gonfie.

Red controllò il serbatoio, che era pieno a metà, e il motorino d'avviamento, che era guasto. Poi esaminò il pendio per sincerarsi che non nascondesse insidie e valutò che probabilmente con una spinta l'avremmo fatta partire.

« Mica scemi i ragazzi! » disse sorridendo. « Sapevano il fatto loro! ».

Il metallo della macchina era rovente. Red mi diede un paio di guanti termoresistenti e una bomboletta: nell'operazione io avevo il ruolo di spruzzare etere nel carburatore senza eterizzare me stesso.

Mi annodai un fazzoletto sul naso, e Red montò al posto di guida.

« Pronto? » mi gridò.

« Pronto! » risposi.

Mollò il freno e la livellatrice si mosse lentamente con un crocchiare di rami spezzati. Io spruzzai l'etere e tenni duro fin quando, all'improvviso, scendemmo con fragore giù per la discesa e il motore si avviò rombando. Red manovrò con destrezza la macchina fino al piano, poi tirò il freno a mano, si girò verso di me e alzò il pollice.

Ordinò all'uomo di Popanji di mettersi al volante dell'auto della polizia. Io montai sopra la cabina della livellatrice. A circa un chilometro da Cullen urlai al di sopra del baccano: « Mi fai un grosso favore? Me la lasci guidare? ».

« Certo! » disse Red.

Entrai nel campo al posto di guida. In giro non c'era anima viva. Parcheggiai su un declivio dietro la roulotte di Rolf.

Adesso, se a Alice vedevo l'« altro » Bruce, potevo dirgli: « Non ho guidato un bulldozer, Bru, però ho guidato una livellatrice ».

In nessun paese c'è tanta abbondanza di animali pericolosi quanto nell'Africa meridionale.

CHARLES DARWIN, *L'origine dell'uomo*

*

Ma dove c'è il pericolo cresce anche ciò che salva.

FRIEDRICH HÖLDERLIN, *Patmos*

*

Ascoltando lo sproloquio di Koestler sul « bagno di sangue » originario, mi resi conto che doveva aver letto, direttamente o tramite qualche altro autore, l'opera di Raymond Dart. Dart era il giovane professore di anatomia della Witwatersrand University di Johannesburg che nel 1924 aveva riconosciuto l'importanza del Bambino di Taung – uno spettacolare cranio fossile rinvenuto nella Provincia del Capo – e l'aveva poi battezzato col nome-scioglilingua di *Australopithecus africanus*, la « scimmia dell'Africa meridionale ».

Egli dedusse, correttamente, che la creatura era alta circa un metro e venti, che camminava in posizione eretta, più o meno come un uomo, e che il cervello di un esemplare adulto, che non poteva essere più grande di quello di uno scimpanzé, aveva tuttavia caratteristiche umane.

La scoperta di questo «anello mancante», affermò Dart esponendosi al dileggio degli 'esperti' inglesi, confermava l'ipotesi di Darwin che l'uomo discendesse dalle scimmie superiori africane.

Era anche convinto che il «bambino» fosse morto in seguito a un violento colpo alla testa.

Dart, che veniva da una famiglia di allevatori del Queensland, appartiene alla generazione della prima guerra mondiale; benché sia stato testimone soltanto dei rastrellamenti del 1918, sembra aver aderito alla corrente dei disillusi: gli uomini ci prendono gusto a uccidere altri uomini, e continueranno a uccidere all'infinito.

È indubbio che nel 1953, dopo ulteriori rinvenimenti in una caverna ai margini del Kalahari, si sentì in dovere – con uno scritto intitolato *The Predatory Transition from Ape to Man* – di comunicare la sua convinzione che la nostra specie si era distaccata dai suoi antecedenti scimmieschi proprio perché noi eravamo assassini e cannibali; che era stata l'Arma a dare origine all'Uomo; che tutta la storia successiva aveva ruotato intorno al possesso e allo sviluppo di armi superiori; e che di conseguenza gli uomini dovevano adattare la loro società alle armi piuttosto che le armi ai bisogni della società.

Robert Ardrey, discepolo di Dart, proclamò che il saggio, per i suoi duraturi effetti ideologici, andava equiparato al *Manifesto* di Marx.

Negli anni 1947-48, durante gli scavi nella cava di Makapansgat – un posto inquietante dove un tempo i Voortrekker massacrarono una tribù di Bantù – Dart aveva riportato alla luce quello che ritenne il «tumulo dell'immondizia» di un gruppo di *Austra-lopithecinae*, famiglia di gagliardi cacciatori, «come Nimrod molto tempo dopo».

Mangiavano uova, granchi, lucertole, roditori e uccelli, ma avevano anche macellato un considerevole numero di antilopi, per non parlare di mammiferi molto più grandi: una giraffa, un orso delle caverne, l'ippopotamo, il rinoceronte, l'elefante, il leone, due tipi di iena. C'erano poi, confusi tra settemila ossa scompagnate, i crani (ma non gli scheletri) di molti babbuini e i resti di un banchetto cannibalesco.

Dart scelse un reperto particolare, «la mandibola fratturata del figlio dodicenne di una scimmia molto simile all'uomo»:

«Il ragazzo era stato ucciso da un colpo violento assestato con grande precisione sulla punta del mento. Il colpo di randello era stato così brutale da fratturare la mascella da ambo i lati, facendo saltare tutti i denti anteriori. Questo drammatico reperto mi stimolò ad approfondire, nel corso del 1948 e dei sette anni successivi, lo studio delle loro usanze assassine e cannibalesche».

E così fece. Iniziò confrontando le ossa raccolte a Makapansgat con quelle di Taung e Sterkfontein (quest'ultima è una caverna nei dintorni di Pretoria); tra il 1949 e il 1965 pubblicò un totale di trentanove saggi, nei quali mise a punto la sua teoria di una cultura osteodontocheratica (osso-dente-corno) dell'utensile propria dell'Australopiteco.

Dal suo quadro risultò che i nostri diretti progenitori erano destrorsi; che la loro arma preferita era un randello ricavato dall'estremità distale di un omero di antilope; che avevano usato come pugnali corna o schegge di osso affilato, come seghe mandibole, come punte canini di carnivori; e che per estrarre il midollo avevano schiacciato una quantità di altre ossa.

Constatando inoltre che le vertebre caudali mancavano quasi immancabilmente, Dart ipotizzò che venissero usate come flagelli, fruste o segnali. Per di più, siccome i crani di babbuino e di Australopiteco presentavano mutilazioni che sembravano intenzionali, egli ipotizzò che gli abitatori della caverna fossero « cacciatori di teste professionisti ». Concluse:

« Dai primi documenti degli Egizi o dei Sumeri alle più recenti atrocità della seconda guerra mondiale, gli archivi della storia umana, lordi di sangue e funestati da massacri, concordano nel proclamare – con l'antico universale cannibalismo, i sacrifici di uomini e di animali o i riti sostitutivi delle religioni ufficiali, con gli scotennamenti, la caccia di teste, la mutilazione di corpi e le pratiche necrofile di ogni parte del mondo – questa sanguinaria differenza, questa consuetudine predatoria, questo marchio di Caino che dal punto di vista dell'alimentazione separa l'uomo dai suoi parenti antropoidi e lo accomuna piuttosto ai carnivori più micidiali ».

Basta lo stile a dare la sensazione che c'è qualcosa di profondamente sbagliato.

*

*Berkeley, California, 1969*

Al People's Park un hippy precocemente invecchiato attaccò bottone.

« Basta coi massacri! » disse. « Basta coi massacri! ».

« Ti verrebbe mai in mente di dire a una tigre di fare il ruminante? ».

Mi alzai, pronto a darmela a gambe.

« Stronzo! » mi gridò.

« Pensa a Hitler! » gli gridai di rimando. « Pensa a Rudolf Hess! Sempre a far picnic vegetariani e a ficcare il naso nel cestino dell'altro! ».

*

Durante la Quaresima, mi dicono, si commettono più omicidi che in qualsiasi altro periodo dell'anno. Per effetto di una dieta a base di fagioli (cibo principale dei Greci durante il digiuno), un uomo è dell'umore adatto per addobbare l'altare del suo Santo e per infilzare con un coltello il suo vicino di casa.

A.W. KINGLAKE, *Eothen*

*

*Witwatersrand University, Johannesburg, 1983*

Nell'Istituto di anatomia si festeggiava il novantesimo compleanno del professor Raymond Dart. Il vecchio faceva dondolare di qua e di là un manubrio di ematite con cui sperava di tenere in forma i suoi lobi frontali. Con voce tonante spiegò che essere destrorsi voleva dire usare la metà sinistra del cervello: però, se si tengono ugualmente in esercizio entrambe le mani, si tengono in esercizio entrambe le metà del cervello.

Due studenti neri intinsero delicatamente i biscotti nella tazza di tè e ridacchiarono.

Dopo la festa, due giovani colleghi di Dart mi guidarono lungo il corridoio per farmi vedere il Bambino di Taung. Che roba! Sembrava di vedere una personcina molto saggia che ti fissava con un binocolo dalla notte dei tempi.

La violenza, mi dissero, non aveva niente a che fare con la lesione del cranio, che era stato semplicemente compresso, prima della fossilizzazione, dagli strati di breccia che si cementavano.

Mi lasciarono anche prendere in mano la « mandibola fratturata » del bambino di Makapansgat. Il suo colore nero-grigiastro non dipendeva dalla cottura ma dall'azione del magnesio. Anche questa lesione, dissero, poteva avere come unica causa la « tranciatura », conseguenza di un cedimento degli strati.

Con buona pace del fuoco di fila di sciocchezze originato dall'esame di questi due reperti.

*

*Swartkrans, Transvaal*

Con 'Bob' Brain nella caverna di Swartkrans per una giornata di scavo: lui ci lavora da diciannove stagioni. Stando in piedi sul pozzo vedevo da una parte l'Alto Veldt, al di là di una distesa di colline erbose, dall'altra i tetti luccicanti di Sterkfontein e, più lontano, la colossale discarica della miniera di Krugersdorp.

La superficie del terreno era accidentata, con sassi irregolari che rendevano il cammino molto difficoltoso. C'era un'aloe scarlatta in fiore, ma nessun albero, o meglio nessun albero senza riparo: dalla bocca della caverna svettava il tronco picchiettato di un'ocotea che con le sue foglie ombreggiava gli scavi. Le piante giovani riuscivano a sopravvivere agli incendi e al gelo solo in luoghi protetti.

Brain mi mostrò la breccia da cui sono stati estratti tanti fossili del King Kong degli Australopitechi, l'*A. robustus*. Si sa che visse in questa valle più di due milioni di anni fa, contemporaneamente al primo uomo, *Homo abilis*.

Il caposquadra, George, era uno scavatore esperto. Asportava trenta centimetri cubi per volta e passava il materiale al setaccio. Brain prendeva ogni frammento d'osso e lo esaminava con una lente.

Nella calura del giorno ci riposammo nella sua baracca. Sullo scaffale di libri c'era una copia di *Religio Medici* di Sir Thomas Browne. Qui Brain scrisse quasi tutto il suo libro, *The Hunters or the Hunted?* – il giallo più avvincente che io abbia mai letto.

Brain, direttore del Transvaal Museum di Pretoria, è un uomo tranquillo, riflessivo, modesto, di convinzioni ascetiche e pazienza sconfinata. Il padre, un entomologo inglese, si era trasferito in Rhodesia per lavorare nel campo della disinfestazione. La madre era una Afrikander. Lui è pronipote di Eugène Marais, poeta e naturalista solitario, il cui *L'anima della formica bianca* fu plagiato da Maeterlinck.

Brain ha definito il vero naturalista « un uomo innamorato del mondo », e crede che l'unico modo di accostarsi alla natura sia cercare di vedere le cose come sono, « senza filtri ». È assillato dalla fragilità della vita umana, e cerca sempre le maniere di salvaguardarla.

Detesta essere imprigionato in un'unica disciplina, e con una sorta di abnegazione taoista si è immerso di volta in volta nella zoologia, nella geologia, nella preistoria e nella climatologia. Ha pubblicato scritti sul comportamento delle scimmie; sui gechi, sui camaleonti e sulla vipera del deserto del Namib. Quando a Swartkrans il lavoro sarà concluso, ha intenzione di dedicarsi nuovamente ai protozoi – « quei vitalissimi esseri unicellulari » diffusi nei pozzi più salmastri del deserto, che nello spazio di poche ore mangiano, si riproducono e muoiono.

Da giovane, nel 1955, Brain partecipò al Terzo Congresso Panafricano di Preistoria, e sentì Raymond Dart esporre le sue idee sul Bagno di Sangue. Pensò che l'uomo, in quanto specie, fosse vittima di una calunnia – e forse era l'unico dei presenti a sapere perché.

Infatti si era trovato a lavorare sulla breccia di Makapansgat, come geologo del terreno, e dubitava che Dart fosse giustificato nel vedere in ogni frammento d'osso un utensile o un'arma. Inoltre, benché in tutto il regno animale ci fossero effettivamente sporadici episodi di assassinio e cannibalismo – per lo più come reazione al sovraffollamento o alla tensione –, l'idea che fosse stato l'assassinio a creare l'uomo non aveva, dal punto di vista evolutivo, alcun fondamento.

Brain rifletté sulla tesi di Dart per dieci anni, e quando divenne direttore del Museo decise di affrontare la questione di petto.

Nella valle di Sterkfontein sono stati rinvenuti fossili di ominidi in tre caverne di calcare dolomitico: Sterkfontein, Swartkrans e Kromdraai. Dopo essersi accertato che lì le condizioni erano sostanzialmente le stesse di Makapansgat, Brain si mise al lavoro.

Ogni caverna è chiusa da una breccia di ossa e sedimenti che nel corso di due o tre milioni di anni si è compressa a formare vari strati. Le ossa hanno una dimensione variabile, da quelle di elefante a quelle di topo. In mezzo ci sono diverse specie di babbuini estinti e due tipi di Australopiteco: il «gracile» *A. africanus*, il più antico, a Sterkfontein; il suo discendente, il vigoroso *A. robustus*, a Swartkrans e a Kromdraai.

Ci sono anche ossa, non molte, di uomo.

Alcune di queste ossa di ominidi mostrano segni inequivocabili di morte violenta. Se si potesse dimostrare che a portarle nella caverna sono stati altri ominidi, li si potrebbe accusare di assassinio e cannibalismo. Altrimenti no.

Brain sottopose circa ventimila ossa a una meticolosa perizia 'legale': voleva stabilire in che modo ciascuna di queste fosse finita nella caverna e come mai fosse arrivata alle condizioni attuali. Forse alcune erano state portate dentro da una piena; altre dai porcospini, che, come è noto, fanno incetta di ossa per affilarsi i denti. Le ossa dei roditori più piccoli possono essere arrivate nello sterco delle civette, quelle dei mammiferi più grandi – elefante, ippopotamo, leone – sono probabilmente da ascriversi al lavoro delle iene.

Ma non per questo il quadro generale muta: tutte

e tre le caverne furono *covi di carnivori*, e la schiacciante maggioranza delle ossa erano di animali uccisi *fuori* dalla caverna e poi trascinati 'a casa' per essere mangiati nell'oscurità. I fossili rappresentavano gli avanzi del pasto.

Non è il caso di soffermarsi sull'ingegnosità del metodo di Brain: è sufficiente far notare che tutte quelle ossa di antilope che Dart pretendeva fossero clave, pugnali, eccetera, erano precisamente le parti di scheletro che un grande felino scarterebbe.

Quanto alla scarsità di fossili di ominidi – a parte il cranio e le mascelle – Brain osservò che il ghepardo mangia un babbuino sgranocchiando quasi tutto lo scheletro, tranne le estremità e il cranio. La lieve «mutilazione» riscontrata talvolta alla base del cranio si spiegava con l'abitudine dell'animale di rompere la scatola cranica nel punto più fragile (il *foramen magnum*) per poi estrarne il contenuto con la lingua.

Uno scheletro di primate è molto ma molto più fragile e digeribile di quello di un'antilope.

\*

Tutti i grandi felini uccidono con un morso sul collo – come fanno la mannaia del boia, la ghigliottina e la garrotta. Nelle sue *Riflessioni sulla ghigliottina* Camus racconta che suo padre, un *petit-bourgeois* benestante di Orano, restò così indignato da un delitto raccapricciante che, quando il colpevole fu ghigliottinato in pubblico, andò ad assistere all'esecuzione – e venne via vomitando l'anima.

\*

La sensazione di essere nelle grinfie di un grande felino è forse un po' meno terribile di quanto ci immaginiamo, come risulta dall'esperienza che il dottor Livingstone fece con un leone:

« Si è indotti in una specie di stato sognante, in cui non si soffre né si ha paura. Assomiglia a quello descritto dai pazienti narcotizzati con il cloroformio, i quali vedono tutta l'operazione ma non sentono il coltello... È probabile che questa condizione si produca in tutti gli animali uccisi dai carnivori; e in tal caso è un provvedimento misericordioso del nostro benevolo creatore per lenire la sofferenza della morte ».

*Viaggi missionari*

*

*Transvaal Museum, Pretoria*

Un pomeriggio in compagnia della dottoressa Elizabeth Vrba, paleontologa, braccio destro di Brain... e incantevole conversatrice! Ci sedemmo per terra nella cosiddetta Stanza Rossa e con i guanti bianchi maneggiammo fossili celebri, come « Mrs Ples »: un cranio quasi intatto di *A. africanus* trovato negli anni Trenta da Robert Broom.

Avere in una mano la delicata mandibola dell'*africanus* e nell'altra gli enormi molari del *robustus* era come tenere fra le mani lo zoccolo di un pony Shetland e quello di un cavallo Shire.

Tutti i fossili della valle di Sterkfontein sono tardi rispetto a quelli del Kenya e dell'Etiopia, dove si ritiene che circa sei milioni di anni fa abbia camminato eretta la forma arcaica di Australopiteco, l'*A. afarensis* (l'esemplare tipico è « Lucy »). I « sudafricani » più antichi hanno, stando ai dati attuali, la metà di quegli anni.

Elizabeth Vrba mi dimostrò che queste tre forme rappresentano tre stadi della catena evolutiva, poiché gli Australopitechi divennero più grandi e più muscolosi in risposta a condizioni progressivamente più aride ed esposte.

Una questione che gli esperti dibatteranno *ad infinitum* è a che punto il primo uomo si sia distaccato da quella stirpe. Ogni paleontologo, nei suoi lavori di scavo, vuole trovare LUI. Ma come ammonì Brain: «trovare un bel fossile e poi legargli la tua reputazione vuol dire non vedere più il fossile».

È certo che, in un'epoca di poco superiore ai due milioni e mezzo di anni fa, nell'Africa orientale compare una piccola e agile creatura con i lobi frontali sorprendentemente sviluppati. In tutti e tre gli stadi dell'Australopiteco la proporzione del corpo rispetto al cervello rimane costante; nell'uomo c'è un'improvvisa espansione.

\*

Elizabeth Vrba ha scritto una serie di saggi sui ritmi del mutamento evolutivo che hanno riscosso il plauso internazionale. Fu lei a chiarirmi le idee sul dibattito fra i fautori del «gradualismo» e quelli del «balzo».

I darwiniani ortodossi credono che l'evoluzione segua un suo percorso grandioso e ininterrotto: ogni generazione differisce impercettibilmente dalla precedente, e quando le differenze si sommano la specie attraversa uno «spartiacque» genetico e ha origine una creatura nuova, degna di un nuovo nome della nomenclatura di Linneo.

I fautori del «balzo», d'altro canto – in armonia con le brutali transizioni del Novecento – insistono che ogni specie è un'entità che ha un'origine improvvisa e una fine improvvisa, e che l'evoluzione procede per brevi sconvolgimenti seguiti da lunghi periodi di stasi.

Quasi tutti gli evoluzionisti ritengono che il clima sia un motore del mutamento evolutivo.

Le specie, nel complesso, sono conservatrici e oppongono resistenza ai mutamenti. Vanno avanti come sposi in un matrimonio traballante, facendo piccoli accomodamenti qua e là finché non raggiungono un limite oltre cui non possono resistere.

In un cataclisma climatico, quando tutt'intorno il suo habitat va in pezzi, una *piccola* comunità riproduttiva può staccarsi dai suoi compagni e restare isolata – di solito ai margini dell'habitat ancestrale, dove la scelta è tra trasformarsi o estinguersi.

Il « balzo » da una specie alla successiva, quando avviene, è rapido e netto. D'improvviso i nuovi arrivati non rispondono più ai vecchi richiami d'amore. Infatti, quando i « meccanismi isolanti » attecchiscono, non ci può essere 'ricaduta' genetica né perdita delle nuove caratteristiche: tornare indietro è impossibile.

Talvolta la nuova specie, rafforzata dal mutamento, ricolonizza i luoghi frequentati in precedenza e rimpiazza i suoi predecessori.

Il processo di « fare un balzo » nell'isolamento è stato definito « speciazione allopatrica » (« in un paese diverso »), e spiega come mai, mentre i biologi trovano infinite variazioni all'interno di una specie – nelle dimensioni del corpo o nella pigmentazione –, nessuno ha mai trovato una forma intermedia tra una specie e la successiva.

Potrebbe quindi saltar fuori che cercare l'origine dell'uomo è come dar la caccia a una chimera.

L'isolamento necessario al « balzo » può, a quanto pare, prodursi altrettanto bene lungo un sentiero o una pista migratoria – che è, dopotutto, una zona di territorio che si protende in una linea continua, come un vello che venga trasformato in un filato.

Riflettendo su queste cose, fui colpito dall'analogia fra l'«allopatria» e i miti aborigeni della creazione: in questi ogni specie totemica nasce, in isolamento, in un punto particolare della mappa, e poi si propaga per linee da un capo all'altro del paese.

Tutte le specie devono, prima o poi, fare un «balzo», ma alcune lo fanno più prontamente di altre. Elizabeth Vrba mi mostrò i grafici su cui aveva riportato l'albero genealogico di due famiglie gemelle di antilopi, l'*Alcephalini* e l'*Aepycerotini*, che nel Miocene ebbero un antenato comune.

L'*Alcephalini*, la famiglia cui appartengono lo gnu e il bubalo, ha denti e stomaco «specializzati» per nutrirsi in condizioni di siccità, e negli ultimi sei milioni e mezzo di anni ha prodotto circa quaranta specie. L'impala fa parte dell'*Aepycerotini* ed è rimasto uguale fino a oggi, poiché è un «generalista» capace di prosperare in climi diversi.

Una volta, disse Elizabeth Vrba, il mutamento evolutivo era sbandierato come un segno di vittoria. Adesso l'abbiamo capita: i vincitori sono quelli che durano.

*

La novità davvero importante è che noi apparteniamo a una stirpe molto stabile.

Gli antenati dell'uomo erano «generalisti»: esseri adattabili e ingegnosi che durante lo stesso periodo dell'impala hanno dovuto cavarsela in più di un frangente difficile senza per questo dar vita ogni volta a una nuova specie. Di conseguenza, quando nella stirpe degli ominidi troviamo un importante cambiamento di struttura, deve esserci qualche spaventosa difficoltà esterna a darne ragione. Ne consegue anche che abbiamo un'innata spina dorsale morale molto più rigida di quanto abbiamo finora immaginato.

Fino alla fine del Miocene ci sono stati, in realtà,

soltanto due di questi importanti « balzi in avanti », a distanza di circa quattro milioni di anni l'uno dall'altro. Il primo concerne l'Australopiteco, il secondo l'uomo:

1. Il bacino e il piede propri della scimmia della foresta, che procede penzolando sulle braccia, si ristrutturano in quelli di un essere che cammina nella pianura; da un sistema quadrupede si passa a uno bipede; da un essere che si muoveva con le mani a uno che aveva le mani libere per fare altre cose.

2. La rapida espansione del cervello.

Entrambi i « balzi », si scopre, coincidono con svolte improvvise verso un clima più freddo e più secco.

Circa dieci milioni di anni fa il nostro ipotetico antenato, la scimmia miocenica, avrebbe passato i suoi giorni sotto l'alta volta della foresta pluviale che all'epoca ricopriva quasi tutta l'Africa.

Come lo scimpanzé o il gorilla, avrebbe trascorso ogni notte in un luogo diverso, limitando tuttavia le sue scorribande a pochi chilometri quadrati che non gli riservavano sorprese, dove il cibo era sempre disponibile, dove la pioggia colava in ruscelletti lungo i tronchi degli alberi e la luce del sole chiazzava poi le foglie; e dove poteva agilmente mettersi in salvo dagli « orrori » del sottobosco.

(Ho visto il cranio fossile di uno ienide miocenico proveniente dal lago Tenerife, nel Ciad: un animale grande come un toro, con mascelle che potevano tranciare la zampa di un elefante).

Tuttavia, al termine del Miocene gli alberi cominciarono a diventare più piccoli. Per ragioni ancora oscure, sembra che il Mediterraneo abbia assorbito circa il sei per cento del sale degli oceani del mondo. A causa della diminuzione della salinità, i mari intorno all'Antartide cominciarono a gelare. Le dimensioni della calotta di ghiaccio raddoppiarono. Il livello dei mari decrebbe e il Mediterraneo, isolato a Gibilterra da una lingua di terra, divenne un'enorme salina in evaporazione.

In Africa la foresta pluviale si ridusse a piccole isole – dove ancora oggi vivono le scimmie arboricole –, mentre sul lato orientale del continente la vegetazione divenne una « savana a mosaico »: alberi radi e campagna erbosa, con un'alternanza di periodi di pioggia e di siccità, di abbondanza e di carestia, di inondazioni e di laghi di fango spaccato: questa era la 'casa' dell'Australopiteco.

Era un animale che camminava su due gambe e probabilmente portava pesi: la posizione eretta e lo sviluppo del muscolo deltoide fanno presupporre che trasportassero carichi, probabilmente cibo e figli, da un luogo all'altro. Tuttavia le spalle larghe, le braccia lunghe e le dita dei piedi leggermente prensili fanno pensare che, per lo meno nella sua forma 'arcaica', questa creatura continuasse in parte a vivere o a rifugiarsi sugli alberi.

*

Pochi anni prima della sua morte, avvenuta nel 1835, Wilhelm von Humboldt, il padre della linguistica moderna, fece l'ipotesi che l'uomo abbia adottato la posizione eretta perché così la conversazione « non sarebbe stata soffocata o attutita dal terreno ».

Tuttavia quattro milioni di anni di posizione eretta non ebbero effetto di sorta sullo sviluppo del linguaggio.

*

A quanto pare, però, sia i « gracili » sia i « robusti » avevano la capacità di modellare utensili semplici, di osso e anche di pietra. L'usura di questi utensili, esaminati al microscopio, indica che furono usati non per macellare, ma per dissotterrare bulbi e tuberi. Magari, se gli capitava a tiro una giovane gazzella, l'Australopiteco l'acchiappava, o magari andava a caccia sistematicamente, come lo scimpanzé. Ma era ancora più o meno vegetariano.

Il primo uomo, invece, era onnivoro. La sua dentatura è quella di un onnivoro. Gli utensili di pietra disseminati intorno ai suoi accampamenti fanno pensare che abbia smembrato e mangiato carcasse. Comunque, era probabilmente più un raccoglitore di carogne che un cacciatore. La sua comparsa coincide con il secondo sconvolgimento climatico.

I climatologi hanno accertato che tra i tre milioni e duecentomila anni fa e i due milioni e seicentomila ci fu un brusco calo della temperatura mondiale, noto come prima glaciazione del Nord, durante la quale la calotta di ghiaccio del Polo Nord gelò per la prima volta. In Africa le conseguenze furono catastrofiche.

A nord e a sud della Great Rift Valley le foreste furono spazzate via e sostituite dalla steppa: un deserto di sabbia e pietrisco, chiazze d'erba e cespugli spinosi, con alberi più alti che persistevano lungo i corsi d'acqua.

La regione in cui il cervello del primo uomo si espanse fu una sterpaglia di rovi: la Corona di Spine non fu accidentale.

*

« L'uomo » disse Elizabeth Vrba « è nato nell'avversità. L'avversità, in questo caso, è l'aridità ».

« Vuol dire che l'uomo è nato nel deserto? ».

« Sì » rispose. « Nel deserto. O per lo meno in un semi-deserto ».

« Dove non si poteva mai contare con sicurezza sulle sorgenti? ».

« Sì ».

« Dove però c'erano animali in abbondanza? ».

« Finché un carnivoro ha la sua razione di carne, non bada a dove vive. Deve esser stato terribile! ».

La storia dell'evoluzione è piena di « corse agli armamenti » i cui protagonisti sono da un lato i predatori e dall'altro le prede, poiché la selezione naturale favorirebbe la preda dotata delle difese migliori e i predatori dotati dei migliori strumenti di offesa.

La tartaruga si ritrae nel suo guscio, il riccio drizza gli aculei, la falena si mimetizza contro la corteccia di un albero, e il coniglio si infila in una buca troppo piccola perché la volpe possa seguirlo. Ma in una pianura senza alberi l'uomo era indifeso. La risposta del *robustus* fu di sviluppare i muscoli; noi usammo il cervello.

\*

Non aveva nessun senso, proseguì la dottoressa Vrba, studiare la comparsa dell'uomo in mezzo al nulla, senza riflettere sul destino di altre specie nello stesso arco di tempo. È certo che all'incirca due milioni e mezzo di anni fa, proprio quando l'uomo fece il suo spettacolare « balzo », tra le specie ci fu « uno spaventevole sconquasso ».

« Fra le antilopi si scatenò l'inferno ».

Nell'Africa orientale gli animali da pascolo più sedentari lasciarono ovunque il posto a ruminanti migratori che avevano « più cervello ». Il fatto era che mancavano ormai le basi per una vita sedentaria.

« E le specie sedentarie » disse lei « hanno, come i geni sedentari, una strepitosa riuscita per un po', ma alla fine tendono all'autodistruzione ».

In una regione arida le risorse, da un anno all'altro, non sono mai costanti. Un temporale di passaggio può creare una precaria oasi di verde, mentre solo qualche chilometro più in là il terreno rimane nudo e riarso. Perciò, per sopravvivere nella siccità, qualunque specie deve adottare uno di questi due stratagemmi: prepararsi al peggio e tener duro, oppure aprirsi al mondo e muoversi.

Certi semi del deserto rimangono inattivi per decenni. Certi roditori del deserto escono dalle loro tane solo di notte. Nel deserto del Namib la weltwitschia, una pianta spettacolare dalle lunghe foglie laminari, vive migliaia di anni della sua razione quotidiana di foschia mattutina. Ma gli animali migratori devono muoversi – o esser pronti a farlo.

A un certo punto della conversazione, Elizabeth Vrba disse che le antilopi ricevono lo stimolo a migrare dal lampo.

«Come i Boscimani del Kalahari» dissi io. «Anche loro 'seguono' il lampo. Perché dove c'è stato il lampo ci sarà acqua, vegetazione e selvaggina».

*

Quando i miei piedi si riposano, smette di funzionare anche la mia mente.

J.G. HAMANN

Grugniti, ululati e sibili possono aver costituito tutta la capacità linguistica dell'*Homo abilis*: non lo sapremo mai. Il cervello non sopravvive al processo di fossilizzazione. Tuttavia all'interno del cranio resta l'impronta dei suoi contorni e dei suoi lineamenti. Si possono fare calchi, mettere questi «endocalchi» l'uno accanto all'altro e confrontarli.

*Parigi, Musée de l'Homme, 1984*

Una serie di questi endocalchi era allineata nel meticoloso ufficio del professor Yves Coppens – una delle menti più lucide nel campo dei fossili umani. Appena passò dall'Australopiteco all'uomo, ebbi la sensazione di qualcosa di sorprendente e di nuovo.

Il cervello non solo aumenta di volume (di quasi metà), ma cambia struttura. Le regioni parietali e temporali – sedi dell'intelligenza sensoriale e dell'apprendimento – si trasformano e diventano molto più complesse. Compare per la prima volta il Centro di Broca, regione inseparabile dalla coordinazione del linguaggio. Le sinapsi si moltiplicano e così le vene e le arterie che portano il sangue al cervello.

Anche all'interno della bocca ci sono importanti cambiamenti strutturali, soprattutto nella regione alveolare, dove la lingua batte sul palato. E siccome l'uomo è per definizione l'animale parlante, è difficile vedere in questi cambiamenti altra funzione se non quella di favorire la parola.

Secondo Coppens, gli stadi successivi dell'evoluzione umana – dall'*Homo erectus* all'*Homo sapiens sapiens* – non legittimano lo status di specie separata. Li si dovrebbe piuttosto considerare una trasformazione del modello originario, l'*Homo abilis*.

« Una lunga esperienza di *Homo abilis* » scrive in *Le Singe, l'Afrique et l'homme* « mi ha indotto a credere che la domanda: Chi siamo? Da dove siamo venuti? Dove stiamo andando? dovremmo rivolgerla a lui. Il suo improvviso trionfo sembra così brillante, così straordinario e così nuovo che sarei lieto di poter scegliere questa specie, e questa parte di mondo, per situare l'origine della memoria e del linguaggio ».

\*

« So che può sembrare un'esagerazione, » dissi a Elizabeth Vrba « ma se mi domandassero: "A che cosa serve un cervello grande?" sarei tentato di rispondere: "A trovare cantando la nostra strada attraverso il deserto" ».

Lei mi guardò un po' sorpresa. Poi frugò in un

cassetto della sua scrivania e tirò fuori un acquerello: l'artista aveva raffigurato una famiglia di uomini primitivi che coi loro figli attraversavano in fila indiana una landa deserta.

Sorrise e disse: «Penso anch'io che gli ominidi migrassero».

*

Chi era allora l'assassino della caverna?

I leopardi mangiano di preferenza la loro preda nei recessi più bui che riescono a trovare. In una prima fase della sua ricerca Brain credette che i responsabili della carneficina fossero loro; e in parte può essere vero.

Tra i fossili della Stanza Rossa egli mi mostrò la calotta cranica incompleta di un giovane *Homo abilis*: vicino alla fronte ci sono i segni di un tumore cerebrale, ed è probabile perciò che egli fosse l'idiota del gruppo. Alla base ci sono due buchi netti, distanti circa tre centimetri. Poi Brain prese il cranio fossile di un leopardo trovato nello stesso strato, e mi fece vedere che i canini inferiori coincidevano perfettamente con i due buchi. Un leopardo trascina la sua preda stringendo il cranio nella bocca, come un gatto trasporta un topo.

I buchi erano esattamente nella posizione giusta.

*

*Bhimtal, Kumaon, India*

Un pomeriggio andai sulla collina di fronte a trovare il *sadhu* scivaita nel suo eremo. Era un uomo molto pio; accettò la mia offerta di qualche rupia e l'avvolse, con reverenza, in un lembo della tunica arancione. Era seduto a gambe incrociate sulla sua pelle di leopardo. La barba gli ricadeva sulle ginocchia, e gli scarafaggi, mentre lui faceva bollire l'acqua per il tè, le davano la scalata. Sotto l'eremo c'era

332

la caverna di un leopardo. Nelle notti di luna il leopardo entrava nel giardino, e lui e il *sadhu* si guardavano negli occhi.

Ma i più anziani del villaggio ricordavano ancora con orrore i tempi del « mangiatore d'uomini », quando non si era al sicuro nemmeno dietro una porta sprangata.

A Rudraprayag, un po' più a nord, un mangiatore d'uomini sbranò più di centoventicinque persone prima che Jim Corbett gli sparasse. In un caso la belva sfondò la porta di una stalla, passò sopra o sotto i corpi di quaranta capre vive *senza toccarne nemmeno una*, e infine ghermì il giovane pastore che dormiva da solo nell'angolo più remoto della capanna.

*

*Transvaal Museum*

Di solito – anche se non sempre – un leopardo diventa un « mangiatore d'uomini » in seguito a un incidente, per esempio la perdita di un canino. Ma una volta che l'animale prende gusto alla carne umana non tocca altro.

Quando Brain passò a sommare le percentuali di fossili di primate – e cioè babbuini e ominidi – sia al livello del *robustus* a Swartkrans sia al livello dell'*africanus* a Sterkfontein, fu sorpreso di trovare che le ossa di primate rappresentavano rispettivamente il 52,9 per cento e il 69,8 per cento del totale delle prede. Il resto era costituito da antilopi e altri mammiferi. Chiunque fosse l'animale (o gli animali) che utilizzò la caverna come ossario, aveva una predilezione per i primati.

Brain si baloccò con l'idea che fossero stati in azione leopardi « mangiatori d'uomini », ma varie circostanze contrastavano con questa ipotesi:

1. Le statistiche delle Riserve africane dimostra-

no che i babbuini rappresentano al massimo il due per cento della normale dieta del leopardo.

2. Nei livelli superiori di Swartkrans i leopardi, divenuti gli abitanti definitivi della caverna, lasciarono resti abbondanti della loro preda consueta, l'antidorcade o antilope saltante, mentre i babbuini si riducono al tre per cento.

Era possibile che i leopardi avessero attraversato una fase « anormale » di mangiatori d'uomini per poi tornare alle loro abitudini precedenti?

Inoltre, quando Elizabeth Vrba passò ad analizzare le ossa dei bovidi trovò che predominavano animali troppo imponenti, come il bubalo, perché un leopardo potesse affrontarli. Doveva essere in azione qualche altro carnivoro più poderoso. Quale?

I candidati principali sono tre, ora tutti estinti, e tutti hanno lasciato i loro fossili nella valle di Sterkfontein:

a. Le iene cacciatrici a zampe lunghe (*Hyenictis* e *Euryboas*).

b. I macherodonti, o felini dai denti a sciabola.

c. Il genere *Dinofelis*, il « falso dente a sciabola ».

I macherodonti avevano muscoli del collo enormi e facevano balzi poderosi; sulle mascelle superiori avevano canini affilati come falci, con il taglio seghettato, che conficcavano nel collo della preda con un colpo all'ingiù. Erano soprattutto adatti ad abbattere grandi erbivori. I loro denti taglienti erano più efficienti di quelli di ogni altro carnivoro. Però avevano le mascelle inferiori deboli: così deboli che non riuscivano a finire uno scheletro.

Una volta Griff Ewer ipotizzò che i molari della iena, capaci di spezzare le ossa, si fossero evoluti come risposta alle carogne non mangiate che i macherodonti si lasciavano in abbondanza alle spalle.

Ovviamente le caverne della valle di Sterkfontein furono occupate, in un lunghissimo arco di tempo, da varie specie di carnivori.

Brain pensò che a portare là una parte delle ossa, soprattutto quelle delle antilopi più grandi, potessero esser stati i macherodonti e le iene, che lavoravano in coppia. Inoltre, responsabili di aver portato nelle caverne alcuni ominidi potevano essere le iene cacciatrici.

Ma veniamo alla terza alternativa.

Il *Dinofelis* era un felino meno agile di un leopardo o di un ghepardo, ma di corporatura molto più robusta. Aveva denti diritti, micidiali come pugnali, dalla forma a metà tra quelli del macherodonte e quelli, poniamo, della tigre moderna. La mandibola si chiudeva con uno scatto possente. Data la sua mole, doveva probabilmente andare a caccia di soppiatto, e quindi di notte. Forse era maculato, o a strisce. Oppure era nero, come una pantera.

Le sue ossa sono state rinvenute dal Transvaal all'Etiopia: cioè l'ambiente originario dell'uomo.

Nella Stanza Rossa ho tenuto in mano proprio un cranio fossile di *Dinofelis*: un esemplare perfetto, ricoperto di una patina color melassa. Mi misi ad articolare la mandibola, e mentre la chiudevo mi proposi di guardare dritto tra le zanne.

Il cranio fa parte di uno dei tre scheletri completi di *Dinofelis* – un maschio, una femmina e un 'cucciolo' – che negli anni 1947-48 furono trovati fossilizzati alla Bolt's Farm, poco lontano da Swartkrans, insieme a otto babbuini e *nessun altro animale*. H.B.S. Cook, colui che li trovò, ipotizzò che, andando a caccia di babbuini, tutta la 'famiglia' di *Dinofelis* fosse caduta in qualche voragine naturale, e lì fosse morta.

Che strana fine! Non più strana però delle domande che ancora restavano senza risposta: Perché in quelle caverne c'erano tanti babbuini e tanti ominidi? E perché così poche antilopi e altre specie?

Brain vagliò con la consueta cautela ogni possibilità, e nei paragrafi conclusivi di *The Hunters or the Hunted?* avanzò sperimentalmente due ipotesi complementari.

Forse gli ominidi non erano stati trascinati nella caverna: forse ci avevano abitato con il loro assassino. Sul monte Suswa, un vulcano inattivo del Kenya, ci sono lunghe gallerie di lava in fondo alle quali vivono i leopardi, mentre di notte schiere di babbuini si rifugiano all'entrata. I leopardi dispongono così di una dispensa vivente sulla porta di casa.

Nel Transvaal le notti invernali sono fredde: così fredde che nell'Alto Veldt il numero dei babbuini è limitato dal numero di caverne o ripari utilizzabili per dormire. All'epoca della prima glaciazione del Nord le notti di gelo saranno state un centinaio. Immaginiamo adesso il *robustus* in un clima freddo: un migratore che d'estate si spostava sugli altipiani e d'inverno si rifugiava nelle valli; senza difesa fuorché la forza bruta; senza fuoco; senza calore fuorché quello dei corpi stretti gli uni agli altri; incapace di vedere al buio e costretto tuttavia a dividere l'alloggio con un felino dagli occhi scintillanti che di tanto in tanto veniva a ghermire una preda isolata.

La seconda ipotesi introduce un'idea che fa venire le vertigini.

È possibile, si domanda Brain, che il *Dinofelis* fosse un predatore specializzato in primati?

« Due mascelle robuste » scrive « e una sviluppata componente della dentatura avrebbero consentito al *Dinofelis* di mangiare tutto lo scheletro di un primate, escluso il cranio. L'ipotesi che il *Dinofelis* fosse uno specifico uccisore di primati è convincente ».

\*

Possibile, è la domanda che si è tentati di fare, che il *Dinofelis* fosse la Nostra Bestia? Una Bestia distinta da tutte le altre incarnazioni dell'Inferno? Il Nemico per eccellenza, che ovunque andassimo ci faceva, furtivamente e scaltramente, la posta? Ma sul quale, alla fine, avemmo il sopravvento?

Coleridge una volta scrisse su un taccuino: «Il Principe delle Tenebre è un gentiluomo». Ciò che è così seducente in un predatore specializzato è l'idea dell'intimità con la Bestia! E infatti, se in origine ci fu *una* Bestia particolare, non è forse plausibile che volessimo esercitare su di lei la stessa malìa che essa esercitava su di noi? Non avremmo forse voluto stregarla, come gli angeli stregarono i leoni nella cella di Daniele?

I serpenti, gli scorpioni e le altre minacciose creature della savana – le quali, a parte la loro realtà zoologica, hanno avuto una seconda vita negli Inferni dei Mistici – non avrebbero mai potuto minacciare, in quanto tali, la nostra esistenza né postulare la fine del nostro mondo. Un assassino specializzato, invece, avrebbe potuto; ecco perché, per quanto vaghe siano le prove, dobbiamo prenderlo sul serio.

Il merito di 'Bob' Brain, a mio parere – sia che ammettiamo l'esistenza di un solo grande felino, di numerosi felini, o di orrori quali la iena cacciatrice – è di aver rimesso in auge un personaggio la cui presenza dalla fine del Medioevo si è fatta sempre più sfocata: il Principe delle Tenebre in tutto il suo sinistro splendore.

Senza sconfinare dal rigore scientifico (come io ho indubbiamente fatto), Brain ha svelato i particolari di una vittoria formidabile – una vittoria della quale possiamo ancora farci forti –, allorché l'uomo, nel divenire uomo, ebbe il sopravvento sulle forze distruttrici.

Infatti, nel livelli superiori di Swartkrans e Sterkfontein c'è improvvisamente l'uomo. Ora il predominio è suo, e i predatori non sono più accanto a lui.

In confronto a questa vittoria, le altre nostre imprese impallidiscono; potremmo definirci una specie in vacanza. Ma forse fu una vittoria di Pirro: tutta la storia non è forse stata una ricerca di falsi mostri? Una nostalgia della Bestia perduta? Dobbiamo essere grati al Gentiluomo che si congedò graziosamente con un inchino. Per la prima arma il mondo avrebbe dovuto aspettare fino al 10.000 a.C. circa, quando Caino spaccò con la zappa il cranio del fratello.

## 34

Stavo bevendo un bicchiere con Rolf prima di cena, quando arrivò di corsa una delle infermiere di Estrella dicendo che c'era un uomo al radiotelefono. Sperai che fosse Arkady. Dopo tutti i miei sfoghi sulla carta sognavo una bella razione della sua conversazione sobria e spassionata.

Ci affrettammo entrambi verso il dispensario solo per scoprire che in onda non c'era un uomo, ma una donna dalla voce molto roca: Eileen Houston, dell'Aboriginal Arts Bureau di Sydney.

« Winston ha già finito il suo quadro? » domandò.

« Sì » rispose Rolf.

« Bene. Ditegli che alle nove in punto sarò lì ».

La comunicazione si interruppe.

« Stronza » disse Rolf.

Winston Japurula, l'artista più 'importante' tra quelli che lavoravano a Cullen, aveva finito solo da una settimana una grande tela e stava aspettando che Mrs Houston venisse a comprargliela. Come molti artisti aveva le mani bucate, e all'emporio aveva accumulato un bel po' di debiti.

Mrs Houston, che si definiva « la decana dei mercanti d'arte aborigena», aveva l'abitudine di fare il giro dei campi per controllare i suoi artisti. Portava loro colori, pennelli e tele, e a lavoro finito li pagava con un assegno. Era una donna molto risoluta. Si accampava sempre nel *bush*, da sola – e aveva sempre fretta.

Il mattino dopo, su uno spiazzo accanto ai fusti di benzina, Winston la aspettava seduto a gambe incrociate, nudo fino alla cintola. Era un gaudente attempato, con una bocca enorme piegata all'ingiù e rotoli di grasso che debordavano dai calzoncini macchiati di colore. I figli e i nipoti recavano l'impronta della sua grandiosa bruttezza. Stava disegnando un mostro su un pezzo di cartone. Aveva acquisito per osmosi il temperamento e i modi di Lower West Broadway.

Il suo «poliziotto» o direttore rituale, un uomo più giovane di nome Bobby, aveva dei calzoni marroni, ed era lì per accertare che Winston non divulgasse nessun aspetto della conoscenza sacra.

Alle nove in punto i ragazzi avvistarono la Land Cruiser di Mrs Houston sulla pista di atterraggio. Lei scese, raggiunse il gruppo e posò i lombi su uno sgabello da campeggio.

«Salve, Winston» disse con un cenno.

«Salve» rispose lui senza muoversi.

Era una donna corpulenta in «uniforme da campo» beige. Il cappello, una specie di casco coloniale scarlatto, era calcato su una testa ricciuta che stava diventando grigia. Le guance pallide, sciupate dal caldo, si affusolavano in un mento molto aguzzo.

«Be', che cosa stiamo aspettando?» domandò. «Pensavo di essere venuta a vedere un quadro».

Winston giocherellò col laccio dei capelli e con un cenno incaricò i nipoti di andare a prenderlo all'emporio.

Tornarono in sei trasportando una tela tesa di circa due metri per uno e mezzo, protetta dalla polvere da un foglio di cellofan. La posarono cautamente a terra e la svolsero.

Mrs Houston batté le palpebre; vidi che tratteneva un sorriso compiaciuto. Lo aveva commissionato lei un dipinto 'bianco', ma penso che il risultato superasse le sue aspettative.

C'era una quantità di aborigeni che assortivano colori stridenti. Qui, su uno sfondo che variava dal bianco all'azzurrino all'ocra chiarissimo, c'erano semplicemente sei cerchi dipinti con meticolosi puntini in bianco e crema. Tra un cerchio e l'altro c'era qualche svolazzo a forma di serpente, di un grigio lilla altrettanto chiaro.

Mrs Houston muoveva le labbra assorta. I suoi calcoli mentali si potevano quasi udire: una galleria bianca... un'astrazione bianca... bianco su bianco... Malevič... New York.

Si asciugò il sudore dalla fronte e tornò al presente.

« Winston! » esclamò puntando il dito sulla tela.

« Sì ».

« Winston, non hai usato il bianco al titanio come ti avevo detto! Che senso ha farmi pagare dei pigmenti costosi se non li usi mai? Hai usato il bianco allo *zinco*, vero? Rispondimi! ».

La reazione di Winston fu di coprirsi la faccia con le braccia e di sbirciare da uno spiraglio, come un bambino che fa cucù.

« Hai o non hai usato il bianco al titanio? ».

« No! » gridò Winston senza abbassare le braccia.

« Volevo ben dire » replicò lei alzando il mento soddisfatta.

Poi guardò di nuovo la tela e adocchiò un minuscolo strappo sul bordo di un cerchio, lungo meno di tre centimetri.

« E guarda! » urlò. « L'hai strappata! Hai strappato la tela, Winston! Sai cosa vuol dire? Che bisogna rinforzarla. Dovrò mandarla ai restauratori di Melbourne, e costerà almeno trecento dollari. Un bel guaio! ».

Winston, che aveva abbassato le difese, si coprì di nuovo il viso con le braccia e offrì alla commerciante una facciata inattaccabile.

« Sì, proprio un bel guaio » ripeté lei.

Gli spettatori fissavano la tela come fosse stata un cadavere.

La mascella di Mrs Houston cominciò a fremere. Aveva esagerato, adesso doveva mostrarsi più conciliante.

« Però è un bel dipinto, Winston » disse. « Per la nostra mostra itinerante andrà a pennello. Te l'ho detto che stiamo raccogliendo i quadri di tutti i migliori artisti pintupi, vero? Mi senti? ».

La sua voce aveva un tono ansioso. Winston non disse nulla.

« Mi senti? ».

« Sì » biascicò lui, e abbassò di nuovo le braccia.

« Be', allora è tutto a posto, vero? ». Accennò una risata.

« Sì ».

Dalla borsa che aveva a tracolla tirò fuori blocco e matita.

« Allora, Winston, com'è la storia? ».

« Quale storia? ».

« La storia del quadro ».

« L'ho dipinto ».

« Lo so che l'hai dipinto. Voglio sapere qual è la storia del Sogno. Senza una storia non posso venderlo, lo sai! ».

« Sì? ».

« Sì ».

« Uomo Vecchio » disse.

« Grazie ». Cominciò a scrivere sul blocco. « Dunque il dipinto è il Sogno di un Uomo Vecchio? ».

« Sì ».

« E poi? ».

« E poi cosa? ».

342

« Il resto della storia ».

« Quale storia? ».

« La storia dell'Uomo Vecchio! » disse lei furibonda. « Che cosa sta facendo l'Uomo Vecchio? ».

« Cammina » rispose Winston disegnando nella sabbia una doppia linea tratteggiata.

« Naturalmente » disse lei. « Dove sta andando? ».

Winston staccò gli occhi dalla tela e li alzò verso il suo « poliziotto ».

Bobby ammiccò.

« Ti ho domandato » disse Mrs Houston scandendo le sillabe « dove sta andando l'Uomo Vecchio ».

Winston tirò le labbra in dentro e non disse nulla.

« Be', quello che cos'è? ». Indicò uno dei cerchi bianchi.

« Salina » rispose lui.

« E quello? ».

« Salina ».

« Quello? ».

« Salina. Tutte saline ».

« Dunque l'Uomo Vecchio sta camminando nelle saline? ».

« Sì ».

« Non è un granché, come storia ». Mrs Houston scrollò le spalle. « E quei ghirigori nel mezzo? ».

« Pitjuri » rispose lui.

Il pitjuri è un leggero narcotico che gli aborigeni masticano per placare la fame. Winston mosse gli occhi e la testa a destra e a sinistra come se fosse sotto l'effetto del pitjuri. Gli astanti risero. Mrs Houston no.

« Ho capito » disse. Poi, pensando ad alta voce, cominciò a buttar giù la storia: « L'antico Antenato dalla barba bianca sta morendo di sete e mentre si trascina a casa attraversa una salina luccicante, poi sulla riva trova una pianta di pitjuri... ».

Si mise la matita fra le labbra e mi guardò cercando conferma. Le feci un soave sorriso.

« Sì, è proprio bella » disse. « È un bell'inizio ».

Winston, alzati gli occhi dalla tela, glieli puntò addosso.

« Lo so » disse lei. « Lo so! Adesso dobbiamo stabilire il prezzo, vero? Quanto ti ho dato l'ultima volta? ».

« Cinquecento dollari » rispose lui con acredine.

« E stavolta quanto ti ho anticipato? ».

« Duecento ».

« Giusto, Winston. Proprio così. Allora, stavolta c'è il danno da riparare. Che cosa ne dici se detraggo cento dollari per il danno e te ne do altri trecento? Cento più dell'altra volta. Così siamo pari ».

Winston non si mosse.

« E ti devo fare una foto » continuò Mrs Houston in tono conversevole. « Credo sarebbe meglio se ti vestissi un po' di più. Per il catalogo ci vuole una bella foto nuova ».

« No! » sbottò Winston.

« Come, no? ». Mrs Houston era allibita. « Non vuoi farti fotografare? ».

« No! » tuonò lui più forte. « Voglio più soldi! ».

« Più soldi? Non... non... non capisco ».

« Ho detto PIÙ SOLDI! ».

Lei fece una faccia afflitta, come se avesse a che fare con un bambino ingrato, e poi disse gelidamente: « Quanto? ».

Di nuovo Winston si riparò con le braccia.

« Quanto vuoi? » insistette lei. « Non sono qui per perdere tempo. Io ho detto la mia cifra, adesso tocca a te ».

Lui non si mosse.

« È una cosa ridicola! » disse lei.

Winston non disse nulla.

« Non intendo fare un'altra offerta » disse Mrs Houston. « Sei tu che devi dire una cifra ».

Niente.

« Su, dilla! Quanto? ».

Winston abbassò di scatto un braccio formando

una fessura triangolare da cui gridò: « SEIMILA DOL-
LARI! ».

Per poco Mrs Houston non cadde dallo sgabello.
« Seimila dollari! Stai scherzando! ».

« E allora perché cazzo nella sua fottuta galleria di
Adelaide vende un mio quadro a settemila? ».

Considerato lo schieramento di mostri veri che il Primo Uomo si trovò di fronte è *impensabile* che combattimento e guerra tribale facessero parte dell'ordine originario delle cose – erano soltanto le forme classiche di cooperazione.

Ibn Khaldu'n scrive che mentre Dio diede agli animali, perché si difendessero, delle membra naturali, dotò l'uomo della capacità di pensare. Grazie a questo potere egli si fabbricò le armi – lance invece di corna, spade invece di artigli, scudi invece di cotenne –, e per fabbricarle si riunì in comunità.

Poiché il singolo era impotente contro le bestie, e soprattutto contro i predatori, l'uomo poteva proteggere se stesso soltanto con la difesa collettiva. Ma in condizioni di civiltà, con l'armamentario destinato a tener lontani i predatori scoppiò la guerra di tutti contro tutti.

*

Quale fu l'arma che allontanò un animale come il *Dinofelis*?

Sicuramente il fuoco. Scommetto che prima o poi, in uno scavo, qualcuno scoprirà che l'*Homo sapiens* usava effettivamente il fuoco.

Quanto alle armi 'tradizionali': un'ascia? Inutile! Una clava? Peggio che mai. Soltanto una lancia o un'asta, come quella che san Giorgio pianta nelle fauci del drago, otterrebbe l'effetto richiesto: una lancia scagliata, con mira perfetta e un tempismo che spacca il secondo, da un giovane nel pieno delle sue facoltà fisiche.

*

Democrito disse (fr. 154) che era assurdo che gli uomini vantassero la loro superiorità sugli animali quando essi ci erano maestri in questioni di grande importanza: il ragno nella tessitura e nel rammendo; la rondine nell'architettura; il cigno e l'usignolo nel canto.

L'elenco potrebbe continuare all'infinito: il pipistrello per il radar, il delfino per il sonar e, come disse Ibn Khaldu'n, le corna per la lancia.

*

### Sasriem, deserto del Namib

Branchi di struzzi, zebre e gemsbok (l'orice africano) che alla luce dell'alba si muovono contro un fondale di dune arancioni. Il fondo della valle era un mare di sassi grigi.

Il guardiano del parco ci disse che le dritte lance dell'orice erano efficacissime contro i leopardi, ma che in pratica erano un caso di iperspecializzazione: quando due maschi combattono, talvolta si trafiggono a vicenda.

Scendendo dalla macchina vedemmo un orice, fermo dietro un cespuglio. Il guardiano ci avvertì di fare attenzione: c'erano stati casi in cui avevano impalato un uomo.

*

Secondo una tradizione biblica, il «marchio» che Dio impresse su Caino furono «le corna»: affinché egli si difendesse dalle bestie delle regioni selvagge, assetate di vendetta per la morte di Abele, il loro signore.

*

La strana immagine nei *Moralia* di papa Gregorio Magno: il corpo di Cristo visto come un amo per la bestia.

*

La terza invenzione, invisibile agli archeologi, sarà stata l'imbracatura – di fibra o di pelle – in cui la madre trasportava il lattante, e che le lasciava le mani libere per la raccolta di radici o bacche.

Perciò il primo mezzo di trasporto fu l'imbracatura.

Come Lorna Marshall scrive dei Boscimani Kung: «Trasportano i loro figli e i loro averi in fagotti di pelle. I neonati, nudi, viaggiano contro il fianco sinistro della madre, sorretti da un'imbracatura di morbida pelle di cefalofo».

I popoli cacciatori non hanno il latte degli animali addomesticati, e, come dice la Marshall, è il latte che irrobustisce le gambe dei bambini. La madre non può permettersi di svezzare il figlio finché non ha tre o quattro anni o più. È lei o il padre devono trasportarlo finché non sarà in grado di reggere un giorno di marcia: viaggi di

348

novanta o centocinquanta chilometri, con due o tre «dormite» lungo la strada.

Le coppie di sposi sono un'unità per il trasporto e la difesa.

*

C.W. Peck annotò un mito del Nuovo Galles del Sud sull'origine delle armi. Mi sembra che la sua validità sia universale:

Tanto tempo fa, quando gli uomini non avevano armi ed erano indifesi contro gli animali feroci, molta gente viveva accampata alla confluenza dei fiumi Lachlan e Murrumbidgee. Era una giornata calda. I miraggi deformavano il paesaggio e tutti erano all'ombra a riposare. D'improvviso furono attaccati da un branco di canguri giganti che con le loro potenti braccia stritolarono le vittime. Tutti fuggirono in preda al panico e pochi sopravvissero.

Uno dei sopravvissuti, però, era il capotribù, che indisse una riunione per discutere i modi di difesa. In questa riunione gli uomini inventarono le lance, gli scudi, le clave e i boomerang. E poiché a molte giovani donne, nella calca, era caduto il figlioletto, furono loro a inventare l'ingegnosa culla di corteccia.

La storia prosegue raccontando come l'uomo più intelligente, mimetizzato con grasso e polvere, si sia avvicinato di soppiatto ai canguri e col fuoco li abbia messi in fuga.

Nell'Australia preistorica c'erano i canguri giganti – e quando non avevano via di scampo dovevano essere pericolosi –, ma *non* erano carnivori, e *non* attaccavano.

*

Quanto ai giovani eroi, essi potevano diventare 'adatti' solo in seguito al più ferreo addestramento fra di loro: nella lotta libera, nel corpo a corpo e nell'arte di maneggiare le armi. L'adolescenza è la fase del fare a pugni. Dopodiché ogni ostilità è – o dovrebbe essere – convogliata all'esterno, sull'Avversario.

I « maschi battaglieri » sono quelli che non diventano mai adulti.

*

*Niger*

La gerente del Campement era una francese, una certa Madame Marie; aveva i capelli del colore dei pesci rossi e non le piacevano gli uomini della sua razza. Il marito aveva chiesto il divorzio perché lei andava a letto con i negri, e così aveva perso una villa, una Mercedes e una piscina *en forme de rognon*, ma si era portata via i gioielli.

La terza notte che ero là, organizzò una *soirée musicale* con un programma in cui spiccavano con eguale risalto *Anou et ses sorciers noirs* e lei stessa, *Marie et son Go*. Al termine dello spettacolo si portò a letto uno degli stregoni, e alle due e mezzo ebbe un attacco di cuore. Lo stregone si precipitò fuori dalla stanza da letto farfugliando: « Io Madame non l'ho nemmeno toccata! ».

Il giorno dopo lei rintuzzò i tentativi del medico di mandarla in ospedale e rimase a letto, senza trucco, lasciando vagare lo sguardo sulla sterpaglia e sospirando: « *La lumière... Oh! la belle lumière...* ».

Verso le undici arrivarono due ragazzi bororo. Erano vestiti in modo civettuolo, con corte gonne femminili e cappellini di paglia.

I Bororo sono nomadi che con assoluto disprezzo per i beni materiali si spostano per tutto il Sahel; la loro energia e i loro sentimenti si concentrano sull'allevamento del loro bel bestiame dalle corna a forma di lira, e sulla cura della propria bellezza.

350

I ragazzi – uno con bicipiti da sollevatore di pesi, l'altro esile e bellissimo – erano venuti a chiedere a Marie se aveva qualche cosmetico da dargli.

« *Mais sûrement...* » gridò lei dalla camera da letto, e entrammo tutti insieme.

Prese la trousse e rovesciò sul letto il contenuto, dicendo ogni tanto: « *Non, pas ça!* ». Ciò nonostante i ragazzi raccattarono rossetti, smalti per unghie, ombretti e matite per le sopracciglia di tutte le sfumature. Avvolsero il loro bottino in un foulard; ebbero anche in regalo qualche vecchio numero di « Elle ». Poi corsero via ridendo, strascicando i sandali sulla terrazza.

« È per la loro cerimonia » mi disse Marie. « Stanotte tutti e due diventeranno uomini. Devi andarci! *Un vrai spectacle* ».

« Devo assolutamente! » risposi.

« Un'ora prima del tramonto » disse lei. « Davanti al palazzo dell'emiro ».

Dal tetto del palazzo dell'emiro godevo di una vista sul cortile degna di una tribuna d'onore. C'erano tre musicisti che suonavano: uno il flauto, uno i tamburi e il terzo uno strumento a tre corde con una zucca come cassa di risonanza.

L'uomo seduto vicino a me, un *ancien combattant*, parlava bene il francese.

Comparve un « maestro di cerimonie » e ordinò a due giovani assistenti di spargere sul terreno della polvere bianca, formando come la pista di un circo. Quando ebbero finito, i giovani rimasero di guardia allo spiazzo avventandosi sui trasgressori con flagelli di fibra di palma.

Tra il pubblico c'erano molte donne bororo di mezza età con le loro figlie. Le figlie indossavano una specie di soggolo bianco. Le madri erano avvolte in vesti color indaco e avevano alle orecchie cerchi di ottone tintinnanti. Scrutavano i potenziali generi con l'aria esperta di dame a una vendita di purosangue.

I giovani, che da quattro anni erano costretti a esibirsi con abiti femminili, erano nel cortile interno. Udimmo una sequela di ululati, poi, al rullare dei tamburi, entrarono i due ragazzi impiastricciati coi cosmetici di Marie.

Il « forzuto » aveva intorno alle labbra un arco di cupido rosa; unghie scarlatte e palpebre verdi. Il vestito a palloncino era senza spalline, con pannelli color lavanda sopra una sottogonna rosa. L'effetto era guastato dai calzini verde elettrico e dalle scarpe da ginnastica.

Il suo amico, il « bello », indossava uno stretto turbante color malva, un tubino attillato a righe bianche e verdi e aveva un'idea più moderna della moda. Col rossetto era stato molto attento e si era dipinto su ogni guancia due bei rettangoli a strisce rosa e bianche. Aveva un paio di occhiali da sole con lenti riflettenti e stava rimirandosi in uno specchietto.

La folla applaudì.

Si fece avanti un altro giovane bororo che portava un assortimento di tre clave « da Ercole » tagliate di fresco dal tronco di un'acacia. Offrì al bello la scelta dell'arma.

Togliendosi gli occhiali il bello indicò languidamente la più grossa. Si infilò qualcosa in bocca e salutò gli amici sul tetto. Questi urlarono la loro approvazione e alzarono i cappelli di plastica sulla punta delle lance.

Il maestro di cerimonie raccolse l'arma scelta dal bello e, con la solennità di un cameriere che versa uno Château-Lafite, la porse al forzuto.

A quel punto il bello si piazzò in mezzo alla pista e, tenendo gli occhiali da sole sulla testa, cominciò a gorgheggiare in falsetto. L'amico, intanto, piroettava intorno al bordo del cerchio dondolando la clava con entrambe le mani.

Il ritmo dei tamburi si fece più pressante. Il bello cantò come se dovessero scoppiargli i polmoni, e il forzuto, volteggiando sempre più rapidamente, gli si avvicinò. Infine, con un colpo da spaccare le ossa, batté la clava sulla gabbia toracica dell'amico, che emise un trionfante « Yahu...u...u...u...! », ma non vacillò.

« Che cosa cantava? » domandai all'*ancien combattant*.

« Posso uccidere un leone, » rispose « ...ho l'uccello più grosso... posso soddisfare mille donne... ».

« Naturalmente » dissi io.

Ripetuta due volte la stessa scena, fu poi il turno del bello di bastonare il forzuto. Quando ebbero finito, i due – grandi amici e fratelli di sangue per la vita – fecero il giro degli spettatori, che con le mani protese gli appiccicavano delle banconote sul belletto.

I ragazzi rientrarono nel palazzo, mano nella mano. Altre due coppie rifecero lo stesso rito, però erano entrambe meno *chic*.

Poi anche loro si ritirarono.

Gli assistenti cancellarono la pista bianca e tutti si accalcarono nel cortile, nell'attesa che accadesse qualcosa.

Era quasi buio quando dal cortile arrivarono altre grida da far gelare il sangue. Ancora un rullio di tamburi e tutti e sei i ragazzi entrarono a passo di marcia, impettiti, vigorosi e luccicanti, con gonnellini di pelle nera, capelli decorati da piume di struzzo e le spade che oscillavano mentre andavano a mescolarsi con le ragazze.

« Sono uomini » disse l'*ancien combattant*.

Nella penombra guardai la folla di figure blu e nere, simili a onde della notte con qualche cresta di spuma, e i gioielli d'argento che brillavano come puntini fosforescenti.

## 35

Per concedersi spazio reciproco Rolf e Wendy avevano alloggi separati: Rolf e i libri stavano nella roulotte, e Wendy, quando di notte voleva rimanere sola, dormiva in un vano di cemento che ai tempi in cui tutte le lezioni si svolgevano all'aperto era il magazzino della scuola.

Mi invitò ad andare a trovarla mentre lavorava al dizionario; da ovest era appena arrivata una pioggerella sottile e tutti si erano ritirati nelle baracche.

Trovai Wendy con il vecchio Alex; erano entrambi accoccolati vicino a un vassoio pieno di campioni botanici: baccelli, fiori secchi, foglie e radici. Lui indossava il vecchio cappotto di velluto color prugna. Quando Wendy gli passava un campione, lui se lo rigirava tra le mani, lo guardava alla luce, bisbigliava tra sé e poi diceva forte il nome in pintupi. Lei, per essere sicura della pronuncia fonetica, glielo faceva ripetere più volte. Poi metteva un'etichetta.

C'era una sola pianta che Alex non riconobbe: il capolino disseccato di un cardo. «Arrivata con uomo bianco» disse accigliandosi.

« E ha ragione » disse Wendy rivolta a me. « La hanno introdotta gli europei ».

Lo ringraziò e lui se ne andò con le lance in spalla.

« È proprio la persona giusta » disse lei seguendolo con un sorriso. « Ma non si può domandargli troppe cose nello stesso giorno – si distrae ».

La stanza di Wendy era austera quanto quella di Rolf era caotica. In una valigia teneva qualche vestito. C'erano un letto di ferro grigio, un lavamano e un telescopio su un cavalletto. « È una vecchia cosa di famiglia » disse. « Era di mio nonno ».

Di notte, a volte, trascinava il letto fuori e si addormentava guardando le stelle.

Raccolse il vassoio di Alex e mi portò in uno stanzino di lamiera, più piccolo, dove su qualche tavolo a cavalletto c'erano molti altri campioni: non solo piante, ma uova, insetti, rettili, uccelli, serpenti e pezzi di roccia.

« In teoria sono un'etnobotanica » rise. « Ma mi sono lasciata prendere la mano ».

Alex era il suo migliore informatore: la sua conoscenza delle piante era sconfinata. Sciorinava i nomi delle specie, la stagione e il luogo in cui sarebbero fiorite. Le usava un po' come un calendario.

« Lavorando qui da sola la testa mi si riempie delle idee più pazze, » disse « e non c'è nessuno con cui verificarle ». Rovesciò il capo all'indietro e rise.

« Per fortuna ho Rolf. Per lui nessuna idea è troppo pazza ».

« Per esempio? ».

Non aveva mai studiato linguistica, però con il lavoro del dizionario si era destato in lei un interesse per il mito di Babele. Come mai in Australia, quando la vita aborigena era così uniforme, c'erano duecento lingue? Era davvero possibile darne una spiegazione in termini di tribalismo o di isolamento? Certo che no! Stava cominciando a domandarsi se non c'era una relazione fra la lingua e la distribuzione delle diverse specie sul territorio.

« A volte » disse « domando al vecchio Alex il nome di una pianta e lui mi risponde: "Nessun nome", intendendo: "Nel mio paese questa pianta non cresce" ».

Lei allora cercava un informatore che da bambino avesse vissuto dove la pianta cresceva, e scopriva che dopotutto un nome ce l'aveva.

Il « cuore arido » dell'Australia, disse, era un mosaico di microclimi, dove diversi erano i minerali nel terreno e diversi gli animali e le piante. Un uomo cresciuto nel deserto conosceva a menadito la sua flora e la sua fauna, sapeva quale pianta attirava la selvaggina, sapeva che acqua bere. Sapeva dove sottoterra c'erano dei tuberi. In altre parole, *dando un nome* a tutte le « cose » del suo territorio, egli poteva sempre contare di sopravvivere.

« Ma se lo porti in un'altra regione con gli occhi bendati, » disse « magari va a finire che si perde e muore di fame ».

« Perché ha perso i suoi punti di riferimento? ».

« Sì ».

« Ossia l'uomo "crea" il suo territorio dando un nome alle "cose" che ci sono? ».

« Proprio così ». Il suo volto si illuminò.

« Quindi è possibile che il presupposto di una lingua universale non sia mai esistito? ».

« Sì. Sì ».

Ancora oggi, disse Wendy, quando una madre aborigena nota nel suo bambino i primi risvegli della parola, gli fa toccare le « cose » di quella particolare regione: le foglie, i frutti, gli insetti e così via.

Il bambino, attaccato al petto della madre, giocherella con la « cosa », le parla, prova a morderla, impara il suo nome, lo ripete – e infine la butta in un canto.

« Noi diamo ai nostri figli fucili e giochi elettronici » disse Wendy. « Loro gli hanno dato la terra ».

Il più sublime lavoro della poesia è alle cose insensate dare senso e passione, ed è proprietà dei fanciulli di prender cose inanimate tra mani e, trastullandosi, favellarvi come se fussero quelle persone vive... Questa degnità filologico-filosofica ne appruova che gli uomini del mondo fanciullo, per natura, furono sublimi poeti.

GIAMBATTISTA VICO, *Principj di scienza nuova*, XXXVII

Gli uomini sfogano le grandi passioni dando nel canto, come si sperimenta ne' sommamente addolorati e allegri.

GIAMBATTISTA VICO, *Principj di scienza nuova*, LIX

*

Gli Egizi credevano che la lingua fosse sede dell'anima: la lingua era un timone o un remo di governo con cui l'uomo seguiva la sua rotta nel mondo.

*

Le lingue 'primitive' consistono di parole molto lunghe, piene di suoni difficili e cantate più che parlate... Le prime parole, rispetto a quelle odierne, dovevano essere come i plesiosauri e i gigantosauri rispetto ai rettili di oggi.

O. JESPERSEN, Il linguaggio

*

La poesia è la madrelingua del genere umano, come il giardino è più antico del campo, la pittura della scrittura, il canto della retorica, le parabole delle argomentazioni logiche, il baratto del commercio...

J.G. HAMANN, Aesthetica in nuce

*

Tutto il linguaggio passionale diventa automaticamente melodioso – con una melodia molto più bella del mero accento; perfino il discorso di un uomo in un accesso d'ira diventa un canto, una canzone.

THOMAS CARLYLE, citato in JESPERSEN, Il linguaggio

*

Le parole sgorgano spontaneamente dal petto senza necessità né intenzione, e probabilmente in nessuna distesa desertica c'è mai stata un'orda migratoria che non abbia avuto i propri canti. Come specie animale, l'essere umano è una creatura canora, ma ai suoni musicali egli abbina gli ideali.

WILHELM VON HUMBOLDT<br>Variabilità linguistica e sviluppo intellettuale

*

Secondo Strehlow la parola aranda *tnakama* significa « chiamare per nome » e anche « fidarsi » e « credere ».

*

La poesia vera e propria non è mai solo una forma più elevata (*melos*) del linguaggio quotidiano. Casomai è il contrario: il linguaggio quotidiano è una poesia dimenticata e quindi consunta, da cui a stento riecheggia un richiamo.

MARTIN HEIDEGGER, « Il linguaggio »

*

Richard Lee ha calcolato che un bambino boscimano, prima di cominciare a camminare con le sue gambe, viene portato dai genitori per settemilacinquecento chilometri. Siccome durante questa fase ritmica continua a dare un nome alle cose del suo territorio, è impossibile che non diventi un poeta.

*

Proust, con maggior perspicacia di ogni altro scrittore, ci ricorda che l'« andare a spasso » dell'infanzia forma il materiale grezzo della nostra intelligenza:
« I fiori che oggi mi mostrano per la prima volta non mi sembrano mai fiori veri. La parte di Méséglise con i suoi lillà, i biancospini, i fiordalisi, i papaveri; la parte di Guermantes col fiume pieno di girini, le ninfee e i botton d'oro, hanno costituito eternamente per me l'immagine della terra in cui vorrei trascorrere la mia vita [...] i fiordalisi, i biancospini, i meli che mi capita di incontrare quando esco a camminare nei campi stabiliscono subito un contatto col mio cuore proprio perché sono alla stessa profondità, allo stesso livello del mio passato ».

*

Come regola biologica generale, le specie migratorie sono meno «aggressive» di quelle sedentarie.

C'è una ragione ovvia perché sia così: la migrazione, come il pellegrinaggio, è di per se stessa il duro cammino: un itinerario «livellatore» in cui i più forti sopravvivono e gli altri cadono lungo la strada.

Il viaggio perciò vanifica il bisogno di gerarchia e di sfoggi di potere. Nel regno animale i «dittatori» sono quelli che vivono in un ambiente di abbondanza. I «briganti» sono, come sempre, gli anarchici.

*

Che cosa possiamo farci? Abbiamo la Grande Irrequietezza nel sangue. Nostro padre ci ha insegnato che la vita è un lungo viaggio in cui i più deboli vengono abbandonati al loro destino.

*Un eschimese a Rasmussen*

*

Mi vengono in mente i due inequivocabili fossili di *Homo habilis* che erano stati trascinati nella caverna di Swartkrans e mangiati: l'uno, il ragazzo col tumore al cervello; l'altro, una donna vecchia e artritica.

*

Tra gli scritti consigliati da Elizabeth Vrba, ce n'era uno di John Wiens intitolato «Competizione o coesistenza pacifica?».

Wiens, un ornitologo che lavora nel Nuovo Messico, studia il comportamento degli uccelli canori migratori che ogni estate ritornano a nidificare nelle zone aride delle pianure occidentali.

Qui, dove ad anni di carestia può seguire un'ondata improvvisa di abbondanza, gli uccelli non danno segno di accrescere il loro numero per l'abbondanza di cibo né di entrare in competizione coi loro vicini. Anzi, conclude Wiens, i migratori devono avere qualche meccanismo interno che favorisce la cooperazione e la coesistenza.

Prosegue affermando che la grande « lotta per la vita » darwiniana potrebbe riguardare, paradossalmente, più i climi stabili che quelli incostanti. In regioni dove l'abbondanza è assicurata, gli animali delimitano e difendono il loro territorio con sfoggio di manifestazioni aggressive. Nelle terre povere, dove di rado la natura è benigna – ma c'è di solito lo spazio per muoversi –, gli animali fanno bastare le scarse risorse e trovano così la propria strada senza combattere.

*

In *Aranda Traditions* Strehlow contrappone due popolazioni dell'Australia centrale: una sedentaria e una mobile.

Gli Aranda, che vivevano in una regione di pozzi sicuri e di selvaggina abbondante, erano arciconservatori: avevano cerimonie immutabili, iniziazioni cruente e punivano il sacrilegio con la morte. Si consideravano una razza 'pura' e raramente pensavano di lasciare la loro terra.

Gli Aranda erano tanto limitati quanto la popolazione del deserto occidentale era di larghe vedute. Questi nomadi prendevano liberamente in prestito canti e danze, e pur non amando meno la loro terra erano sempre in movimento. « Di questa popolazione la cosa che colpiva di più » scrive Strehlow « era la risata pronta. Erano persone contente e allegre, che si comportavano come se non avessero mai avuto una preoccupazione al mondo. Gli Aranda, inciviliti negli allevamenti di pecore, dicevano: "Ridono sempre. Non possono farne a meno" ».

*

Una sera di fine estate a Manhattan, la città semideserta, in bicicletta per Park Avenue con la luce che arriva di traverso dagli incroci e un fiotto di farfalle, brune all'ombra e dorate al sole, che fa il giro del grattacielo della Pan Am, dalla statua di Mercurio cala sulla Grand Central Station e da lì prosegue per la città verso i Caraibi.

*

Nel corso delle mie letture sulle migrazioni animali, ho imparato a conoscere i viaggi del merluzzo, dell'anguilla, dell'aringa, della sardina, e l'esodo suicida dei lemming.

Ho riflettuto sulla possibilità dell'esistenza di un « sesto senso » – un senso della direzione magnetico – nel nostro sistema nervoso centrale. Ho visto la marcia degli animali selvatici nel Serengeti. Ho letto di uccelli che « apprendono » i loro viaggi dai genitori, e del cuculo implume che mai li ha conosciuti e deve perciò aver avuto il viaggio nei suoi geni.

Tutte le migrazioni animali sono state condizionate da spostamenti delle zone climatiche, e nel caso della tartaruga verde addirittura dallo spostamento dei continenti.

Secondo certe teorie, gli uccelli determinano la loro posizione in base all'altezza del sole, alle fasi della luna e al sorgere e tramontare delle stelle; e correggono la rotta se una tempesta li ha fatti deviare. Ci sono anatre e oche che « registrano » i cori delle rane sotto di loro e « sanno » che stanno sorvolando una palude. Altri uccelli che volano di notte fanno rimbalzare i loro richiami contro la terra, e quando percepiscono l'eco determinano la loro quota e la natura del terreno.

Le grida dei pesci migratori possono trapassare le fiancate di una nave e svegliare i marinai nelle loro cuccette. Un salmone riconosce il gusto del suo fiume ancestrale. I delfini lanciano suoni eco-localizzanti contro le scogliere sottomarine per dirigersi poi verso un passaggio sicuro. Mi è perfino venuto in mente che quando un delfino «triangola» per individuare la sua posizione, ha un comportamento analogo al nostro, quando diamo un nome e confrontiamo le «cose» incontrate nella vita quotidiana, e stabiliamo così il nostro posto nel mondo.

Tutti i libri che ho consultato descrivevano come una faccenda di ordinaria amministrazione la più spettacolare delle migrazioni: il volo della sterna artica, un uccello che nidifica nella tundra, sverna nelle acque antartiche e poi vola di nuovo al nord.

*

Chiusi il libro di scatto. Le poltrone di pelle della London Library mi avevano fatto venire un gran sonno. L'uomo seduto accanto a me stava russando con una rivista letteraria distesa sullo stomaco. Al diavolo le migrazioni! mi dissi. Posai la pila di libri sul tavolo. Avevo una gran fame.

Era dicembre, fuori faceva freddo e c'era il sole. Speravo di scroccare il pranzo a un amico. Stavo camminando in St. James Street quando, all'altezza del White's Club, scese da un taxi un uomo con un cappotto dal colletto di velluto. Con gesto magnanimo diede due banconote al taxista e si diresse verso gli scalini. Aveva folti capelli grigi e un reticolo di capillari rotti, come se sopra le sue guance fosse stesa una calza di nailon rossa. Lo avevo visto in fotografia: era un duca.

Nello stesso istante un altro uomo, con un pastrano da reduce, senza calze e con le scarpe legate con lo spago, arrivò in fretta con un sorriso accattivante.

«Ehm... Scusi se la disturbo, Sir» disse con spiccato accento irlandese. «Ma forse lei potrebbe...».

Il duca si affrettò a entrare.

Guardai il barbone, e lui mi guardò con aria d'intesa. Sul suo cuoio capelluto chiazzato galleggiavano ciuffi di capelli rossicci. Aveva occhi lacrimosi, imploranti fiducia, leggermente strabici. Doveva aver passato i sessant'anni da un pezzo. Dal mio aspetto giudicò che non valesse la pena accampare delle pretese sul mio portafogli.

« Ho un'idea » gli dissi.

« Dica, eccellenza ».

« Lei viaggia, vero? ».

« In tutto il mondo, eccellenza ».

« Be', se ha voglia di raccontarmi i suoi viaggi, le offro con piacere il pranzo ».

« E io accetto volentieri ».

Andammo dietro l'angolo, in un ristorante italiano di Jermyn Street affollato ed economico. C'era un tavolino libero.

Non lo invitai a togliersi il pastrano per paura di quello che c'era sotto. Due eleganti segretarie si scostarono da noi, rimboccandosi la gonna sotto le gambe come se si aspettassero un'invasione di pulci.

« Che cosa prende? » domandai.

« Ehm... lei cosa prende? ».

« Su, » dissi « ordini quello che vuole ».

Tenendo il menu capovolto, lo esaminò con la disinvoltura di un cliente abituale che si sente in dovere di controllare il *plat du jour*.

« Bistecca con patatine! » esclamò.

La cameriera smise di masticare il fondo della matita e indirizzò alle segretarie un'occhiata torturata.

« Filetto o lombata? » domandò.

« Fa lo stesso » rispose lui.

« Due lombate » dissi io. « Una normale, una un po' al sangue ».

Lui spense la sete con una birra, ma il pensiero del cibo gli ipnotizzava la mente; agli angoli della bocca gli comparvero delle goccioline di saliva.

Sapevo che i barboni hanno metodi sistematici di frugar la spazzatura e ritornano spesso a un gruppo preferito di pattumiere. Come si regolava, gli domandai, con i club di Londra?

Ci pensò su un momento e poi disse che il meglio era sempre l'Athenaeum. Tra i suoi membri c'erano ancora dei religiosi.

« Sì » rimuginò. « Di solito si riesce a spillare uno scellino a un Vescovo ».

Subito dopo, ai vecchi tempi, veniva il Travellers'. Quei signori, come lui, avevano visto il mondo.

« Un incontro di anime, si potrebbe dire » continuò. « Ma adesso... no, no ».

Il Travellers' non era più quello di un tempo. Era subentrata un'altra categoria di persone.

« Pubblicitari » disse cupamente. « Molto taccagni, mi creda ».

Aggiunse che il Brooks's, il Boodle's e il White's erano ormai tutti della stessa risma. Ad alto rischio! O grande generosità... o niente!

L'arrivo della bistecca inibì completamente la sua capacità di conversazione. La attaccò con sorda ferocia, sollevò il piatto alla bocca, leccò il sugo e poi, ricordandosi dov'era, lo posò di nuovo sul tavolo.

« Ne vuole un'altra? » domandai.

« Non dico di no, eccellenza » rispose. « Molto cortese da parte sua ».

Ordinai una seconda bistecca , e lui si lanciò nella storia della sua vita. Ne valeva la pena. Il racconto, quando prese forma, era esattamente ciò che volevo sentire: il piccolo podere nella contea di Galway, la morte della madre, Liverpool, l'Atlantico, i mattatoi di Chicago, l'Australia, la Depressione, le isole dei Mari del Sud...

« Oooh! Quello è il posto per lei, ragazzo mio! Tahiti! Vahine! ».

Si passò la lingua sul labbro inferiore.

« Vahine! » ripeté. « Così chiamano le donne laggiù... Oooh! Che meraviglia! L'ho fatto in piedi sotto una cascata! ».

Le segretarie chiesero il conto e uscirono. Alzai gli occhi e vidi le mascelle squadrate del capo cameriere e il suo sguardo ostile. Temetti che ci buttassero fuori.

« C'è un'altra cosa che vorrei sapere ».

« Dica, eccellenza, sono tutt'orecchi ».

« Ritornerebbe in Irlanda? ».

« No ». Chiuse gli occhi. « No, non ne avrei voglia. Troppi brutti ricordi ».

« Ma c'è un luogo che considera "casa sua"? ».

« Certo che sì ». Rovesciò la testa all'indietro e rise. « La Promenade des Anglais, a Nizza. Mai sentita? ».

« Sì » risposi.

Una notte d'estate, sulla Promenade, aveva attaccato discorso con un facondo signore francese. Per un'ora avevano parlato, in inglese, della situazione mondiale. Poi il signore aveva estratto dal portafoglio un biglietto da 10.000 franchi – « *Vecchi* franchi, sa! » –, e dopo avergli dato il suo biglietto da visita gli aveva augurato un piacevole soggiorno.

« Porca miseria! » gridò. « Era il capo della polizia! ».

Aveva cercato di rivisitare quanto più spesso possibile quel luogo, teatro del momento più commovente della sua carriera.

« Sì » ridacchiò. « Ho spillato quattrini al capo della polizia... a Nizza! ».

Adesso il ristorante era meno affollato. Gli ordinai una doppia porzione di torta di mele. Non volle il caffè; non lo digeriva, disse. Poi ruttò e io pagai.

« Grazie, Sir » disse con l'aria di un intervistato che ha una sfilza di impegni pomeridiani. « Spero di esserle stato utile ».

« Altroché » lo ringraziai.

Si alzò in piedi, ma si sedette di nuovo e mi fissò con aria intenta. Dopo aver parlato delle circostanze esterne della sua vita, non voleva andarsene senza un commento sulle sue motivazioni interiori.

Allora, lentamente e con grande serietà, disse:

« È come se ti trascinasse la corrente. Io sono come la sterna artica, eccellenza. È un uccello, un bell'uccello bianco che dal Polo Nord vola al Polo Sud e poi torna indietro ».

## 36

Durante la notte piovve di nuovo, e quando al mattino guardai fuori dalla finestra il sole era alto; dal fianco del Monte Liebler sembravano staccarsi nuvole di vapore violaceo.

Alle dieci Rolf e io andammo in cerca di Limpy. Arkady, che aspettavamo da tre settimane, aveva mandato un messaggio in cui diceva che sarebbe arrivato con l'aereo postale. Era importante... « ripeto, *molto importante* », che Limpy e Titus fossero reperibili.

Nella valle aleggiava l'odore medicamentoso dei fuochi di legno d'eucalipto. Al nostro avvicinarsi il cane abbaiò. La gente stava mettendo le coperte ad asciugare.

« Limpy? » gridò Rolf, e da una roulotte sgangherata sulla salita fece eco una voce attutita.

« Sono là » disse Rolf.

Sulla roulotte erano state ottimisticamente dipinte le parole « Centro ricreativo ». Dentro c'era un tavolo da ping-pong traballante, senza rete, coperto da un velo di polvere rossa.

Sul pavimento erano seduti i tre grandi vecchi: Limpy, Alex e Joshua – tutti e tre col cappello. Limpy aveva in testa uno Stetson, Joshua un berretto americano da baseball, e Alex uno splendido cappellaccio da boscaiolo tutto sfilacciato.

« Titus è al pozzo? » domandò Rolf.

« Certo » rispose Limpy.

« Non va da nessuna parte? ».

« No » scosse il capo. « Sta lì ».

« Come lo sai? » domandò Rolf.

« Lo so » disse Limpy, e troncò la conversazione.

Prima Rolf mi aveva detto che Alex possedeva uno dei pendenti di conchiglia d'ostrica perlifera del Mare di Timor che dai tempi dei tempi venivano commerciati da un capo all'altro dell'Australia. Venivano usati nei riti della pioggia; evidentemente quest'anno quello di Alex aveva funzionato. Poi lui ci colse di sorpresa: affondò la mano tra i bottoni del cappotto di velluto e tirò fuori una cordicella con il pendente.

Sopra era inciso a zigzag il disegno di un labirinto spalmato di ocra rossa; probabilmente lo teneva ciondoloni fra le gambe.

A prima vista, questi pendenti somigliano a un *tjuringa*; però non sono necessariamente tenuti segreti agli estranei.

« Lui da dove viene? » domandai indicando la conchiglia.

« Da Broome » disse Alex con decisione.

Strisciò l'indice sul tavolo da ping-pong impolverato e snocciolò tutte le « tappe » del deserto di Gibson tra Cullen e Broome.

« Va bene » dissi. « Le ostriche perlifere ti arrivano da Broome. E tu che cosa mandi in cambio? ».

Alex esitò, poi tracciò sulla polvere un ovale allungato.

« Tavola » disse.

« *Tjuringa?* » domandai.

Lui annuì.

« Commercio sacro? Canti e tutto quanto? ».

Lui annuì di nuovo.

« Molto interessante » dissi a Rolf mentre ce ne andavamo.

Il canto che dà il nome alla terra cantata continua a esistere.

MARTIN HEIDEGGER, « Perché i poeti? »

*

Prima di venire in Australia parlavo spesso delle Vie dei Canti, e a tutti veniva sempre in mente qualcos'altro.

« Sono come le *ley-lines*? » chiedevano, riferendosi agli antichi cerchi di pietre, ai menhir e ai cimiteri disposti in fila da un capo all'altro della Britannia. Sono lì da tempo immemorabile, ma visibili solo a chi ha occhi per vedere.

Ai sinologi venivano in mente le « linee di drago » del *feng-shui*, la geomanzia tradizionale cinese. Quando parlai con un giornalista finlandese, mi disse che i lapponi hanno « pietre canore », anche quelle disposte in modo da formare delle linee.

Per alcuni, le Vie dei Canti somigliavano all'Arte della Memoria alla rovescia. Nel suo splendido libro, Frances Yates ci insegna che gli oratori classici, da

Cicerone in poi, e anche prima di lui, costruivano giganteschi edifici mnemonici: associavano le parti del loro discorso a elementi architettonici immaginari e poi, dopo aver percorso mentalmente ogni architrave e ogni colonna, riuscivano a imparare a memoria discorsi di lunghezza colossale. Gli elementi venivano chiamati *loci*, « luoghi ». Ma in Australia i *loci* non erano una costruzione mentale, ma eventi del Tempo del Sogno, e in quanto tali esistevano da sempre.

Ad altri amici venivano in mente le 'linee' di Nazca, che sono incise nella superficie a meringa del deserto del Perù centrale, e sono in effetti una specie di mappa totemica.

Tempo fa passai una spassosa settimana con la donna che si era autonominata loro custode, Maria Reiche. Una mattina andai a vedere con lei la linea più spettacolare, visibile solo all'alba. Portai la sua attrezzatura fotografica su per una ripida collina di polvere e pietre, mentre Maria, che aveva più di settant'anni, mi precedeva di buon passo. Quando la vidi rotolare dritto davanti a me fin sul fondo mi spaventai.

Mi aspettavo parecchie ossa rotte, ma lei disse ridendo: « Quando cominci a rotolare, diceva sempre mio padre, devi continuare a rotolare ».

\*

No. Non erano questi i paragoni che andavo cercando. Non a quello stadio. Ormai ero andato oltre.

Commercio significa amicizia e cooperazione; e il principale oggetto di scambio, per gli aborigeni, era il canto. Perciò il canto era portatore di pace. Eppure mi pareva che le Vie dei Canti non fossero necessariamente un fenomeno australiano, ma universale; che fossero i modi con cui l'uomo delimitava il suo territorio, e così organizzava la sua vita sociale. Tutti gli altri sistemi adottati in seguito erano varianti – o perversioni – del modello originario.

A quanto sembra, in Australia le Vie dei Canti più importanti entrano nel paese da nord o da nordovest – dall'altra sponda del Mare di Timor o dallo stretto di Torres –, e da lì si dirigono a sud serpeggiando attraverso il continente. Danno l'impressione di rappresentare i percorsi dei primi australiani – e di essere arrivate da *un altro luogo*.

Quanto tempo fa? Cinquantamila anni? Ottantamila, centomila? Date insignificanti, in confronto a quelle della preistoria africana.

E qui faccio un salto nella fede, per entrare in regioni dove non mi aspetto di essere seguito.

Vedo le Vie dei Canti che spaziano per i continenti e i secoli; uomini che hanno lasciato una scia di canto (di cui ogni tanto cogliamo un'eco) ovunque sono andati; e queste scie devono ricondurre, nel tempo e nello spazio, a una fossa isolata della savana africana, dove il Primo Uomo, sfidando gli orrori intorno a lui, aprì la bocca e gridò la strofa di apertura del Canto del Mondo: « io sono! ».

Ma spingiamoci un po' più in là. Immaginiamo il padre Adamo (*Homo sapiens*) che passeggia nel Giardino: mette avanti il piede sinistro e dà il nome a un fiore. Poi mette avanti il destro e dà il nome a una pietra. Il verbo lo conduce alla strofa successiva.

Tutti gli animali – insetti, uccelli, mammiferi, delfini, pesci e balene megattere – hanno un sistema di navigazione detto « triangolazione ». I misteri della struttura innata della frase postulata da Chomsky diventano semplicissimi se si pensano come triangolazione umana: soggetto, oggetto, verbo.

Una signora mi ha scritto dal Connecticut per dirmi che mentre leggeva la prima edizione di *Le Vie dei Canti* si aspettava continuamente di trovare una citazione da *Daughters of the Copper Woman* di Anne Cameron.

Le tribù della costa nord-occidentale dell'America – i Nootka, gli Haida, i Kwakiutl e i Belascoola –

vivono metà sulle isole e metà sulla terraferma. Tecnicamente sono cacciatori, e si procurano il cibo raccogliendo qua e là quello che trovano; ma siccome i loro fiumi traboccano di salmoni e le loro foreste pullulano di cervi, hanno anche potuto condurre una vita sedentaria. Hanno costruito magnifiche case di legno e, naturalmente, sono loro che hanno eretto i pali raffiguranti i totem.

In questa atmosfera di abbondanza c'erano nobili, guerrieri, lavoratori e schiavi. Serbavano il vecchio principio dei popoli cacciatori e raccoglitori, e cioè che la ricchezza va condivisa oppure distrutta. Da cui i famosi *potlatch*, le cerimonie durante le quali i nobili 'uccidevano' volontariamente la loro ricchezza. Il più grande segno che un uomo potesse dare del suo disprezzo per la proprietà era spaccare la testa a uno dei suoi schiavi con un randello rituale fatto di osso di caribù.

Ma le tribù non hanno mai perduto il gusto di viaggiare per mare, e risalivano in canoa la corrente che dalla California porta allo stretto di Bering, e che loro chiamavano Klin Otto. I navigatori erano delle sacerdotesse: in Siberia erano conosciute come *shamanka*. Le parole della vecchia citate qui sotto rappresentano una tradizione che risale a circa quindicimila anni fa:

« Tutto quello che da sempre sappiamo sui movimenti del mare è custodito nei versi di un canto. Grazie a questo canto, per migliaia di anni siamo andate dove abbiamo voluto e siamo tornate a casa sane e salve. Nelle notti limpide, a guidarci avevamo le stelle, e nella nebbia avevamo i torrenti e i ruscelli del mare, i torrenti e i ruscelli che confluiscono nel Klin Otto.

« Nella canoa, davanti stava la timoniera, che dava il ritmo del canto battendo un bastoncino contro la prua intagliata; le vogatrici vogavano a tempo, tutte insieme, tante vogate da una parte sola. Poi, contemporaneamente, alzavano le pagaie e per una battuta le tenevano sospese a mezz'aria, dopodiché le immergevano simultaneamente dall'altra parte. La timoniera cantava e tutte vogavano. Quando lei voleva sapere dov'era, era in grado di calcolarlo con esattezza anche in mezzo alla nebbia o con la pioggia, quando le stelle non si vedevano. Aveva una corda di tendini intessuti e intrecciati in un modo particolare, e annodata a intervalli regolari. La corda era attaccata a una vescica di foca piena d'aria, di misura e peso determinati. Le vogatrici smettevano di vogare, la canoa si muoveva alla velocità della corrente e la timoniera cantava finché non arrivava a un certo verso del canto; allora lanciava la vescica in mare e contava i nodi che le scorrevano fra le dita. Così stabiliva la velocità della canoa.

« Una volta apprese sia la velocità della corrente sia quella cui avevano vogato le vogatrici, ci metteva un attimo a calcolare dov'era, in base al verso del canto che stava cantando.

« C'era un canto per andare in Cina e uno per andare in Giappone, un canto per l'isola grande e uno per quella più piccola. Per sapere dov'era, lei doveva solo conoscere il canto. Per tornare non aveva che da cantare al contrario.

« Le parole dei canti, le parole dei riti di purificazione e il significato dei canti erano tutto quello di cui aveva bisogno per viaggiare ovunque. Ed erano i canti a trovare le balene da mangiare e a portare i balenieri a casa.

« Una donna non ucciderebbe mai una balena. Le balene danno alla luce prole viva, non depongono uova come i pesci. Nutrono i loro piccoli con il latte delle loro mammelle, come le donne, e noi non le uccidiamo mai. L'uomo che uccide le balene non assaggia mai carne di balena, dalla cattura della prima a quando smette di fare il baleniere. E sua moglie nemmeno, perché lui deve essere puro ed essere idealmente unito alla balena, e questo legame passa attraverso la moglie, attraverso il sangue e il latte della donna. La Donna di Rame fece, attraverso le sciamane, una promessa alle balene: nessuno che avesse un legame con loro le avrebbe mangiate. Questa fu la promessa».

## 37

Udii il rumore dell'aeroplano che stava per atterrare. Feci la pista di corsa e arrivai in tempo per veder scendere Arkady con una borsa termica, seguito dalla chioma dorata di Marian. Sembrava ebbra di felicità. Aveva un altro vestito di cotone a fiori non meno stracciato degli altri.

« Ehi! » urlai. « Che bella sorpresa! ».

« Ciao, vecchio! » disse Arkady con un sorriso. Posò la borsa e ci strinse tutti e due in uno dei suoi abbracci russi.

« Uh, uh! Insieme, eh? ».

« Tutte buone notizie » disse Arkady. « Buone notizie – facciamo gli scongiuri! – sul fronte di Titus. Buone per Hanlon... un'occlusione non maligna. Buone per la ferrovia: hanno rivisto il bilancio e non sanno come diavolo fare per continuare i lavori; così adesso è tutto fermo, e io sono disoccupato: ma chi se ne frega! ».

« Lo sai chi le ha fatto il malocchio? » domandai.

« Il vecchio Alan » disse Arkady.

« L'avrà cacciata via cantando? ».

« Come vanno i tuoi scritti? » domandò lui.

« Il solito caos » risposi.

« Non essere così tetro » disse Marian. « Abbiamo un bellissimo pesce per cena ».

Nella borsa termica c'era un barramunda di due chili con le erbe per cuocerlo alla griglia. Ci avevano messo anche due bottiglie di vino bianco della Wynne Vineyard, nell'Australia meridionale.

« Ehi! » esclamai. « Che meraviglia! Dove l'hai trovato? ».

« Appoggi » rispose Arkady.

« Dov'è Wendy? » domandò Marian a Rolf.

« Fuori con i bambini, nel *bush* a raccogliere cibo » rispose.

Dopo circa cinque minuti, Wendy arrivò al volante della sua vecchia Land Rover. Dietro era strapiena di bambini sorridenti; alcuni di loro facevano dondolare dei goanna tenendoli per la coda.

« Loro due sono tornati insieme » disse Rolf.

« Oh, che bello! ». Wendy saltò giù dalla Land Rover e si buttò nelle braccia di Marian; Arkady si unì a loro.

A cena eravamo in sei, Estrella compresa. Mangiammo, ridemmo e bevemmo raccontando storielle spassose. Estrella era una miniera: il suo personaggio favorito era il vescovo cattolico del Kimberley, che un tempo era stato comandante di *U-boot* e adesso si considerava un asso dell'aria.

« Quest'uomo » disse lei « *es un fenómeno... una maravilla...* pilota il suo aereo in mezzo ai cumuli-nembi per vedere se esce all'ingiù o all'insù ».

Dopo il caffè andai a riordinare la roulotte per gli innamorati. Arkady stava mettendo in moto la Land Cruiser.

Alle otto voleva partire per andare da Titus.

« Posso venire, stavolta? » domandai.

Lui fece l'occhiolino a Marian.

« Certo che puoi venire » disse lei.

Li guardammo mentre se ne andavano a dormire. Erano fatti l'uno per l'altra. Dal giorno in cui si erano conosciuti erano perdutamente innamorati, ma si erano pian piano infilati nei loro gusci, distogliendo apposta lo sguardo, disperati, come se fosse troppo bello per essere vero; poi, d'improvviso, la ritrosia e l'angoscia si erano dissolti.

La notte era limpida e tiepida. Wendy e io tirammo fuori il suo letto dal vano di cemento. Mi fece vedere come si metteva a fuoco il telescopio, e prima di sprofondare nel sonno feci un viaggio intorno alla Croce del Sud.

## 38

Alle otto eravamo in viaggio. Era una mattina limpida e fresca, ma più tardi sarebbe diventata torrida. L'uomo del gruppo Amadeus era seduto tra Arkady e Marian, abbrancato alla sua borsa. Limpy, in ghingheri per l'occasione, era seduto dietro con me.

Partimmo dirigendoci verso il teatro della mia abortita caccia al canguro, ma poi svoltammo a sinistra e imboccammo la strada secondaria per Alice. Dopo circa quindici chilometri, passammo dalla sterpaglia fiorita di giallo a una pianura coperta di erba scolorita con eucalipti rotondi – verdeazzurri, il colore degli ulivi con le foglie che al vento diventano bianche. Se non mettevi gli occhi perfettamente a fuoco, avevi l'impressione di essere nel fulgido paesaggio provenzale del *Campo di grano* di Van Gogh.

Attraversammo un torrente e svoltammo di nuovo a sinistra in una pista sabbiosa. In mezzo agli alberi c'era una catapecchia di lamiera ondulata, e anche la Ford di Titus. Una donna scattò in piedi e corse via. I cani, come al solito, abbaiarono.

Titus, coi calzoncini corti e un cappello a tesa

larga, era seduto su un tappetino di gommapiuma rosa, davanti a un bricco che bolliva. Il padre – un bel vecchio con le gambe lunghe coperte da un buon due centimetri di peli grigi – era sdraiato nella polvere col sorriso sulle labbra.

«Siete in anticipo» disse Titus con aria grave. «Non vi aspettavo prima delle nove».

Fui meravigliato dalla sua bruttezza: il naso smisurato, la fronte coperta di cisti, il labbro carnoso e pendulo e gli occhi nascosti dalle pieghe delle palpebre.

Che faccia, però! Non avevo mai visto una faccia così mobile e piena di carattere. Ogni suo tratto era in stato di perenne animazione. Ora era un inflessibile uomo di legge aborigeno; un attimo dopo un comico sfrontato.

«Titus,» disse Arkady «questo è Bruce, un mio amico inglese».

«Come sta la Thatcher?».

«Sempre là» risposi.

«Non mi è molto simpatica».

Arkady ritenne che fosse venuto il momento di presentare l'uomo del gruppo Amadeus, ma Titus alzò una mano e disse: «Aspetta!».

Tolse il lucchetto dalla porta della baracca, la lasciò mezzo aperta e prese un boccale di smalto blu per l'ospite inatteso.

Il tè era pronto.

«Zucchero?» mi domandò.

«No, grazie».

«No» e mi strizzò l'occhio. «L'avevo capito che non eri il tipo».

Quando finimmo di bere il tè, balzò in piedi e disse: «Bene! Adesso pensiamo agli affari!».

Fece cenno a Limpy e all'uomo del gruppo Amadeus di precederlo. Poi girò su se stesso e ci guardò.

«Voi» disse «dovreste farmi il favore di starvene qui per una mezz'oretta».

I ramoscelli secchi scricchiolarono sotto i piedi degli uomini che scomparvero tra gli alberi.

Il vecchio padre rimase lì sdraiato, col sorriso sulle labbra; poi si appisolò.

Un *tjuringa*, vale la pena di ripeterlo, è una piastra ovale fatta di pietra o di legno di mulga. È sia una partitura musicale sia una guida mitologica dei viaggi dell'Antenato. È il corpo reale dell'Antenato (*pars pro toto*). È l'alter ego di un uomo, la sua anima, il suo obolo a Caronte; il documento che attesta la sua proprietà della terra; il suo passaporto e il suo biglietto « per tornare dentro ».

Strehlow dà una descrizione straziante di alcuni Anziani che scoprono che il loro deposito di *tjuringa* è stato saccheggiato dai bianchi: per loro è la fine del mondo. E dà un quadro gioioso di altri vecchi che per molti anni hanno prestato ai vicini i loro *tjuringa* e che quando li ricevono indietro e li svolgono dal loro involucro prorompono in un canto felice.

Ho letto anche una descrizione di come, quando un ciclo di canti veniva cantato per intero, i « proprietari » disponessero i loro *tjuringa* tutti in fila con le estremità che si toccano, come le carrozze letto del *Train Bleu*.

D'altro canto, se rompevi o smarrivi il tuo *tjuringa*, eri escluso dal consorzio umano, e perdevi ogni speranza di « ritorno ». Di un giovane sbandato di Alice ho sentito dire: « Non ha visto il suo *tjuringa*, non sa chi è ».

A titolo di commento supplementare, c'è nell'epopea di Gilgameš un episodio singolare in cui il re Gilgameš, stanco della vita, desidera visitare l'oltretomba per vedere il suo amico morto, il 'selvaggio' Enkidu. Ma Utnapištim, il traghettatore, dice: « No! In queste regioni non puoi entrare. Hai rotto le tavolette di pietra ».

Arkady stava sbirciando dalla porta della capanna di Titus.

«Non entrare assolutamente,» disse tra i denti «ma se dài un'occhiata dentro vedrai qualcosa che ti sorprenderà».

Mi sedetti sui calcagni e guardai; ci volle tempo perché i miei occhi si adattassero all'oscurità. Su una cassa accanto al letto di Titus c'erano un mucchio di libri in tedesco e in inglese. In cima alla pila c'era *Così parlò Zarathustra* di Nietzsche.

«Sì,» annuii «sono *molto* sorpreso».

Meno di mezz'ora dopo udimmo un fischio tra gli alberi e vedemmo i tre uomini venire verso di noi in fila indiana.

«Affare sistemato» disse Titus con decisione, sedendosi sul tappetino. «I *tjuringa* sono tornati al loro legittimo proprietario».

L'uomo del gruppo Amadeus sembrava sollevato. La conversazione volse ad altri argomenti.

Titus era lo spauracchio del Lands Rights Movement, perché le sue dichiarazioni erano sempre eccentriche e imprevedibili. Ci spiegò che, per quelli della generazione di suo padre, le prospettive erano state infinitamente più cupe di quanto fossero oggi. Guardando i loro figli ridursi male, gli Anziani avevano spesso consegnato i loro *tjuringa* ai missionari, per evitare che andassero rotti, smarriti o venduti. Un uomo degno della loro fiducia era stato il pastore della Missione del fiume Horn, Klaus-Peter Auricht. «Mio nonno» disse Titus «ha dato parecchi *tjuringa* al vecchio Auricht, quando questo qui si è messo a bere come una spugna», e indicò con un cenno del capo il padre che russava.

Alla fine degli anni Sessanta, prima di morire, il pastore Auricht aveva portato la 'raccolta' nella sede della Missione a Alice, dove era stata messa sotto chiave. Quando giunse notizia che i tedeschi si erano piazzati su proprietà sacre «che valevano miliardi», gli « attivisti » suscitarono il solito vespaio e brigarono perché fossero restituite al popolo.

« Quegli imbecilli non capiscono » proseguì Titus « che gli aborigeni in quanto tali non esistono. Ci sono i Tjakamarra e i Jaburulla e i Duburunga come me, e tanti altri in tutto il paese.

« Ma se Leslie Watson e quelli di Canberra hanno anche solo intravisto i *tjuringa* della mia famiglia, e se applichiamo la *legge*, io sarei costretto a dargli un bel colpo di lancia, non vi pare? ».

Titus scoppiò a ridere e noi anche.

« Devo dirti » continuò con voce ansimante e un sorriso malizioso « che dall'ultima volta che ci siamo visti ho ricevuto delle visite molto buffe ».

La prima volta erano venuti alcuni giovani architetti che volevano – a nome del Pintupi Council e con la speranza di chiudergli la bocca – costruirgli una casa.

Titus sbuffò. « Avevano in mente una specie di capanna col tetto piatto. Imbecilli! Gli ho detto che se dovevo avere una casa, ne volevo una col tetto spiovente. Mi serviva una biblioteca per i miei libri, un soggiorno, una stanza per gli ospiti, la cucina esterna e la doccia. Altrimenti rimanevo qui ».

La visita successiva era stata ancora più buffa: un tipo loquace mandato dall'ente minerario, che voleva far passare dei condotti sismici nel territorio di Titus.

« Bastardo! » esclamò. « Mi fa vedere la sua mappa coi rilievi geologici – cosa che tra l'altro è obbligato a fare dalla Legge della Corona –, e si mette a blaterare un mucchio di cretinate. "Ehi, da' qui" dico io. Do un'occhiata alle sue sinclinali e devo riconoscere che è molto probabile che dalle parti della Rupe del Cacciatore ci sia petrolio o metano. "Senti un po'" dico. "Io e te vediamo le cose da un punto di vista diverso. In questa zona noi abbiamo molti Sogni importanti; abbiamo il Gatto Indigeno; abbiamo l'Emù, il Cacatua Nero, il Budgerigar, due specie di Lucertole; e poi abbiamo una 'dimora eterna' per il Grande Canguro. A occhio e croce, direi che il tuo giacimento era lui. Ma lui dorme là dal Tempo del Sogno e, se dipende da me, continuerà a dormirci per sempre" ».

Titus gradì davvero la nostra visita. Ci facemmo ancora un sacco di risate. Rise anche il pomposo rappresentante del gruppo Amadeus. Poi ci pigiammo nella Land Cruiser e tornammo in fretta a Cullen.

Trascorsi il pomeriggio riordinando i miei fogli. La mattina dopo saremmo partiti per Alice.

## 39

L'uomo del gruppo Amadeus voleva essere lasciato al campo del fiume Horn, così Arkady si offrì di
accompagnarlo prendendo la strada secondaria. Era
molto meno frequentata dell'altra, ma ormai il fango si stava seccando e quello della società mineraria
l'aveva fatta in auto.

Avevamo caricato cibo e acqua e stavamo salutan-
do Rolf e Wendy, dicendoci che ci saremmo mandati lettere e libri e che saremmo sempre rimasti in
contatto, quando arrivò Limpy e mise le mani a
coppa intorno all'orecchio di Arkady.

«Certo che ti portiamo» disse Arkady.

Limpy era in gran forma. Aveva una camicia
bianca pulita e una giacca di tweed marrone, e con i
capelli e la faccia che colavano olio sembrava una
foca bagnata.

Voleva visitare la Cycad Valley: un posto di enorme importanza sulla sua Via del Canto, dove non
era mai stato.

La Cycad Valley è un Parco Nazionale – ma ben
difeso dal pubblico – dove ci sono una specie unica
di palmetti e antiche coltivazioni di pini locali. Nella

gola scorre il fiume Horn. Il Sogno di Limpy, il Gatto Indigeno, percorreva il fiume proprio nel mezzo. Il Gatto Indigeno, o Tjilpa, non è un vero gatto ma un piccolo marsupiale (*Dasyurus geoffreyi*) con baffi lunghissimi e una coda a strisce che tiene ritta sopra la schiena. Forse è estinto, purtroppo.

Narra una storia che un giovane Antenato Tjilpa, in qualche luogo a nord dei monti MacDonnel, vide cadere dal cielo due penne d'aquila e volle sapere da dove venissero. Mentre seguiva la Via Lattea sulle dune, attirò a poco a poco altri Uomini Tjilpa che si unirono a lui. Camminarono senza sosta. Il vento invernale arruffava le loro pellicce e il freddo piagava le loro zampe.

Alla fine raggiunsero Port Augusta e là, ritto nel mare, c'era un palo tanto alto da toccare il cielo (come la montagna del Purgatorio di Dante). In cima era bianco di piume del cielo e la metà inferiore era bianca di piume del mare. Gli Uomini Tjilpa coricarono il palo su un fianco e lo portarono nell'Australia centrale.

Limpy non era mai venuto qui per via di una faida di vecchia data. Ma di recente, tramite il telegrafo del *bush*, era venuto a sapere che ci vivevano tre suoi lontani parenti – o piuttosto che ci morivano, accanto al deposito dei loro *tjuringa*. Prima che se ne andassero, Limpy voleva vederli.

Viaggiammo per sette ore, dalle sette alle due. Limpy stava seduto davanti, tra Arkady e Marian, immobile tranne che per il rapido guizzare degli occhi di qua e di là.

A circa quindici chilometri dalla valle, la Land Cruiser attraversò sobbalzando un torrente che scorreva verso sud.

D'improvviso Limpy scattò come una molla, e mormorando qualcosa ficcò la testa fuori dal finestrino di Arkady (facendolo sbandare); poi fece lo stesso dall'altra parte, incrociò le braccia e tacque.

« Che cosa c'è? » domandò Arkady.

« L'Uomo Tjilpa va di là » disse Limpy indicando il sud.

Al segnale per la Cycad Valley prendemmo un tornante e scendemmo per una ripida pista che seguiva il letto dello Horn. Acque verde chiaro precipitavano sulle pietre bianche. Guadammo più volte il fiume; ai suoi lati crescevano gli eucalipti rossi.

Limpy stava a braccia conserte, senza dire nulla.

Arrivammo alla confluenza di due torrenti, cioè incontrammo il torrente che avevamo attraversato più in alto, sulla strada principale. Questo torrente più piccolo era il cammino degli Uomini Tjilpa, e ci stavamo arrivando con un percorso ad angoli retti.

Appena Arkady girò il volante a sinistra, Limpy scattò di nuovo in azione. Di nuovo sporse la testa da tutti e due i finestrini e ruotò gli occhi all'impazzata sulle rocce, le pareti, le palme, l'acqua. Le sue labbra si muovevano rapide come quelle di un ventriloquo, e le si sentiva frusciare come il vento tra i rami.

Arkady capì subito che cosa stava succedendo. Limpy aveva imparato i distici del Gatto Indigeno secondo il ritmo del passo umano, sei chilometri all'ora, e noi andavamo a quaranta.

Arkady mise la prima e proseguì a passo d'uomo. Limpy adeguò il suo ritmo alla nuova velocità. Sorrideva. Dondolava la testa da una parte all'altra. Il suono divenne un bel sussurro melodioso; e sapevamo che, per quanto lo riguardava, lui *era* il Gatto Indigeno.

Viaggiammo per circa un'ora; la strada serpeggiava tra pareti viola. C'erano enormi rocce striate di nero, tra cui spuntavano le cicadee, che sembravano felci giganti. Era una giornata soffocante.

Poi il fiume sparì sottoterra, lasciando in superficie una pozza d'acqua stagnante con i margini fitti di canne. Un airone viola si alzò in volo e si posò su un albero. La strada finiva lì.

Scendemmo e seguimmo Limpy per un sentiero molto battuto che zigzagava tra le rocce e l'acqua, e sbucava in una conca di roccia rosso scuro a strati digradanti, che ricordava i gradini di un teatro greco. Sotto un albero c'era la solita catapecchia di lamiera.

Una donna di mezz'età, con i seni come palloni nella blusa viola, stava trascinando verso il focolare un ramo da ardere. Limpy si presentò, lei fece un gran sorriso e ci invitò tutti a seguirla.

Come ho scritto nei miei taccuini, i mistici credono che l'uomo ideale conduca se stesso a una « giusta morte ». Colui che è arrivato « torna indietro ».

Nell'Australia aborigena ci sono regole precise per « tornare indietro », o meglio per arrivare cantando al luogo cui appartieni: il luogo del tuo concepimento, il posto dove è custodito il tuo *tjuringa*. Solo allora puoi diventare – o ridiventare – l'Antenato. È un concetto abbastanza simile al misterioso detto di Eraclito: « I mortali e gli immortali, vivi nella morte, morti nella vita degli altri ».

Limpy ci precedeva zoppicando. Noi lo seguivamo in punta di piedi. Il cielo era incandescente, e ombre nette cadevano di traverso sul sentiero. Un rigagnolo gocciolava giù per il dirupo.

« Il posto dei *tjuringa* è lassù! » disse Limpy sottovoce, indicando una fessura scura sopra le nostre teste.

In una radura c'erano tre letti « da ospedale », con la rete metallica e senza materasso, e sopra erano distesi i tre uomini moribondi. Erano quasi degli scheletri, e avevano perso barba e capelli. Uno era abbastanza in forze per sollevare un braccio, un altro per dire qualche parola. Quando sentirono chi era Limpy, tutti e tre sorrisero di cuore con lo stesso sorriso sdentato.

Arkady li stava a guardare con le braccia conserte.

« Non sono meravigliosi? » bisbigliò Marian prendendomi la mano e stringendola.

Sì. Stavano bene. Sapevano dove stavano andando, e sorridevano alla morte sotto l'ombra di un eucalipto.

FINITO DI STAMPARE NEL SETTEMBRE 1995
DALLA TECHNO MEDIA REFERENCE S.R.L. - MILANO

*Printed in Italy*

# gli Adelphi

*gli Adelphi*
Periodico mensile: N. 78/1995
Registr. Trib. di Milano N. 284 del 17.4.1989
Direttore responsabile: Roberto Calasso